兰台圆梦

班固传

陕西新华出版传媒集团
太白文艺出版社·西安

图书在版编目（CIP）数据

兰台圆梦：班固传 / 权海帆著. -- 西安：太白文艺出版社，2022.7
ISBN 978-7-5513-2020-7

Ⅰ. ①兰… Ⅱ. ①权… Ⅲ. ①班固（32-92）—传记 Ⅳ. ①K825.81

中国版本图书馆CIP数据核字(2022)第119404号

兰台圆梦：班固传
LANTAI YUANMENG：BANGU ZHUAN

作　　者	权海帆
责任编辑	曹　甜
封面设计	郑江迪
出版发行	陕西新华出版传媒集团
	太白文艺出版社
经　　销	新华书店
印　　刷	陕西金德佳印务有限公司
开　　本	787mm×1092mm　1/16
字　　数	240千字
印　　张	15.5
版　　次	2022年7月第2版
印　　次	2022年7月第1次印刷
书　　号	ISBN 978-7-5513-2020-7
定　　价	52.00元

目　录

第一章

乱世的漂泊童年

生于忧患

班固,字孟坚,出生于刘秀建武八年(公元 32 年)初的乱世之中。

西汉自汉武帝刘彻驾崩之后,皆以外戚辅政。"柔弱好儒"的汉元帝刘奭的皇后王政君,六十余年内辅佐了成帝刘骜、哀帝刘欣、平帝刘衎和孺子婴四个皇帝将近四十年之久。外戚王莽老谋深算,以姑母王政君为靠山,装出一副颇为恭谨勤劳的样子,苦心孤诣地收买人心。他广结名士和将相大臣,凡是来投奔他的,不论贵贱,一概收用,并授以官职。他以自己封邑里收来的钱和粮赠送宾客,而自己家里却过着十分俭朴的生活,获得了朝野上下的交口赞誉。汉哀帝刘欣于元寿二年(公元前 1 年)驾崩之后,官居大司马的王莽立九岁的刘衎继位,是为平帝。太皇太后王政君垂帘听政,王莽辅政。王莽又嫁女儿给汉平帝刘衎做皇后,渐渐在朝中军政大权一手独揽。元始五年十二月十六日(公元 5 年 2 月 4 日),王莽借腊日向天子进献椒酒之机,下毒于酒,十四岁的平帝刘衎饮之一命呜呼。王莽遂指使其心腹官宦上书太皇太后王政君,请求让他代天子临朝。王政君一时手足无措,只好同意由王莽摄政,称之为"摄皇帝"。次年,王莽改年号为居摄元年,于三月间立年仅两岁的刘婴为皇太子,号称"孺子婴",以效仿周公辅佐成王摄政旧事。此后数年间,关于王莽代汉称帝的符命图谶频繁出现。居摄三年(公元8年),梓潼人哀章制作铜匮,内藏所谓《天帝行玺金匮图》与《赤帝行玺某传予黄帝金策书》,伪称汉高祖遗命王莽称帝。至此,王莽为篡汉所做的准备已完成。王莽到高帝祠庙接受了铜匮,戴上皇冠觐见太皇太后,登未央宫前殿,坐上九龙椅,即天子之位。烽火未燃,兵卒未动,鼓角未鸣,刀未出鞘,枪未挥舞,弹指之间,江山易主。王莽定国号为"新",宣告了刘氏西汉江山的灭亡。

新莽政权面对土地高度集中,大量平民沦落为奴婢,犹如堆积成山、待燃已久的干柴一般的社会矛盾,推行新政,力图扑灭烈火于将燃之际,却触动了大豪强与许多上层官僚的既得利益,遭到激烈的反对。加之水旱灾害不断,新莽执政不足十年,生存境况并未得到改善的天下百姓纷纷揭竿而起,点燃了绿林、赤眉起义的熊熊烈火。一时间,四方响应,天下大乱。连天烽火烧不断,鼓角声、厮杀声此起彼伏,尸骨遍地,血染江河。

不容王莽如此唾手而夺刘氏江山的刘汉后裔——汉高祖刘邦的九世孙刘秀与其长兄刘演,为恢复刘姓江山,于新莽地皇三年(公元22年)组建"舂陵军",起事于舂陵①。次年,在昆阳之战②中,依靠绿林军,以一万七千舂陵军一举摧垮新莽四十二万大军。同年绿林军攻破许昌,王莽皇冠落地,死于起义军之手,短命的新莽王朝于是被钉上了历史的耻辱柱。

新莽王朝未亡之时,地皇四年(公元23年),绿林军于淯水③之滨拥立自称西汉皇裔、汉景帝刘启之子、长沙定王刘发之后的刘玄为帝,年号更始。新莽王朝即告灭亡。然而,在此前后,善于卜筮星象,且娴熟于枪箭拳棒的赵国邯郸人

---

① 舂陵:今湖北枣阳市吴店镇。公元29年,光武帝刘秀曾诏命提高舂陵乡建制为章陵县。

② 昆阳之战:昆阳,今河南叶县。昆阳之战于叶县一线展开,刘秀所率一万七千舂陵军战胜了新莽四十二万之众。

③ 淯水:今河南南阳白河。

王昌，又名王郎，诈称自己为汉成帝之子刘子舆，被西汉宗室刘林和大富豪扶立为汉帝，定都邯郸。更始帝刘玄入主长安，派破虏将军刘秀行大司马事，平抚河北。刘秀举兵破王郎，河北的豪强地主率宗族、宾客、子弟先后归附。刘秀于是在河北势力雄强。

入主长安的更始帝刘玄，骄奢淫逸，不理朝政，所封授的官爵都是些不知诗礼和治乱的五行八作、引车卖浆之流，许多人穿着绣面衣、锦缎裤、短衣或妇女的大襟上衣，在路上嬉笑怒骂，狐假虎威，胡作非为。更始帝刘玄折节于大臣赵萌，纳赵萌的女儿赵氏为夫人，宠爱无比，把政事一股脑儿委托赵萌处理，自己则日夜与嫔妃饮酒取乐。群臣有事上奏，他却常常喝得醉醺醺的不能接见，有时不得已，就命令侍中坐在帷帐内答话。群臣听出来答话的不是他的声音，出来后都抱怨说："现在成败还不可知，为何放纵成这个样子！"赵氏夫人尤其嗜好喝酒，见到常侍奏事，常常发怒说："皇上正和我饮酒，你为什么偏拣这个时候来奏事呢？"一次，竟起身把书案都捶破了。赵萌专权，作威作福，郎吏有直言赵萌放纵的，更始帝刘玄发怒，拔剑相击，自此无人讲真话。此时，军阀豪强如李轶、朱鲔专制于山东，王匡、张卬在三辅横蛮暴虐。更始帝刘玄熟视无睹，睹而无策，听之任之。有人忠言劝谏，反被逮捕下狱，从此，朝野离心，怨恨之声载道，文武叛变。

自更始三年（公元 25 年）始，刘秀拒听更始号令，同年秋迫降、收编了铜马等部农民起义军，更加羽翼丰满，遂与更始政权彻底决裂，挥军围攻洛阳。十月间，洛阳守城将军大司马朱鲔举城投降。刘秀车驾入城，幸南宫却非殿，宣布定都洛阳。因汉为火德，改"洛"为"雒"。从此，洛阳从陪都一改而为京师。

同年，更始政权在赤眉军和刘秀大军的两路夹击之下土崩瓦解。刘玄向赤眉军出降，献出了传国玉玺。昙花一现的更始政权遂化为过眼云烟，赤眉军挥刀送刘玄去见阎王，于六月间拥立汉朝皇裔刘盆子为帝，史称建世皇帝。

刘盆子黄袍加身未几，同月二十二日，刘秀在鄗南千秋亭五成陌①称帝，国号仍为"汉"，史称汉世祖光武皇帝，改元建武。刘秀定都洛阳，以南阳为陪都，开始了东汉统一战争，先后消灭了盘踞关中号称百万的赤眉军、割据称王于陇

---

① 五成陌：今河北柏乡县十五里铺。

右的隗嚣等大小数十支军阀势力。经过十一年的东征西讨,刘秀终于在建武十二年(公元36年)扫灭了最后一支割据称帝势力公孙述。自此,结束了自新莽末年长达近十九年的纷争混战,中原再次归于一统。

班固,这个在战火纷飞的乱世来到世界的生命,于光武帝刘秀建武八年(公元32年)降生于扶风安陵①。

班家乃西汉名门望族。班固的太爷爷班况在成帝时做过越骑校尉,爷爷班稚在哀帝时做过广平太守。王莽称帝、更始败绩那些年,豪强蜂起,天下大乱,战火连天,劫掠不断,班家家道败落下来,三停儿家产,两停儿都断送给了兵匪强盗。左邻右舍不少人家啼饥号寒,连京城长安街头也天天都有饿死的。班固的父亲班彪乃旷世大儒,舍了不少钱粮救助揭不开锅盖、吃不上饭的穷人,弄得家徒四壁。他在《北征赋》中这样描写当时的困厄:"余遭世之颠覆兮,罹填塞之厄灾。旧室灭以丘墟兮,曾不得乎少留。"处于那个动荡的年代,简直像被堵在了无路可走的沟壑,房子都变成了废墟,连稍稍凑合着落脚歇息一会儿的地方都没有了。

忧患于战乱,忧患于生计,为了避难,也为了养家糊口,一直孜孜于《史记后传》撰著的班彪,不得不放下手中的笔,在自家房舍废墟上,在那棵因战乱而刀火伤痕累累却仍然倔强地傲然挺立的老皂角树下,盖了两间简易的、仅可容身的小屋。安排了家人食宿,并拜托乡邻照料,班彪用马驮了自己的书和行囊,逃到天水,投奔于带领重兵的隗嚣麾下。隗嚣日夜思谋着自己当皇帝,班彪劝告无用,便于建武八年(公元32年)愤然告辞。河西五郡②大将军窦融也是扶风人,得知后,请班彪到他的帐下做从事,帮他出谋划策。是时,天下未平,军阀拥兵自重,割据称雄,并未归附于光武帝刘秀。班彪竭诚尽智,每日伴窦融分析大势,运筹决断,劝告窦融以河西五郡归附光武帝刘秀,窦融决意从之。班彪于是多次起草章奏,呈递光武朝廷。与此同时,窦融还联络各方,传令麾下,其公文也多出于班彪之手。可谓军政倥偬,忙碌不暇。

---

① 安陵:今陕西咸阳市渭城区。安陵为汉惠帝刘盈陵寝,汉朝时设县,辖于扶风郡。

② 河西五郡:汉武帝时于黄河西设河西四郡,辖武威、张掖、酒泉、敦煌,行政范围约为今甘肃武威、金昌、张掖、酒泉、嘉峪关及内蒙古西部阿拉善盟。汉昭帝时并入金城郡——今兰州市,是为河西五郡。

也就是在这一年的一个寒意料峭的春日凌晨,长天晦暗,月朗星稀,一阵婴儿落草的呱呱声从扶风安陵破败的班家小院传出,划破了万籁俱寂的长空。就这样,班固来到了这个纷乱的、人人肚腹内塞满忧患的世界。班彪在临行河西前曾嘱咐妻子,这个孩子如是男婴,就叫班固,表字孟坚。名"固"字"坚",是希望他出生于乱世而能坚强、坚忍、坚毅、坚固,风雨不动,巍然于世,行其所行,为其所为;而其字之"坚"前附一"孟"字者,乃表明其为长兄也。其弟降生,当然为"仲"了。

就在同年初冬,班固的弟弟班超降生了。班超字仲升。班固、班超兄弟生于同一年,而面貌大为不同,班固清秀,班超则"燕颔虎颈",便使人产生是否一母同胞之疑。对此,史书无载。笔者以为,班超很可能为庶出,即班彪之妾所生。在汉代,纳妾乃普遍之事,班彪作为名门望族子弟,妻外有妾,无可厚非。不过,从班固、班超两兄弟后来的亲密关系来看,又似乎为一母同胞。笔者疑班超出生后,生母亡故,班固之母乃贤妻良母、仁义女性,一手抚育班固、班超两兄弟长大成人。当然,这只是一种推想,尚无史料可证明。

班固、班超两兄弟来到人世,班彪得知,自然不胜欣喜,然妻子远在安陵家乡,一人抚养两个儿子,且居于破屋陋室,生计艰难,衣食难足。长安向来为兵家必争之地,安陵北距长安不过五六十里,半天路程,常常难免于池鱼之祸。如今,刘秀称帝虽已有八年,然军阀割据,天下尚未一统,班彪怎么能放心他们母子孤苦伶仃,啼饥号寒,遥居于远方?班彪忧心忡忡,愁眉不展。大将军窦融得知,即命手下裨将,带领几名精锐兵士,偕同班彪回乡接其家人前来同住。班彪感激不尽,即回到安陵,托付乡邻照应其家产,带着妻子和两个儿子来到了大将军窦融帐下。

次年,窦融因助光武帝刘秀打败了隗嚣,被征召入京师洛阳,拜为冀州①牧。光武帝刘秀十分欣赏窦融所上的章奏,垂问窦融道:所上章奏,谁与参之?窦融回答说:皆从事班彪所为。光武帝刘秀便征召班彪入京。两岁的班固与弟弟班

① 冀州:古代天下大郡。西汉末东汉初辖四郡六国,辖区范围包括今河北邯郸、邢台、石家庄三地(市)全部,衡水、保定、沧州大部或局部,以及河南北部、山东西部各三四县。治所信都,即今河北冀州市。

超——两个乱世中的生命，于是随同父亲班彪和母亲，约于冬初来到了京师洛阳。

漂泊童年

　　冬去春来，京师洛阳阳光灿烂，春花似锦。冀州牧窦融迁大司空，班彪举司隶茂才，官拜徐令①。班彪携全家赴任。东汉初立，处处残垣破壁，匪盗横行，生灵涂炭，民生凋敝。班彪到任，整肃吏治，铲除匪盗，安抚贫民，慰恤孤寡，奖励农耕，使徐县面貌焕然。次年（建武十四年，公元 38 年），班彪以身体不适难以支持繁忙的政务为由，更因念念不忘撰写《史记后传》，告病辞官。

　　班固、班超兄弟六年前随父母告别乡里，漂泊西去，到了河西；两年前漂泊而东，到了洛阳；去年漂泊而南，到了徐县；如今，又要辗转随父母西归故里安陵。年仅七岁的两个毛头小子，六年间竟五次迁居，经受了多少路途的风霜冻饿之苦！他们能不多少懂得些忧患、在心里装了些忧患吗？

　　时当仲秋，安陵班家的院子里，荒草没膝。两间陋室倒还完好，只是蛛网密布。那棵老皂角树却似乎显得精神了许多，身上的伤痕已不很显眼，枝梢上挂着的一个个月牙似的皂角，在清爽的秋风中晃动着，似乎在向主人招手，表达着自己的欣喜。

　　曾经接受过班家接济的左邻右舍，闻听班家人归来，纷纷赶来问长问短，帮他们铲除荒草，打扫房屋，使班家小院很快便恢复了往日的容颜。邻里们还拉着班家人到自己家里，端出来刚刚出锅的馒头或者刚刚煮熟捞出的面条，还有自己打的、煮熟了的野味以及油泼辣子、豆芽菜、萝卜丝、炒豆腐……请班家人吃。乡情乡谊，使班家父子如浸泡在温泉中一般温暖、舒适……

　　班彪出身儒学世家，自幼接受了良好的家学，长于历史，喜好著述。昔日，无论于河西，于洛阳，于徐县，或辅助窦大将军料理事务，运筹决断，草拟奏章，传令麾下，联络各方，或处理一县之政，抑制豪强，奖励农耕，抚慰鳏寡，决断刑狱，替民申冤……奔忙终日，心力交瘁，班彪却总不忘叮嘱夫人给儿子讲述天下

---

　　① 徐令：徐县令。徐县，西汉置，辖今江苏徐州泗洪一带，治所在今泗洪东南半城镇。

古今大事、勤学成才故事,并教儿子读书认字。自己稍有闲暇,也即教导儿子诵读诗书。这便使班固、班超从小就接受到了良好的家庭教育。而班彪手不释卷,挑灯夜读,呕心沥血地撰写文章,更给予班固、班超以难得的身教和熏陶。班固聪明好学,回到安陵之前已初通文字;班超没有哥哥那么好学,却对习武兴趣颇浓。

新的日月开始了。当时,班彪辞官无俸,乱世给予他的,是祖传家产荡尽。在隗嚣、窦融帐下兢兢业业做事,仅得一家温饱,一无积蓄;为徐县县令,清正廉洁,两袖清风。从安陵到天水,到河西,到洛阳,再到徐县,又回到安陵,一家人辗转漂泊,把手中的积蓄贴赔了个精光。班彪在徐县做官的俸禄,付了归乡路途费用,所剩无几。如今,一家人只能靠耕种祖传的几十亩农田维持生计。于是,班彪不得不带着两个儿子春耕夏耘秋收于田间。而傍晚归来、凌晨未出之时,便成了父子三人读书的时间。

心里已装入了忧患的班固,读书十分勤奋,总是五更即起,夜静始眠,一卷在手,孜孜不倦。班固九岁即可写文章、诵诗书。建武二十三年(公元47年),十六岁的班固即熟读了"六经"。所谓"六经",是指经过孔子"删《诗》《书》,定《礼》《乐》,述《周易》,作《春秋》"而后形成的儒家六部经典,即《诗经》《尚书》《礼经》《乐经》《周易》《春秋》。其中,《乐经》失传,所以"六经"也被称为"五经",而《礼经》在当时指《仪礼》。班固的父亲班彪乃旷世大儒、史学家,对太史公司马迁所著《史记》颇有研究,称颂之余也有疵议。班家藏书颇丰,有不少世所罕见的珍本秘籍。班彪辞官不做,徜徉在书海中,俯而读,仰而思,握管而书,不禁欢快之至。在父亲影响下,班固也读过不少史籍,《史记》已熟读多遍,显现出超人的记忆力、不凡的见识和才华。班超在学问上稍逊于哥哥,却练得一身好拳脚,景仰张骞,希望以张骞为楷模,为平定匈奴而建立功勋。

就是在这耕读生涯中,建武二十年(公元44年)、建武二十一年(公元45年),班固之父班彪几次接受窦融、马援等"三公"①之命入京为官,却都逗留不久即辞归乡里。有一次,班彪入京,带去了儿子班固。闻听班彪入京,不少鸿儒

---

① 三公:汉承秦制,以太尉、丞相、御史大夫合称三公。太尉执掌军事,丞相掌管政事,御史大夫掌管群臣章奏,下达皇帝诏命,并处理监察事务。

学者登门拜访。后来成为著名哲学家、思想家的会稽上虞学子王充,时年十八岁,风华正茂,负笈入京,求学于太学,亦毕恭毕敬地师事于班彪。那是建武二十年(公元 44 年)的一天,王充登门求教于班彪。谈及大汉前朝往事,年仅十三岁、童稚之气未脱的班固,谛听在侧,忍不住插言讲述自己的见解。王充十分惊讶,拊其背,对班彪赞叹道:"此儿必记汉事!"

　　建武二十三年(公元 47 年),脱离了童稚,已成长为风华正茂、英气勃发的十六岁青年的班固,便带着满腹的忧患,带着装入心头的经史典籍和所思所想、所望所愿,告别父母弟妹,进入洛阳太学读书,在完全不同于以往的漂泊中,开始了自己人生的新历程。

第二章

继父修史罹祸端

父命如铁

自建武二十三年(公元47年)到建武三十年(公元54年),班固一直在洛阳太学读书。就在班固进入太学的那一年,其父再次应三公之命,入大司徒、陈留①太守玉况幕府,建武二十八年(公元52年),又入司徒冯勤幕府,而于建武二十九年(公元53年)任望都②长。次年(建武三十年,公元54年),年仅五十二岁的班彪病逝于京师洛阳。班固不得不从太学辍学,与母亲、妻子、弟弟班超、弟媳、妹妹班昭以及儿子班因,扶着父亲的灵柩,渡黄河,入毂关,再次千里迢迢返回乡里。安葬了父亲之后,按照父亲的遗愿,在三年守孝期间,班固在家一方面奉母教妹,一方面与弟弟班超,还有一位老用人,一起耕耘薄田,以维持一家

①　陈留:今河南开封市陈留镇。
②　望都:今河北保定市所辖之县。

人的生计,并着手为《史记后传》的撰写做准备。

班彪中意、尽心于儒家圣人之道,专心于史籍,熟读《春秋》,亲笔抄写了武帝年间太史公司马迁所著《史记》全文,反复诵读,把一些重要章节背诵得滚瓜烂熟。班彪以为大汉废除暴秦苛政,接续周王朝,所开创的海晏河清、国泰民安的好光景得以重现,此"德"堪书。他目睹王莽篡政至光武帝刘秀登基之间,"汉德"沦丧,举国大乱,"帝王满天下",厮杀不断,天灾人祸,地覆天翻,百姓颠沛流离,啼饥号寒,连天子足下的京师长安,每天都有饿死于路旁的尸骨,深感司马迁所谓"原始察终,见盛观衰""究天人之际,通古今之变"的深刻意旨所在。他以为只有通过历史记述才能使人们,特别是那些王侯将相、当权者"究际""察变",知"盛衰"。然而,自汉武帝刘彻太初之年至光武帝刘秀登基一百五十余年的历史,却"阙而不录"。虽然有人以自己的文墨记载了一些历史故事,但"多鄙俗",远不能与《史记》比并,也不能接续《史记》的记述。于是,班彪便开始多方收集史料,写作《史记后传》。马援、窦融等"三公"宰辅大臣曾多次举荐他担任朝廷要职,他无法断然拒绝他们的好意,但又放不下自己的《史记后传》撰著。因此,虽在做官,却不忘撰写自己的《史记后传》——一部记述《史记》未及记述的史事的史书。这是他的志趣所在,也是他的生命需要。如果不完成这部著作,他不知道自己活着为了什么,似乎便失去了活着的必要和人生的意义。也正因此,每次应命为官,他都只是虚与委蛇,应付一番,然后寻机辞去。就这样,班彪断断续续地撰写了《史记后传》六十余篇。建武中元元年(公元56年),他已五十二岁,再一次被推上了望都长的职位,正打算寻找借口辞职,不料身染重疾,家人遍请京城名医,汤药喝了几十剂,仍不见好。

班彪自觉不久于人世,然而不甘心于《史记后传》撰著的中断。那天,他命夫人和二子班超、女儿班昭都离开他的卧室,让长子班固一人伺候在他的病榻之旁,嘱告班固无论如何一定要完成自己的未竟之业。班彪的眼眶内涌动着泪水,声音喑哑而沉重:

固儿,苍天无情,不让为父自了心愿,这《史记后传》,只能靠儿……靠儿你……续写了。

一个"写"字出口,两颗混浊的泪珠夺眶而出,顺着脸颊滚落。班固急忙为父亲擦了泪水。

班彪剧烈地咳嗽了几声,接着说:为父自甘清贫,不愿做官,为的什么? 不就为了这部书吗？为了这部书，全家人粗茶淡饭、节衣缩食；为了这部书，全家人受人冷眼，忍气吞声。写不完这部书，为父死也难……难……难瞑目啊！

父亲，快不要这么说！不要这么说！你的病会好的，会好的！《后传》，你一定能写完的！班固匍匐在父亲身边，看着父亲苍白的面孔，双眼流淌着泪水，嘶声道。

班彪轻轻地摇了摇头，几乎是一字一顿地说：不行了！不行了！我……明白。修史，这是启悟、警醒后人，造福后世，让后人明白天人所以迁变、人世所以沧桑，以通达天地，顺应时势，安度日月，永世太平……的不朽……不朽大事……大事啊！大汉开国，除强秦暴政，续周世之清平，此德堪书……堪书啊！

儿明白！请父亲放心！儿一定与弟弟，还有妹妹昭儿——她已经九岁了，肚子里装了不少经史诗文，写文章不比我差，将来肯定是一把著述好手—— 一起把《后传》修完、修好！

班固从父亲的眼神和语气里，悟到父亲压在他肩头的是一副多么沉重、多么崇高的千钧重担啊！以前，他虽然明白父亲续写《史记》以"究天人之际，通古今之变"，宣扬"汉德"为意旨所在，还常常帮助父亲收集、查找史料，抄抄写写，但是，似乎只有此刻，他才真正领悟到修史的启悟后世之功。

不，不！只能靠你，靠你！班彪一双昏花的老眼注视着长子班固，把全部希望都寄托在这个长子身上。人们都夸你九岁能属文诵诗赋，长而博贯载籍，穷究百家之言。虽不无褒扬之意，却也并非虚妄之语。为父明白，你能担起这副担子，能！不能靠超儿、昭儿！不能！超儿志在疆场，昭儿早晚是要出阁的！

儿明白！儿不靠弟妹，就靠自己！无论有多大的困难，都一定把《后传》修完、修好！

为父相信你，你会的……会的！我可以……可以……含笑九泉了！班彪说着，脸上露出了一抹惨淡的、欣慰的笑容，头软软地向左侧一歪，就断了气。

父亲！父亲！班固大声惊呼，哇地哭出声来。

一家人闻声急趋进屋。班超趴在父亲的身体上呼天喊地，号啕痛哭，班昭泪眼婆娑地哭叫着父亲。

班彪的夫人在一旁痴呆呆地落了一会儿泪，对面前的三个儿女说：哭，没用了！烧纸钱吧！

……

班固永远忘不了父亲临终前的嘱托，忘不了父亲临终前那饱含深情和充满期望的眼神，忘不了父亲说的"修史，乃启悟、警醒后人，造福后世，让后人明白天人所以迁变、人世所以沧桑，以通达天地，顺应时势，安度日月，永世太平的不朽大事"的教诲，更忘不了自己对父亲做出的承诺。父命如铁！处理完父亲的丧事，居忧之中，班固即开始为《史记后传》的续写而如饥似渴地重温典籍。

这座书房，大四间，三间内尽是书橱。当中靠右的那间，朝南窗下设有书案，其余三面也尽是书橱。书橱内所藏的，不仅有父亲购置的书籍，有父亲手抄的、自己手抄的《史记》和其他书籍，特别是还有一套皇家藏书副本——这不仅是班家的无比荣耀，也是无以估量其值的无价至宝啊！班固二伯祖班斿年轻时就以"博学有俊才"闻名遐迩，被推荐为贤良方正，以议郎擢升为谏大夫、右曹中郎将，受诏与著名学者刘向一起，校理秘阁藏书，亲向皇上报告校书事宜，并进读群书。他以自己的渊博学识，深得成帝刘骜赏识，成帝下旨把皇家藏书的副本赏赐给了他。在那个时候，朝廷对藏书十分珍视，绝不轻易外泄。此前，元帝刘奭时，东平王刘宇曾上书请求赐给他诸子和《太史公书》①，元帝与近臣商量后断然拒绝。可见，这些皇家藏书副本多么珍贵，多么难得。温习典籍的同时，班固多方收集前朝逸闻旧事，晨兴夜寐，孜孜不倦，开始了遵奉父命、志坚如铁的《史记后传》续写。

天降横祸

永平五年（公元 62 年）的一个秋日，阴云密布，秋风怒号。扶风郡安陵班家宅院中，班家父子亲手栽下的两棵树——枣树和皂角树，被突然刮起的凛冽秋风吹得站不稳身子，树叶、皂角，飒飒飒地嘶叫着，一片片、一个个落了下来，在地上滚动着，旋转着，挣扎着。

班固正在家中书房南窗下，全神贯注地伏案继续着已坚持了八年之久的《史记后传》续写，忽觉浑身阴冷，不由得打了个寒噤。放下手中的笔，班固搓了搓手，站起身来，在屋内踱着步子。妻子推门进来，手中端着一杯热茶。

班固刚要接过茶杯，忽听大门被嘎的一声推开。

---

① 即《史记》。

大人请留步,大人请留步!是班家仅有的老用人的声音。

让开!我们是奉了朝廷旨意的官差,敢阻挡?你这老狗!

随着这粗暴的呵斥,一伙人脚步杂沓地走进大门。

班固急忙走出书房,只见一名竖眉差官带领着四五个随从已经到了当院,从大门外带进来一股打着旋的沙尘。

班固,出来!竖眉差官大声呼喊。

班固急忙迎上去:我就是班固。请问差官⋯⋯

枷了!

像是头顶上被砸了一棒子,班固的脑袋轰的一声巨响,来不及思索,也来不及问个究竟,只见那个领头官差一挥手,脖颈便被戴上了铁枷。

请问,这是⋯⋯

吃了豹子胆,竟敢私修国史!

私修国史?班固在心里重复着官差口中说出的罪名。

请问差官大人,何为私修国史?弟弟班超正在自己房中服侍妻子吃药。妻子有了喜,近日不断地喊叫肚子疼痛,医生开了汤药,班超总要亲自熬了,看着妻子喝下去。听到院子里的声音,班超急忙走出屋门,上前问差官道。

班家的大小人等,除了躺在炕上的班超妻,班固的母亲班老夫人、班固妻和五岁的小儿子亮儿、妹妹班昭,都闻讯围了上来。

朝廷有旨,班固私修国史,命扶风郡拘拿押解赴京。我们是奉旨行事。有能耐,到洛阳问朝廷去!竖眉又一挥手,搜!

呼——呼!一股从大门外直吹进来的狂风,发出厉声嘶叫。小班亮吓得紧紧地抱住奶奶班老夫人的腿,哇哇直哭。

刚刚十七岁、已于两年前嫁与同郡人曹世叔为妻的班昭,挣脱紧紧拉着她衣角的大嫂的手,气呼呼地挺身而出,伸开双臂挡住书房门:搜?凭什么搜?

嗬!小丫头片子,发躁啦?凭什么?就凭朝廷的公文!知道吗?我们要搜查班固私修的国史!竖眉皮笑肉不笑地道。

我告诉你,我们这儿没有什么国史,有的只是大哥写的前朝旧事!写前朝旧事,就叫私修国史吗?班昭的胸膛剧烈地起伏着,义正词严地质问道。

大哥记述前朝旧事,是为了宣汉——宣扬高祖皇帝开创大汉的丰功伟业和不朽功德啊。难道宣扬大汉功德也有罪吗?妹妹向官差发问启发了班超,他记起了大哥常说的"宣汉"一词，走向前去，有理有据地反问道。

我可不跟你们争论什么宣汉不宣汉。反正我们是奉命行事，就得搜！

竖眉的随从推开班超、班昭，冲入书房，七手八脚地到处乱翻，把书橱里的全部简策、锦帛，包括班固与父亲班彪手写的全部文字都卷起来，抱了出来，像是抓到了可以邀功请赏的凭据，一副趾高气扬的样子。

那里面有先前孝成皇帝赐给二伯祖的皇家藏书副本啊！还有我父亲手抄的前朝太史公著的《史记》，有孔子著的《春秋》——是我抄写的，不是我的著述。这些，你们都不能拿，不能拿啊！班固眼看官差把《史记》《春秋》等书籍都要带走，指着那一大抱简册、书籍，急红了眼，一边跺着脚，一边嘶喊道。

哼！还不知道有没有明天，还舍不得这些破东西？押上人犯，带上罪证，走！竖眉一挥手，随从狠狠地推了班固一把：走！

刚刚止住啼哭的小班亮又哇的一声哭了起来，冲上前，抱住了父亲的腿。

不哭，不哭！亮儿，父亲没有犯法，会回来的！班固安慰着儿子。班固妻急忙上前拉住班亮，劝慰他不要怕，父亲很快就会回来，要亮儿放开手。

班亮好容易放开了手，班固才将身子转向了母亲：儿不孝，惹此大祸，让您老人家担惊受怕！儿心愧疚，但无可奈何，母亲善自保重吧！班固一屈膝，跪倒在地，双目噙泪，向着母亲叩首道。

别这么说！被这突如其来的横祸惊得头脑发木的班老夫人，急得直向班超、班昭发脾气，还不快把你哥哥扶起来！

没等母亲把话说完，班超已一个箭步上前，俯身将哥哥拦腰抱住，将班固搀扶了起来。

班固抬起头来，看到了妻子那双被泪水模糊了的深情、忧郁的眼睛，道：好生保重，代我向母亲行孝啊！

心有灵犀一点通。从丈夫那歉疚中饱含期望的眼神、那简短而郑重的话语之中，妻子明白了一切，微微点了头，以眼神让丈夫放心。

班固的目光离开妻子，欲与弟弟、妹妹道别，却见班超手里拿了一包什么，塞给了竖眉官差：小意思，请笑纳！刚才如有冒犯，但请包涵，不要难为了家兄！

兄弟！班固呼喊着弟弟。

班超挥着手，那眼神是在说：哥哥，你不要管！

班昭忽闪着一双亮晶晶的眼睛，拉住班超压低声音道：二哥，"硕鼠硕鼠，无食我黍",你这不是拿钱喂这些官仓里的老鼠吗?

你不懂。这叫堵住他们的嘴,好让他们不在大哥身上打主意!

班昭听不明白,忽闪着双眼看了看二哥。

这时,老用人看着班固已被差人推着迈开了步子,慌忙拱手道:大公子,保重啊,保重!

拜托你了,照管好这个家!班固也想向老用人拱手,但是双手被紧紧地箍在铁枷里,一动不得动。

放心吧,大公子,有我哩!老用人道。

竖眉毫不推辞地接过班超塞过来的那包东西,眉毛略略下沉:放心! 放心! ——走!

第三章

班仲升伏阙申冤

撕心裂肺

班固当日被那个竖眉官差押往扶风郡监牢,住了一夜。

秋风凌厉,乱云飞渡,飞沙扬尘。班固的脑子里翻江倒海。他觉得真是天大奇冤,太莫名其妙了,太委屈了,太委屈了!修史,这是启悟、鉴戒后人,造福后代,让世人明白天人所以迁变、人世所以沧桑,以通达天地,顺应时势,安度日月,永世太平的不朽之事啊!何况,为《史记》作后传,乃宣扬大汉江山的合天心、顺民意,宣扬刘氏开国的旷古威德之举啊!自己却反倒因此而颈戴大汉朝廷的枷锁,真是太颠倒大道、逆天忤理了啊!《论语》中有这样的话:"士不可以不弘毅,任重而道远。仁以为己任,不亦重乎?"继父修史,既是行大孝于祖宗,也是仁以为己任、自担仁德于天下的远道重任啊!错在何处?罪在何处?班固忍不住热泪奔涌,失声号啕起来。也许,也许,大汉朝有不准"私修国史"之法,但这个"法",合乎天理、合于仁德吗?孔子作《春秋》,不也是私自为之吗?

号丧呀？号！号！狱卒敲着牢房门训斥道。

班固一振，使劲儿咬住牙，止住哭泣，在心里默默地谴责自己：堂堂男儿大丈夫，七尺昂藏，有泪不轻弹。哭，济什么事？有什么用？太懦弱了！太缺乏大丈夫气概了！

他觉得自己太像屈原了，处身"邪曲之害公也，谗谄之蔽明也，方正之不容也"的逆境，尽管自己"正道直行""竭忠尽智"，却"信而见疑，忠而被谤"。但是，他只能像屈原一样"虽九死其犹未悔"，却不能像屈原那样"宁溘死以流亡""从彭咸之所居"，不能像屈原那样"怀石投身汨罗以死"。不能啊！不能一死了之啊！难道当今皇上像楚怀王那么昏庸，那么忠奸不辨，那么"荃不察余之中情兮，反信谗而齌怒"吗？不，当今皇上绝非楚怀王！先帝刘秀平定天下，废除苛政，释放囚徒，减省刑法，广罗人才，整肃吏治，轻徭薄赋，鼓励农桑，可谓有为之君；而今上刘庄提倡文教，尊重儒学，扩办太学，培养英才，减免税收，赐田于民，使天下太平，海晏河清，社稷兴旺，一派升平气象啊！当今天下，绝非昔日楚国那样"燕雀乌鹊，巢堂坛兮。露申辛夷，死林薄兮""黄钟毁弃，瓦釜雷鸣"的天下啊！

然而，我却项戴铁枷，身不由己啊！班固不知道被押解洛阳后遭遇的将是死是活，是流徙是酷刑。他想，死倒没有什么可怕，只是父亲的遗愿就要落空，《史记后传》就将化为泡影，我班固将言未立而志未遂啊！无论如何，不能死！死了，后人便看不到我们父子所要记述的那些年月的兴衰浮沉、风云变幻；死了，先父亡灵便不能瞑目，我也难以合上双眼啊！何况堂上有老母，家中有贤妻、班亮小儿！他们将该怎样打发日月？

也许不至于死吧？不至于！那么，酷刑怕是躲不过的。会受什么样的酷刑呢？是在脸上刺字涂墨的黥刑？是割鼻子的劓刑？是断趾去膑骨的刖刑？还是下蚕室的宫刑？……自古至今的这么几种刑罚，会是哪一种呢？

一想到宫刑，班固就联想到太史公司马迁。唉，太史公司马迁呀，我和你如此志相通、命相近啊！

司马家族世代史官，司马迁之父司马谈于武帝建元、元光、元朔、元狩、元鼎以至元封年间（公元前140年—公元前110年）任职太史。元鼎四年（公元前113年），武帝登泰山封禅，向天下表明自己乃"奉天承运"的天子。身为太史公的司马谈，理当随行参与，但他年老体衰，疾病缠身，勉强挣扎着骑马行至大河、洛水之间,便再也上不了马,不能前行了。眼看着封禅的龙幡旌旗仪仗浩浩荡荡,车马大队扬尘蔽天,远远而去,司马谈肝肠寸断,拉着儿子司马迁的手,喘息着,潸然泪下,嘱咐道:我们司马家世代太史,不能到我这一辈失职、衰落啊!父死后,儿若继为太史,司马家的事业就接续有人了!儿可不能忘掉为父记述古往今来史事的愿望啊!要知道,人们所说的孝道,应是"始于事亲,中于事君,扬名于后世"啊。孝于父母,才能忠于社稷君王,也才能大有作为,后世传扬啊!遥想西周那个时代,人们称颂周公,是因为他能宣扬周文王、周武王的功德。而到了周幽王、周厉王以后,王道颓败,礼乐衰微,孔子复礼救世,删《诗经》,述《论语》,作《春秋》,为学者世代效法。东周以来四百余年,诸侯相互兼并,历史记述断绝。今日大汉立国,海内一统,皇上圣明,大臣忠义,为父身为太史而不能效法孔子记述以文字,实在不胜汗颜,不胜愧疚啊。儿要牢牢记住为父的这个没世憾恨啊!……

司马谈临终前对儿子的这番肺腑之言,班固几乎能倒背如流。他恍惚觉得,司马谈似乎就是他父亲班彪,而他似乎就是司马迁,司马谈的话就是说给他班固听的。大汉朝鼎盛时期有司马迁撰写《史记》,大汉朝中兴以后就当有我班固继父续写《史记》,记述《史记》所未及记述及记述有所疏漏的史事啊!

是的,是的,我班固命中注定要效法司马迁,合当是大汉朝的又一个太史公!先父临终前不就嘱咐我要撰文续史、宣扬"汉德"吗?我班固与司马迁同样在秉承父亲的嘱托,记述祖先们的作为和功勋。当初司马迁面对生命垂危的父亲,低头哭泣道:儿子虽然并不聪明,但是一定尊奉父亲的嘱告,把前人的雄才大略、所作所为,完完整整地记述下来,不敢有半点缺失。父亲临终前要我班固接续他写完《史记后传》,我也曾说过:请父亲放心!无论遇到多大的困难,儿都一定把《后传》修完、修好!司马迁能做到的,我班固也要做到,也能做好!一定!

但我的修撰刚刚开始,却祸从天降,成了"私修国史"的罪犯!——哦,司马迁也是这样的啊,事未竟而临酷刑、入蚕室了啊!

恍恍惚惚,班固看见一个人朝着他走来了,宽阔的额头,深邃的双眼,炯炯有神的目光,方冠博带,宽袖长袂,步履飘然。哦,那不是司马迁吗?是魂灵吧?不,是真人!真人!啊,太史公啊太史公,你,你是那样的雄才,那样的大智,居然不能摆脱灾祸而遭受那样的刑罚,太遗憾太可恨了!太史公啊太史公,我现在才明白你为什么情愿接受那种最沉重、最羞辱的刑罚——宫刑！我现在才真正明白了你写给任安的信中的那段话："所以隐忍苟活，幽于粪土之中而不辞者，恨私心有所不尽，鄙陋没世，而文采不表于后世也！"你是不甘心让父亲的嘱托落空，不甘心庸碌低贱地结一生，不甘心让自己"成一家之言"的愿望化为泡影啊！在你看来，生死乃一己一生之事，修史，乃修神州世代之史，修史重于一己生死啊！你宁可忍受人间最沉重的奇耻大辱，也要写好自己愿望中的《史记》啊！我和你志相同、心相通，如果要我班固在死亡与宫刑之间选择，我也只好选取你所忍受的宫刑！不是贪生怕死，不是珍惜庸碌低贱的生命，不是为了苟且偷生，实在是不忍辜负父嘱，放弃记述史事以造福后代的心愿啊！

班固觉得自己似乎真的要像司马迁那样受宫刑、入蚕室了。他暗自告诫自己：那种"肠一日而九回，居则忽忽若有所忘，出则不知其所往，每念斯耻，汗未尝不发背沾衣也"的痛苦，司马迁经受得了，我班固也一定撑得住、受得住，一定！过了这个关，《史记后传》就能写成，不但父亲可以含笑九泉，自己也不枉于尘世走一场了！

班固说不清自己是醒着还是在做梦，反正脑际总有司马迁的影子——不，是魂灵，一缕幽幽的魂灵！没错！似乎自己总在与司马迁对话。这一切似乎是真的，又似乎是错觉，是幻影。不，是真的，真的！我与太史公的命相近、心相通，魂也是相通的——不，也许，我的魂就是他的魂，是他的魂附了我的体！他就在我的魂灵中，他就是我的楷模，命中注定我要像他那样遭受酷刑折磨，忍受奇耻大辱啊！

恍恍惚惚，父亲似乎在冷冷地看着他。啊，父亲，父亲！只要能保住这条命，只要还活着，儿就一定不让您老人家失望，不管受怎样的折磨、怎样的奇耻大辱，儿也要完成您的嘱托！一定！一定！绝不食言！父亲似乎报以赞许的目光：为父相信，儿会的！会的！司马谈过世后三年，司马迁当上了太史令——也许，也许你也会遇难呈祥、转危为安的！班固看到父亲紧皱着的眉头似乎微微一舒。

父亲，父亲！你说什么？遇难呈祥、转危为安？可能吗？谁知道呢！但愿如此！班固挣扎着，用尽了浑身力气，这样说。

哼，净想好事！私修国史的朝廷要犯，还想着转危为安？一个横眉怒目的彪形大汉站在班固面前，晃动着手中明晃晃的短刀：班固，乖乖地受刑吧！

受刑？啊！班固大叫一声，一颗心怦怦狂跳着似要挣出胸膛。他呼哧呼哧地喘着粗气，睁开双眼，一缕幽微的晨光透进了牢房，却不见那个横眉怒目的彪形大汉。

出来！出来！没有死吗？一个瘦骨伶仃的狱卒打开牢门喊叫着，把饭碗砰地蹾在地上。吃了饭，上路！

班超写疏

眼看着哥哥被官差带走，班超急得搓着双手在地上转圈儿，忽地抓着头发，想出了个进京鸣冤的办法：既然说哥哥犯了"私修国史"罪的是朝廷，我就进京向朝廷上书鸣冤！反正哥哥是冤枉的，我就是上刀山下油锅，不信为哥哥申不了这个冤！想到就做，耽搁不得。班超急匆匆回到家中，对妹妹和嫂子道：你们陪伴、伺候母亲，也照看一下我那个怀了孩子的媳妇。不要怕，不要忧心，我这就写疏，进京申冤！

好，就看你的了！班昭表示赞同。

班固妻拉着儿子道：看我们能帮什么忙，尽管说！

嫂子只需照管好母亲！班超说着，已匆匆进了书房。

班昭和班固妻慌忙跟了进来。天已黄昏，书房里黑乎乎的看不见墙壁、书案。班固妻点着了麻油灯，昏黄的灯光下，被官差们弄得七倒八歪的几案、书橱、竹简、锦帛、书卷、写字白绢……遍地狼藉。

这些官养的狗！班超狠狠地骂了一句。

老用人忙进来整理、打扫，班固妻和班昭也帮着擦尘拭灰。他们前脚刚出书房，班超即在几案上铺好白绢，开始低头写疏了。然而，刚写下几个字，就觉得不妥，一连撕掉了好几段白绢，才写下了差强人意的开头——

　　草民前徐县令班彪之次子班超，为兄班固枉然蒙受"私修国史"之
　　冤，谨上书皇帝陛下……

一个"下"字刚刚收笔，班超忽地想起该是为妻子熬药的时候了，烦躁地掷笔于案，站起身来，却见大嫂端着一杯热茶站在身后。

二弟,急不得,急不得! 喝口茶,静静心,细细想一想,再写不迟!

大嫂一个"茶"字出口,班超顿时觉得嗓子干得直冒烟,便接过茶杯,大口大口地喝了起来。

娘平静些了。我刚伺候弟妹喝了药,她好多了,这会儿小昭陪着她拉话儿。有我照管着她们,你就不要操心了!

班超感激地看着嫂子:让大嫂辛苦了!

这话是怎么说的? 不说你哥哥遇上了这种祸事,就是平日,我是大嫂,家中老老小小,我不照应谁照应? 这个那个,你头疼了他脑热了,我不伺候着谁伺候?

可让大嫂这么受累,我实在过意不去啊。

好兄弟,你叫我怎么说你! 你这不是太见外了吗?

这时,班昭也来到书房。二哥,二嫂让我告诉你,她喝了药,已经好多了。她让你不要挂念她,救大哥全靠你了,你可得千方百计地想法儿啊!

大嫂和妻子的话,使班超既觉心头轻松了许多,又感受到肩头担子的沉重。他无言地搓着双手。

好,不说了,不耽搁你了,写疏吧! 大嫂拉着班昭离开了书房。

窗外,暮秋月下,枣树和皂角树瘦削、干枯而坚挺的身子,坚强不屈地站立着。每到春天,皂角树不像杏树、桃树那么早早地开放着十分鲜艳的或粉白或桃红的花,却自甘落后,悄悄地在枝丫上生长着不为人注意的、淡黄的小花儿。花儿落了,又结出月牙似的扁平的荚果。从夏到秋,荚果一天天长大,由黄变褐,巴掌般长短,是化痰祛痰良药,还可以砸碎了用来洗衣服。一家人的衣服被褥什么的,都用它洗呢。左邻右舍,不少人家都用过这株树上的皂角呢。枣儿似乎也不愿与桃杏比高低,秋天到了,晚春时分不显眼的小小白花,悄悄地变成了青绿色的枣儿。青绿色又渐渐变成艳艳的火红,吃在嘴里脆甜脆甜。在日复一日的秋阳照耀下,脆甜又会渐渐地变得甘甜。此刻,皂角树和枣树似乎向班超投去注视的目光,以无声的刚强,示范着坚毅和沉着。

班超若有所悟,思绪又回到了疏文之上。熬了整整一个通宵,鸡啼时分,终于收笔完稿。班超低声诵读:

草民前徐县令班彪之次子班超,为兄班固枉然蒙受"私修国史"之

冤,谨上书皇帝陛下:

　　草民班超之父班彪,深沐先帝高祖文治武功之福荫,广采前朝旧
事逸闻,夙兴夜寐,殚精竭虑,接续前朝太史公司马迁未竟之业,撰写
《史记后传》,以"究天人之际,察古今之变",扬我大汉之德。然志未
竟而身亡。兄班固继父志而续撰。本以为乃启悟后人之不朽大业,岂
料奸人毁谤,致未竣笔而祸至,嫁以"私修国史"之罪名,铁枷箍项,押
解京师,监禁于京师大狱。

　　草民以为,若记述前朝旧事以宣汉德而当罹罪,岂非令邪异之语、
谣诼之言,荡荡然无所遮挡、阻障乎? 唯愿圣上明察,解除兄固于缧
绁,则草民幸甚! 记述前朝旧事以扬汉德之大业幸甚!

班超觉得,这简短的文字足以表明兄固之被拘,实属冤屈,心头顿然宽慰。
一时倦意来袭,吹灭油灯,俯于案头,轻轻地打起鼾来。

班固妻与班昭从书房出来,来到了班老夫人卧房。

班老夫人道:你们去书房了? 超儿是在写疏吧? 我正等你们呢。

我们是去了书房。二哥开始写疏了。没等大嫂开口,班昭抢着回答母
亲道。

婆婆,有事吗? 班固妻问。

我在想,超儿怎么去呀? 咱们家那匹老马是可以骑的,但总得要用些钱吧?
可你们知道,咱们家虽然也曾是官宦人家,但如今已没有多少积蓄,靠着几十亩
土地过活。家里雇不起长工,主要靠老用人一人耕种,固儿、超儿给他帮工。人
手不够,耕作不细,人哄了地,地能多打粮吗? 再加上连年天旱、歉收,这日子一
年不如一年。如今无风三尺浪,固儿好端端的出了祸事,超儿要去搭救,不花钱
不花钱,盘缠怕也是少不得两千三千缗①的。可是,我刚才看过了,家里现有的
钱拢共不过八百。这可该怎么办啊? 班老夫人忧心忡忡地道出了艰难。

婆婆,儿媳明白家里的难处。我已将父母给我的陪嫁首饰找出来了,想必
也值几百缗钱。让超弟拿到京城兑了钱,也能贴补一些。班固妻道。

---

　　① 　缗:汉代以绳穿铜钱,成串的铜钱为缗。

你的首饰,那是你父母的情意,怎么能……

不,媳妇想,到了这个时候,用了它,才更显得父母情意深重!您说,是不?

对,嫂子想得远、想得深,说得对!班昭不知何时出了房门,此时走进来,将怀里抱着的一堆东西,哗的一声,倒在母亲身旁:这是我的全部首饰,还有些零碎银子,是我回来看娘时婆婆给的。咱家中出了这么大的事,他曹家不相帮谁相帮?但二哥明天就要上路,我无论如何也是回不去向曹家说明情况的。就先把这些东西让二哥带着,做盘缠吧。

班固妻抚摸着班昭的肩头,道:昭妹,这些首饰,是父亲在世时给你准备的陪嫁之物,把这些东西变卖了,我们该怎么向父亲的亡灵交代啊?不妥,不妥!你还是收回去吧!

班昭瞪圆了双眼,道:只怕父亲的亡灵知道了,会对着我跷大拇指的。以父亲留给我的首饰,搭救我自己的亲哥哥,难道父亲会不赞同吗?

正在这时,随着吱呀一声,屋门被推开,班超媳妇走了进来。

哦,你——二媳妇,你身子重了,又连日肚子疼,这时候,怎么还没睡呀?班老夫人关切地问。

娘,大嫂,我这会儿好多了。左思右想,他这次去洛阳,少不了要有些花费的,可咱们家,我知道没什么积蓄。这些钱,有我出嫁前爹娘给的,也有我零星积攒的一些,让他带了去,做盘缠吧。董蓄双手捧着一个沉甸甸的小包袱。

好女儿,好媳妇!亏你们想得这么周到!班老夫人双眼一热,老泪横流。

要紧的是把大哥救出来呀!钱是为人花的,总是用到要紧处好。班超媳妇道。

难为你们妯娌两个,还有昭儿,都这么深明大义!班老夫人竟抽抽搭搭地哭泣起来。

班超一觉醒来,只见"愣头青"站到了他的面前。这是个热肠侠气的冒失小伙子,他的名字很少有人知道,愣头青是他的外号。班固、班超称他"青儿",侄儿班亮则称他"青叔"。

唔,青儿兄弟,这么早,有事吗?

愣头青指着几案上的白绢:这就是你写的什么树(疏)吗?有了这个就好,这就好!何时动身?我跟你走!

班超抬起头来,发现愣头青打了绑腿,背着包袱,可谓全副武装,不禁哑然失笑:你这是……

一个人怎么行? 得我陪你去。

青儿兄弟,不是我不让你去,这千里迢迢的,一路上少不了风餐露宿,到了洛阳,也少不了屈膝求告、忍饥挨饿。我不忍心让你吃苦受累啊!

你把我看成什么人了? 我跟你去,是为了游山玩水、逛京城吗? 咱这村子里的穷苦人家,哪一家没有得到过你们家的接济啊? 固哥和我一起长大,从不嫌弃我穷,把我看成自己的兄弟。那年,我娘心口疼,我无钱请医生抓药,急得不知如何是好,固哥知道了,不但替我出钱请了医生,还替我出钱抓了药。后来,我娘去世了,还是固哥出钱,帮我买棺材安葬了我娘。如今,他不明不白地被抓了去,我能不管不理吗? 你不让我去救他,我这一颗心能安宁吗? 愣头青眼里闪烁着恳切的光。

班超被感动了。好吧,你可以和我一起去,但必须答应我,一路上万万不可冒失。咱们没有商量好的事,一定不能做;不该说的话,一定不能说。

没麻达,没麻达! 听你的! 我没有读过书,斗大的字不识半升,肚子里没学问,一定听你的。你骑马,我牵马,你叫我干啥我干啥。愣头青高兴得手舞足蹈。

这样吧,我再安顿一下家里,准备好行李,喂饱马,明天一早出发!

次日拂晓,班超告别了母亲,拿了嫂嫂、昭妹和媳妇慷慨献出的首饰、零钱,还有干粮、水葫芦等,准备出发。推开大门,他吃了一惊,青儿已牵出白儿马,鞴好了鞍辔。大门口站着黑压压一群人。

有个胡子花白的老人——是村东头的李大叔,手里捧着一个口袋,迎上前来道:这就要上路吗? 大伙儿拿不出太多的钱帮衬你,凑了这么多,许有三十缗吧,拿着,给你添点盘缠吧!

有位大婶说:大婶帮不了什么忙,烙了几张锅盔给你带着充饥吧!

有位大嫂说:拿着,这是几个煮鸡蛋!

还有个老婆婆拿着一个鼓鼓囊囊的袋子,往班超怀里塞:我们家拿不出什么,这是树上结的林檎果,拿着路上吃。这东西吃了很解渴!

人们纷纷向班超围了过来,给他怀里塞钱,塞鸡蛋,塞锅盔……乱成了一团。班超双手抱不住,东西直往地上掉,可有人还在塞。

班超热泪盈眶:伯伯叔叔们,大妈大婶们,大哥大嫂们,足够啦,足够啦,谢谢啦!谢谢啦!我们班家永远忘不了大家的好意!

听到大门口闹闹嚷嚷,班老夫人、班固妻、班昭,还有挺着大肚子的班超媳妇都出来了,看见眼前的这一幕,激动得说不出话来。闹哄哄、热腾腾的场面反倒一下子静了下来。

还是李大叔打破了寂静,大声道:大家让开,让班超上路吧!救人要紧,耽搁不得啊!

老用人闻声急忙返回家里,取来重重的马褡子,搭上马背。班固妻无声地拿来一个口袋。班昭帮着将乡亲们塞在班超怀里的吃食装进去,让老用人搭上了马背。

愣头青眼疾手快,从老用人手中接过马缰:超哥,上马吧!

班超却没有上马,走到母亲面前道:母亲,好生保重!

班超的目光转向妻子。四目相望,一切尽在不言中。班超又向大嫂、妹妹班昭、小侄班亮及老用人略一张望,回头对众人转着圈儿拱了拱手,吩咐愣头青道:走吧!

愣头青只等这一句,立即拉着马缰,跟着班超,迈开了脚步。

白儿马,班家的老成员、老伙计,昂起头咴儿咴儿地嘶叫了两声,像是安慰班母、班固妻、班超妻,像是向赶来送行的人告别,四蹄嘚嘚,向东而去……

第四章

灾祸接踵相侵凌

魂交太史

时间大约是午后,天上乌云密布,黑如锅底。在呼啸的秋风中,伴随着咔嚓一声闷雷,暴雨瓢泼般倾倒下来。班固在差官的押解下,刚刚来到京兆大牢门前,便被突然而来的暴雨浇得头脑发麻、发晕,几乎窒息了,落汤鸡似的,连连打了几个激灵。

没有看清楚四周情景,没有看见竖眉差官与大牢狱吏如何交接,只知狱卒打开牢门,从身后猛推了一把。班固双脚血泡连连,一趔趄,便落入了沉沉黑暗之中。哐当一声,牢门上了锁。

一股刺鼻的尿臊味、恶臭味、霉腐味、阴湿味扑面而来,熏得班固不敢呼吸,又连连打了几个寒战。许久,才恢复了呼吸,才逐渐看清了地面和四壁。

这是京兆大狱内一间最折磨人、最令人不堪忍受的牢房。没有暗中打点的人犯,都得先在这间牢房内尝尝坐牢的味道。罪犯忍受不了,塞点"孝敬钱""低头钱""屈躬钱""小小意思钱"等各种名目的"钱",便可以转到其他牢房去。班固初来乍到,不明就里,只得忍受这种折磨。

多日来,项戴铁枷的长途奔波,使班固精疲力竭,不由得双腿一软,跌倒在地,一种窒息感压迫着他。他从肩头取下包袱,想脱去身上湿淋淋的衣服,换上干的,然而打开包袱一看,里面的衣服也都像从水里捞出来的一般透湿。班固叹息一声,脱下上身的衣服,赤裸着脊梁,下身就只好让它那么湿着吧!他趴到地上铺着的麦草上,麦草也湿漉漉的。他紧闭双眼,希望养养神儿,然而,头脑发涨,嗡嗡嗡地隐隐作痛,又连连打了几个喷嚏。

不知道是睡着了,还是醒着,反正浑身轻飘飘的,头脑沉甸甸的抬不起来。

恍恍惚惚,他看见了司马迁。似乎司马迁当年也是被囚禁在这个牢房。不,怎么可能呢?司马迁的牢房在西京长安,而今,我是在东京洛阳啊!哦,这东京洛阳的牢房,就是按西京长安囚禁司马迁的牢房的样儿建造的啊!唉,真不知司马迁是怎么在这样的牢房中挺过来的!他好委屈啊!就因为仗义执言,在武帝面前为李陵说了几句公道、公正的话,就被囚禁在这样令人窒息的牢房之中。

李陵真是盖世英豪,一员力气大、箭法高、勇猛过人的年轻虎将!班固仿佛看见了英气勃发的李陵,又看见了满脸血迹、汗污和灰尘,甲盔血迹斑斑,赤手空拳,被蜂蚁般众多的敌兵围困,五内俱焚,仰天长啸,欲哭无泪的无奈、无助、绝望的李陵。

想当年,因为匈奴且鞮侯单于骗取大汉财物、扣押大汉使者,武帝派遣贰师将军李广利率领三万骑兵去征讨,并吩咐李陵监运粮草辎重。李广利是武帝宠妃李夫人的哥哥,率军出战总打败仗。然而,武帝信赖他,不断把立功的机会给予他,希望他能以战功而封侯拜相。李陵却不愿屈居于李广利麾下,央告武帝道,我的士卒个个都能打老虎,射箭百发百中。请皇上恩准我独当一面,带领一支人马与敌作战,以分散单于的兵力,好让贰师将军旗开得胜。武帝心知李陵瞧不起贰师将军,愤然道:可以。但我派出了这么多军队,再也没有马匹给你了。李陵拍着胸脯说,没有马就没有马,只要有五千步兵,我就打到单于大营中去!武帝赌气答应了,却派将军路博德在路上接应他。

正好有探子禀报，匈奴侵犯西河。武帝便命李陵从遮虏障①出发，去东浚稽山②一带侦察敌兵虚实。李陵率领五千步兵雄赳赳气昂昂地到达东浚稽山，在龙勒水③歇息、打点了几天，没找到一个匈奴兵。他们又北行三十天，到浚稽山驻扎下来。他们没有发现一个匈奴兵，却被匈奴且鞮侯发现了。且鞮侯亲率三万骑兵，把李陵的五千步兵围困在两山之间。李陵以大车为营盘，摆开阵势：前一层士兵一手执戟，一手持盾，后面一层是弯弓待发的弓箭手。匈奴兵一直向前冲，李陵的弓箭手等着匈奴兵靠近，一齐放箭，大批匈奴兵倒了下去，其余的乱糟糟地逃回山上去了。汉军追杀上去，送了命的匈奴兵不下两千。匈奴兵被打退，汉兵便往南撤。单于得知，赶忙调集八万骑兵追击汉兵。汉兵一连几天，边打边跑，在一个山谷中打了一大仗，杀死匈奴兵千余人。四五天后，汉兵到达一个长满苇子的水洼地，李陵想让士兵躲在里面打游击，不料匈奴兵在上风处放起火来。李陵便命令士兵在自己这边先放火，烧出一块空地来，使匈奴兵的火烧不到这边来。汉军趁着匈奴兵那边的火势正旺，往南跑到一座山下。匈奴骑兵赶来，双方又展开了一场血战。汉军在树缝里灵活穿梭，匈奴骑兵无法跟踪，又被汉兵杀死无数。汉兵看见单于在南山上，一齐弯弓射箭，吓得单于慌忙逃遁。

李陵带领汉军到了平地，一天当中与敌交战十余次，匈奴兵又死伤了一千多人。想不到汉军中有个小校，因出言无状被校尉责打了一顿，竟乘夜逃往匈奴营中，做了叛徒。他告诉匈奴统帅，汉军孤军作战，后无救兵，箭将射完，只有李陵和韩延年各领八千步兵十分厉害，别的都很平常。单于听了非常高兴，命令一队骑兵拦住汉军去路，而以大军四面围攻，把汉军逼入一个狭小山谷……

啊！我看见了，看见了：那不是李陵吗？左右身旁的不就是他的士卒吗？可五千人只剩下千余，一个个体无完甲，血迹斑斑。箭射光了，他们就以车轮、车挡、车轴做武器，与敌肉搏。砸匈奴兵的头，砍匈奴兵的腿，抱住匈奴兵打滚，扯断了匈奴兵的胳膊，咬掉了匈奴兵的耳朵……好骁勇、好顽强、好英武啊！敌人一个个一命呜呼，可己方也死伤惨重啊！天黑了，匈奴兵不便出战，汉军也不

---

① 遮虏障：今甘肃张掖居延县。

② 浚稽山：约在今蒙古人民共和国土拉河、鄂尔浑河上源以南一带。

③ 龙勒水：今甘肃敦煌龙勒县。

能出营。李陵穿上便衣,拿了已经卷刃了的短刀,独自出营,想去找单于拼命。可是,四面都是敌兵,怎么出得去呢?他叹了一口气,回来命令士兵把旗帜与值钱的东西统统埋在地下,每人随身带上两升干粮、一块冰。他神情决然地向将士道:现在没箭了,刀和戟都折断了,大家不如分散开,突围出去,各自逃命,但愿有人能够回朝禀报皇上。再往南一百八十里就是遮虏障,大家在那里会合。

半夜时分,李陵命士兵打鼓助威开始突围!哪知所有的鼓都是破的,噗噗噗打不响。李陵和韩延年上马,带着十几个壮士往南冲去,敌骑追上来了好几千。十几个汉兵与几千匈奴兵厮杀,韩延年杀了几十个敌兵后不幸阵亡。李陵被敌兵团团围住,仰天长叹一声:我无颜见皇上了!被匈奴俘获。

汉武帝听到消息,先以为李陵已经阵亡,后来听到李陵投降的消息——这是个误传的消息,李陵当时并未投降,投降是他母亲和妻子被杀害以后的事——怒不可遏,把李陵的母亲和妻子都下了大牢。

大牢?李陵的老母和妻子也下了大牢!尿臊味、恶臭味、霉腐味、阴湿味刺鼻的大牢,令人窒息的大牢!一个年迈老人,一个柔弱妇人,她们何罪之有?她们怎么受得了、受得了这等折磨啊!天哪!

而朝廷官员一个个都推下坡儿碌碌,顺着武帝的调子摇唇鼓舌,落井下石,或说李陵根本不配当将军,怎么能孤军深入呢?怎么能躲入苇塘呢?或说李陵只会说大话,没有真本领,既然手下兵士都是百发百中的神箭手,五十万支箭怎么对付不了几万匈奴兵呢?有的还煽风点火,说要不是李陵瞧不起贰师将军,五千神射手怎么会全军覆没?……他们可真会看着武帝的脸色给李陵编织罪名啊!

太史公司马迁,你也太耿直、太直率、太死心眼、太没眼色、太不察时势、太不问后果、太不懂得天有多高地有多厚、太不明白自己地位的低下、太不知道用自己的智慧保全自身了!你竟公然在这种情势下冒出那么大的勇气、正气和呆气、蠢气,向武帝表现自己的坦率和忠诚,为李陵鸣不平!你说过,人固有一死,或重于泰山,或轻于鸿毛。你一定认为,仗义执言,说公道、公正的话,死而重于泰山。李陵平素与士大夫相处,总是绝甘分少,在利益面前先人后己,不占便宜,所以士卒能够为他卖命。就这一点而言,即使古代名将,也没有超过他的。那次仗虽然打败了,但他的功绩足以向天下表明他的勇敢、才能和人格。为这样的栋梁之材鸣不平,死而无憾啊!

你在《报任安书》中写下了你应答武帝召问时的话:我与李陵同在朝中为皇上驱遣,平日关系并不怎么好。我们志趣不同,各做各的事,没有一起喝过一杯酒,没有快快活活地聊过一次天。但我看李陵的为人,觉得他够得上一位能够自守节操的出众人物。他侍奉父母很孝顺,结交朋友很讲信义,能够尊老爱幼而礼让有加,谦恭自约,礼贤下士,经常思考的是如何奋不顾身报效国家。我认为他有一种国家栋梁的风度。李陵作为臣子,能够万死不辞,不惜个人生命,赴国家之难,这是很不容易、很了不起的。如今由于一次仗打得不好,那些贪生怕死、只知顾全自己的臣子,说三道四,挑刺儿,诬陷他,夸大他的罪责,我实在感到心痛不忍啊!再说,李陵带领着不满五千步卒,长驱直入遍地骑兵的匈奴腹地,足迹到达匈奴王庭附近,无异于在虎口前放下肥肉,向强大的胡兵挑战。他面对着十余倍于自己的数万敌军,与单于连续交战十多日,所杀死的敌人远远超过了自己军队的损失。匈奴兵救死扶伤不迭,那些身穿毡衣的匈奴王侯将官无不惊恐,无不怯惧。单于于是征调了左、右贤王以及举国能弯弓射箭的百姓,全力以赴,围攻李陵所率的汉军。李陵转战千里,箭射光了,无路可走了,却盼不来救兵,死伤的士卒堆积如山。即使在这种情况下,李陵一声令下,士卒无不流着泪奋力而起,他们噙着泪水,满脸血污,拿起无箭的空弓,冒着敌人白晃晃的刀刃,争相与敌决斗……

太史公!你本想以这番话表达自己的拳拳忠心,启发武帝拒斥那些落井下石的谤毁之辞,武帝却认为你是欺君罔上,诽谤贰师将军,而为李陵开脱罪责。你怎么就忘了,贰师将军李广利是武帝宠妃的哥哥啊!呜呼,人心难通,即使像武帝那样雄才大略的天子,也难免被裙带之亲遮蔽自己的聪明睿智,而不能洞察臣下的赤诚之意、忠贞之心。天哪!……

班固,出来!放风啦!狱卒连喊了几声,牢内似乎毫无声息。狱卒走进牢里,伸出一只手刚碰到班固的头,立即惊呼着将手抽了回来。好烫啊!火烤一样!

什么什么?你说好——好什么?

狱卒在心里道:这厮一定是烧昏了,糊涂了,胡说八道,还"好"呀"好"的!

祸不单行

真是祸不单行!

就在班超去了洛阳的第二天一早,他媳妇的腹部剧烈地疼痛起来。她呻吟着,额头上豆大的汗珠滚动着,疼痛的腹部在被子下不断扭动着。

婆婆和嫂子都认为一定是大喜临门了,就要分娩了,一边安慰班超媳妇要忍住疼,一边喜滋滋地做着孩子落草的各种准备——为她熬滋补的鸡汤啦,煮下奶的猪蹄啦,还烧了一大锅开水,把用来剪脐带的剪子烫了,把自己的双手洗了一遍又一遍……班超媳妇早把孩子的小衣服、小被子、尿褥子缝好了,绵软软、平展展的,就放在炕上靠墙的那边。

班超媳妇肚子里的这个孩子,对班超夫妇太重要了!太重要了!班超与哥哥同岁,都三十一岁了,侄儿班亮快五岁了,与自己岁数不相上下的伙伴们大多已经子女成群了,可自己……古有遗训:"不孝有三,无后为大。"无后便无以言孝。孝乃人之根本,无根无本,何言为国尽忠,何言建功立业?班超夫妇常常为此而忧心如焚。母亲曾经暗示过,妻子曾劝说过,要他纳妾,但班超不答应。妻子太贤惠了、太通情达理了,他们太恩爱了、太情投意合了!他不愿再有个女人插在他们中间,不愿在他们之间形成一道墙、一条沟,或者一种看不见的隔膜。他也不相信妻子会生不下儿子,那只是迟早的事!班超常常这样安慰自己。九个月前,当他确知妻子已经怀孕,高兴得心花怒放、眉飞色舞、手舞足蹈。他感到天也高了,地也宽了,太阳也更明亮、更耀眼了。妻子感到恶心、肚子疼时,他像热锅上的蚂蚁,急得团团转。请医生、煎药,他要自己亲自做。妻子喝药,他也要小心翼翼地亲自端着,送到妻子嘴边。

然而,天有不测风云,突降横祸,哥哥身陷缧绁。他顾不了妻子临产,顾不了将要临盆的妻子的饮食起居,不能不毅然决然前赴京师,为哥哥申冤。

班超媳妇在一阵一阵剧烈的疼痛中挨过了三天三夜,仍未见好,孩子也没有落草。婆婆和嫂子看着班超媳妇那苍白的面色,听着她一声声痛苦的呻吟、愈来愈微弱的呼吸,急得不知如何是好。真是人生人吓死人、急死人啊!但是,急有什么用呢?又该怎么办呀?她们打发老用人请了接生婆来。接生婆折腾了大半天,本事用尽了,也束手无策。请医生吧,医生都是男人,这是女人生孩子的事,从来没有医生能看这种病的。怎么能让男人为女人接生呢?但还能有什么办法呢?婆媳俩急得满地团团转。婆婆安慰班超媳妇一句:鼓点劲,忍住点!快了,快了!嫂子关切地问弟妹:喝水不?喝点吧!喝点水有劲!班超媳妇使劲咬住牙,嘴边流出了血,轻轻摇着头,意思是自己实在喝不下去……

啊,一个骑着白色大马奔驰的后生!他,频频挥动手中的皮鞭催马。随着白马四蹄腾空落地,他的身体一上一下地颠动着,迎面风吹得衣服前襟向两旁张开,像是展翅飞翔的大鹰。不,比大鹰英武多了,应该是像大鹏——可没见过大鹏是什么样,也许不过就像这个后生罢了!哦,怎么就是班超——夫君?哦,我知道,你是去洛阳救哥哥!我总算没有看错人,没有嫁错人!你是一个顶天立地的汉子!一个有胆有识的汉子!

哦,你已经到洛阳了?龙门山上!又是那个歪戴着帽子、屁股后面跟着三个家丁的强贼、恶狗,贼溜溜地转动着两只眼睛?那年春天,龙门山上,柳树绿了,山桃、山杏开花了,还有许多叫不上名儿的山花,如一片片粉红的、雪白的、艳黄的云,满山遍野,散发着沁人的芳香。母亲带我去山上捡地软、挖野菜,不小心走散了,迎面来了个带着家丁、歪戴帽子的公子哥儿,嬉皮笑脸地扯住我手中的篮子,动手动脚地要我跟他走。我不理,他就吩咐家丁拉我走。我急了,大声呼喊:救命啊!救命啊!

有个后生闻声赶来,质问那个歪戴帽子的"恶狗"。那"恶狗"竟恶言恶语地说:你是干什么的?半路上蹦出条癞皮狗!告诉你,滚远点,少管闲事!那后生——就是你,班超,飞起一脚,就把那条"恶狗"踢出几丈远,趁着家丁们忙着搀扶他们的"公子大爷"的时候,你挥手让我快走。但我向哪里走?那么大一座山,不知母亲走向何方,再遇见别的恶人如何是好?家丁们搀扶起了他们的"公子大爷",就向你围了过来。你一边护着我,一边对付三个家丁。你大喝一声,拉开架势,又飞起一脚,一个家丁啊的一声,被你踢得趴在地上直哎哟,吓得另两个家丁不敢靠近你。在嗨——啊——嘿的厮打声中,围来了不少人,我母亲也赶来了。那"恶狗"一看人多了,便招呼他的家丁急匆匆下山去了。我母亲向你表示感谢,你却说:不值得一谢!不值得一谢!问你的名字,你只说是一个过路人。幸好围观的人中有人认识你,说你是徐县令班彪的二儿子班超。

班超啊,夫君!你知道吗?你夺了我的心,抢了我的魂!从那以后,我日夜想念你,多想再次见到你啊!母亲向父亲说起了那天的事。我父亲说他听人说过你父班彪,那是个正直的,学富五车、才高八斗的大好人!你父曾在更始年间的动乱中,投奔于天水隗嚣麾下,劝说隗嚣放弃称帝自立的念头,隗嚣不听,你父亲就离开了。你父一走,隗嚣手下的几个有见识、有才能的人也纷纷找借口离开了。有个叫杜林的,以兄弟死了要送灵柩回乡为由,向隗嚣请辞。隗嚣看挽留不住,答应了。但杜林一走,他就反悔了。隗嚣怕杜林投奔了别的拥有重兵的将军,成为自己的对手,自己扔石头砸了自己的脚,于是,就派一个叫杨贤的去追杀。杨贤不愿去追杀一个无辜好人,但又不敢不去。他追到了陇山①,看见杜林亲自推着车,车上装着他兄弟的灵柩,心想,在这兵荒马乱的年头,像杜林这样有官不当、这么重兄弟情义的人,实在太难得了、太值得钦佩了。自己怎么能杀这样的好人,良心何在?杨贤暗自保护着杜林回乡,便向东逃亡到了洛阳,在龙门山中改名换姓,隐居了下来。

我父亲当时就说,我得拜见班彪啊!他的二小子救了我女儿,这么仗义、这么勇武的豪侠,得谢谢人家啊!于是,他打听到你们家的住址,登门拜访去了。你父亲把酒相迎,两个老人边喝边聊。我父亲叙述着听来的那些关于你父亲的事,表达着自己的钦佩和敬仰,你父却淡然以对,道:区区往事,何足挂齿。酒喝得半醉了,该说的话也差不多倒尽了。我父问起了你的婚事。你父说,提说过几个,不是孩子不愿意,就是我们做父母的不大中意,反正还没定。我父亲就直戳戳地说,我有个女儿,你家二公子见过的,那日在龙门山上他还救了她。我看他们许是有缘,许是天生的一对,我就把她许配二公子如何?你父不好立即答应,也不好拒绝,说,容我们商量商量,过几日再回答你如何?好的,好的。我父亲连声答应。果然,过了几天,你们家就打发媒妁来到我家……

我是幸运的,我没有错嫁你!我们真是天赐良缘!可我们结婚十年了,却没有孩子!后来,真是天遂人愿,我终于怀了……怀了宝宝——咱们的孩子。你知道自己就要做父亲啦,心里有多高兴、多喜悦啊!你那么体贴地疼我、照顾我,我好欣慰啊!倒叫我真不知如何是好了,真的!

啊!这是怎么了?又遇见了那个歪戴帽子的"恶狗"吗?啊,是他,他在报

---

① 陇山:今陕西省陇县西北。

复,在用拳头打我的头,用脚踢我的肚子!好狠好狠啊,天杀的!啊!啊!哎哟,哎哟……疼死我了,疼死我了!天哪,我实在……忍受不了啦!忍受……不了啦!班超啊,夫君!怎么……怎么……不见你啊?

班超媳妇急促地喘息着,用尽了力气嘶喊,然而声息很微弱,嘴里含含糊糊地、断断续续地、艰难地道:快,快来……救……我呀!救……我呀!

媳妇!媳妇!

弟妹!弟妹!

听见班超媳妇低沉的喊声,一直守护在身旁的婆媳二人,惊慌失措地回应着。不敢声大,怕惊了她;也不敢声低,怕她听不见,心寒。

最担心的事发生了:孩子逆生!

怎么办?班固妻浑身冷汗,注视着婆婆。

母子难以两全,保大人要紧!班母断然道。

于是,经过好一番周折,伴随着班超媳妇一声嘶喊,孩子没有哇哇的啼哭之声,手不动、足不蹬、心不跳地落草了。

我的没有见面的小孙孙啊!婆婆失声呼叫,扑通跌倒在地,潸然泪下,就要放声痛哭。

班固妻慌忙搀扶婆婆站起来,指指脸色惨白、痛苦地呻吟着的班超媳妇,示意婆婆莫要哭泣。

痛苦中的班超媳妇没有听清楚婆婆的哭泣,用一双迷茫的、无神的眼睛询问着:孩子,是男是女?

弟妹,喝了这碗鸡汤吧!班固妻慌忙端着鸡汤,来到班超媳妇身边。

不,喝猪蹄汤,下奶!班超媳妇道。

猪蹄汤?不必……班固妻自觉失言,慌忙把“不必”后面的“喝猪蹄汤了”几个字咽了回去,改口道:不,先……先喝鸡汤!

班超媳妇却似乎心有所悟,眼里滚出了泪珠,道:我……喝……不下去!

媳妇,鼓起劲喝!无论如何,也要喝下去!班母明白了班超媳妇的意思,暗恨自己竟哭出了声。

班超媳妇看看婆婆,又看看嫂嫂,喝了两口。

再喝几口,媳妇,自己的身子要紧!班母又鼓励道。

班超媳妇喝了两口鸡汤,似乎身上有了点气力,又喝了几口。孩子!婆婆,让我看看孩子!

睡吧!你身子虚弱,睡吧!班母避开媳妇的要求道。

弟妹,不用你操心!睡吧!班固妻也想引开话题。

班超媳妇顿时明白了一切,眼里滚动着泪珠,哽咽着:是不是……

不要问了,媳妇。睡吧!班母还想回避,一边说着,一边自己的眼圈已红了。

班超媳妇哇地哭出声来:呜呜,孩子,我的孩子!……

都是为娘的错,没有……照顾……好……你。班母泣不成声。

都怨我!弟妹,都怨我!大嫂也一边哭一边说。

不,怎么……能怨……能怨婆婆,能怨……大嫂?不,不怨……你们!孱弱的班超媳妇哭得说不下去了。

婆媳三人泣不成声……

第五章

身在缧绁何茫然

四顾茫然

　　班超带着"愣头青",一路疾驰赶路,连日奔波,常常顾不得喝一口热水、吃一口饱饭,倒先于哥哥来到京师洛阳。然而,从僻乡安陵来到车水马龙、人头攒动、熙熙攘攘的京师城内,却一时四顾茫然,怅惘无措,不知该如何动作。在一家客栈落脚之后,班超便开始打听哥哥的下落,请教上书之法。

　　求爷爷、告奶奶,好不容易得到了这样一个算是靠点谱的回答:朝廷要犯,大都囚于京兆大牢。而要上书申冤,最好托个能够出入宫禁的皇亲或大官,要不,就得拜伏宫门碰碰运气了。听说,有拜伏宫门将疏文递进去的——那是千个万个中碰了好运气的,其余大都被远远地驱赶开去……

　　路途上,班超也曾一面赶路,一面思量怎样把疏文送入皇宫大内。他想到了两个曾与父亲有交情的大官:窦融和马援。

　　当年,父亲在窦大将军帐下为从事,窦将军待之如老友。后来,窦大将军以征伐叛汉称帝的隗嚣的丰功伟绩,得光武帝恩宠,封以诸侯,拜以冀州牧,复迁大司空,其得恩宠之厚,震动京师。父亲应召到洛阳不久便为令于徐县,后又辞官归里,潜心于著述,淡泊交际,渐渐地便与窦大将军断了来往。窦大将军曾因一桩举荐官员的盗金案受牵连被免官,但时仅一年,却加位为特进,后又兼领将作大匠。其弟窦友官拜城门校尉。窦融的长子窦穆,乃娶了内黄公主的当朝驸马,拜以城门校尉;窦穆之子、窦融之孙——窦勋,娶了东海恭王刘缰之女沘阳公主。窦友之子窦固,娶了光武帝之女涅阳公主。今上登基,委任窦融堂兄之子窦林担任护羌校尉。窦氏家族祖孙三代,官府邸第俱在京邑,奴婢数以千计。其荣耀与富贵,满朝功臣中,无可与其比并者。

然而,窦家子孙们全然不像窦融那样卑恭谦和、那样兢兢业业、小心谨慎,一个个恣肆放诞,嚣张不法,草菅人命,为所欲为。先是窦林被诛,既则窦氏满门被贬斥出京,唯窦大将军一暮年老翁留于京畿,五内痛切,抑郁神伤……

想到此,班超摇头自叹道:要窦家相帮,把疏递进去,已断无可能了!

那么,马援呢?大将军马援不但与窦融一样在征伐隗嚣中战功卓著,且以率军平定凉州,进击西北羌人,北方匈奴、乌桓,南方蛮夷及交趾之战中雄威盖世之功,曾先后拜太中大夫、陇西太守、虎贲中郎将、伏波将军,封新息侯。当今永平皇上刘庄的皇后乃马援之女。马援的汗马功劳,罕有人可比。但几位功劳并不突出的大臣的画像,都列入了南宫云台辅佐汉室中兴的三十二功臣,马援却阙如其中。

马大将军晚年也十分令人叹息、哀伤。大将军因在出兵武陵、征伐五溪①蛮夷中,道路险峻,暑气蒸腾,瘴雾弥漫,疫疾大作,困不得前,不得不开凿窑洞,与高踞山头的五溪人相对峙。朝廷新贵、驸马、虎贲中郎将梁松,奉命前往责问,趁机报复、构陷,致马援病死军中,新息侯印绶被朝廷追收,其尸骨家人不敢还葬祖茔,亲朋友人不敢前往祭吊。死人不能替自己辩护,活人不敢替他申冤。马援之妻和侄儿把自己用草绳捆绑起来,到宫阙前请罪。光武帝刘秀拿出梁松的奏章让他们看,家人才知道了马援被处罚的缘由。他们于是以极其哀伤悲切的言辞,前后六次上书诉冤。有个与马援无亲无故的隐士,名叫朱勃,也打抱不

---

①　武陵:湘鄂渝黔四省毗邻山区,少数民族聚居其中,"五溪"为其别称。西汉改黔中郡为武陵郡,郡治设于义陵——今湖南溆浦。

平,上书为马援申诉冤屈。光武帝这才恩准将马援的灵柩运回扶风正式下葬……马将军因开凿窑洞与敌对峙而获罪,可是,朝廷军队后来的将领,却凭借马大将军开凿的窑洞继续与敌对峙。敌方不断有人中了暑气、瘴气死亡,而山头又粮草将绝,敌军无法坚持,只好下山投降。朝廷将领因此而立了大功。太不公平了啊! 荣辱颠倒如此啊!

至于马援的后人,听说或沉或浮,或沦落或春风得意,却都与班家了无瓜葛……

班超想到这里,自语道:看来,只有一个办法——宫门伏阙①了……

班超心里有了主意,却没有径直伏阙宫门,而是先来到京兆大牢之前。

这是个云遮雾绕、迷茫幽暗的清晨。班超心头似压着千钧巨石,兄长吉凶未测的阴霾遮挡着眼前的一切,迷迷蒙蒙、模模糊糊。愣头青却远远地就看见了:一圈高墙,背后有个高高的哨楼,哨楼正前方的高墙上有一道铁栅栏大门。那一定就是京兆大牢!

班固放眼望去,隐约可见哨楼上两个狱卒在闲聊着什么,根本不怎么关注大牢高墙内外的动静。铁栅栏大门紧关着,上了锁。两个手执钢刀的狱卒没精打采地站在大门之内。一个红眼圈的小头目模样的人向狱卒走了过来,看样子像是在巡查。

大人,请问,从扶风押解来的班固,是监禁在这里吗?隔着铁栅栏大门,班超小心翼翼地向那红眼圈的小头目模样的人问道。

"红眼圈"大约没有想到自己居然被人称为大人,惊喜莫名,将班超从头到脚打量了一遍,走近道:昨日从扶风押解来一个犯人,但记不清是不是叫——叫什么?

班固。

班固,对,好像是叫班固。

能探视吗? 班超一边问,一边从铁栅栏的缝隙,将用红绢包着的两缗钱塞向红眼圈小头目手中。

红眼圈一把将钱抓在手中,袖了起来,回头看了看身后那两个狱卒,他们脸

---

① 伏阙:拜伏于官阙之前。

上显现的似乎是司空见惯的表情。红眼圈放了心,问班超:你是他什么人?

兄弟。

红眼圈让一狱卒打开门锁,从大门内走了出来,道:那是朝廷要犯,不准探视的,不过……红眼圈摸了摸脑袋,不过,我看你有眼色,今天算你有运气,碰对茬儿了。可以告诉你,他来时淋了雨,着了风寒。

看看左右无人,红眼圈拉着班超的袖子,走到大门侧旁,避开门内的视线,压低声音道:这么着吧,他住的是甲号,我让他们把他搬到丙号去!你有什么给他的,我送进去就是了。

甲号,丙号,有何不同? 班超不明究竟。

哼,你不懂。简单点说,甲号是最差的号子,丙号嘛,好多了。可不是我们要安排他到甲号的,是上面有人打了招呼。我看你是好人,告诉你,你可别往外说啊!

打招呼的是什么人?

这个嘛,我可不知道了。反正是有人打过招呼,当然是掌大权的,但不是朝廷,不是!

哦! 有没有丁号呢? 丁号是不是更好? 能不能把我兄长搬到丁号去呢?班超乞求道。

丁号有是有,肯定比别的号子好一些,但不能把他搬到丁号,真的不能。搬到丙号,上面如果问,我还能糊弄糊弄,就说他受了风寒、发高烧、蹲甲号里受不住,搬到丙号,是迫不得已。但如果搬到丁号,就不好糊弄了。我没那个权,也不敢! 真的不敢!

我兄长受了风寒、发高烧,请问,看医生了吗? 吃药了吗?

这个嘛,还没有。不过,你放心,我会让厨房给他熬点姜汤喝的。想来过几天会好的。

那我能请医生看看,为兄长开几剂汤药喝吗?

这样吧,过两天你再来,如果他喝了姜汤不见好,你再请医生开汤药不迟。

大人真是好心肠! 好心肠的人总会得到好报的。为了哥哥少受点磨难,班超恭维道。

我这个人就是心软。对犯人从来不像有的人,总想榨点油水。红眼圈借坡下驴。可好心有什么用? 好报? 那全是空话。天知道,哪一天会有什么好报! 我可不喜欢那种一个钱不值的空话!

班超立即听出了红眼圈话中包含的意思。不是空话,不是空话,鄙人不敢在大人面前说空话! 只要大人能照顾好我兄长,放心吧,我会重谢的! 班超把"重"字说得分外重。

红眼圈将信将疑地看了看班超。照顾,一定,一定! 你放心! 我不会让他吃苦头的! 你们快走吧,让上面知道了,我这饭碗可就打破了。

好,好。不打扰了! 班超带着愣头青离开了京兆大牢。

班超向前走了二三十步,愣头青忽然扯了扯他的袖子,让他回过头去,压低声音道:超哥,你看清了吗? 我前前后后瞄了一遍,守这大牢的,都是些鸡毛子人渣子,没几个硬棒的。依我看,凭着你我二人的武功,准可以把固哥从大牢内救出来!

班超一把抓住愣头青的胳膊:可不能胡来!

真的! 凭着超哥你的一身武功,对付他十个八个的准不成问题。我愣头青虽然武功不如你,但收拾他三个五个的,也是拿着笊篱赶驴子上坡——捎带着拾粪!

班超道:不能胡来!

你说不行? 那我回咱扶风安陵去,再叫几个弟兄来,不信斗不过这里的几个鸡毛子人渣子!

班超变色道:我再说一遍,绝对不行! 不能这么胡来! 来前就给你说好的,你必须听我的,如果不听我的,你就必须回去,立马!

想赶我走啊? 我可是一片好心,想把固哥早一点救出来呀! 我明白,你们这些念过书的人,就是胆子小,怕事! 我可是个愣头青,敢闯狼窝、摸老虎屁股! 事不成,都由我一个人顶着! 怎么样? 反正我是脑袋搁在肩膀上过日子,他砍了我的脑袋不过碗大个疤! 怕什么? 你这么……愣头青涨红着脸,生气了。

兄弟,这里是京城! 不说就咱两个人救不了哥哥,即使救了,天网恢恢,疏而不漏,你向哪里逃? 何况你还有一家老小,日后怎么过日子? 冒冒失失地胡来,会害了哥哥的啊! 再说,班固是我的亲哥哥,我难道不想早点把哥哥救出来吗? 不管怎样说,我比你对这里了解得多,你要听我的话! 我是怕闹出事来,并不是想赶你走！

愣头青看班超的态度那么恳切，也觉得自己想得有点那个……挠着头，闭上嘴，不说话了。

身在缧绁

缧绁中的班固昏昏沉沉，迷迷糊糊，何其茫然，又何其无奈。

这是在什么地方？是北国大漠吗？雨雾——也好像是风雪——雾蒙蒙的，是苏武牧羊的草原吗？当年，苏武就在这里牧羊吗？这地方，叫人好渴，好渴啊！嗓子在冒烟，肚子里着火了！然而，又好冷，刺骨的冷啊！我怎么会到了这里啊？

啊！苏武，你怎么还在这儿啊？……哦，那是武帝刘彻时的事情吧？司马迁在《史记》中记述了那件事：匈奴的且鞮侯单于派使者带着重礼，护送先前被扣留在匈奴的汉朝使者回长安，还十分谦和地对使者说：汉朝当今皇帝的大公主，是先祖冒顿单于的阏氏。汉朝是匈奴的老丈人，我这个晚辈，怎么敢得罪长辈呢？我非常希望去汉朝京城亲自拜见皇帝陛下。匈奴使者到长安向汉武帝表达了单于的意愿，汉武帝特意打发中郎将苏武拿着旌节，带着张胜、常惠两个副手，送匈奴使者和以前扣留在汉朝的使者回匈奴。没想到，苏武到了匈奴，却发生了变故：以前投降了匈奴的汉使卫律的副手虞常，与苏武的副手张胜，合谋杀害卫律未遂而被拘系。卫律奉单于之命劝苏武投降。苏武道："如果丧失气节，就算活下来，有什么脸见人？"一面说着，一面拔刀自刎。卫律慌忙抱住他，可苏武的脖子已鲜血淋漓，倒在地上，昏迷不醒。单于敬佩苏武的忠烈，为他治好伤，命卫律继续劝降。苏武坚拒，且痛斥卫律。单于更加钦佩苏武，企图以下地窖、三天不给吃喝的办法折磨苏武，迫使他投降，却仍不得如愿。硬办法不行，单于改用软的，又封苏武为王，苏武同样拒不接受。单于便将苏武充军，让他去北海①——那个荒无人烟的茫茫草原上牧羊。苏武在朔风呼啸、冰天雪地的茫茫草原上挖野菜、抓野鼠充饥……那滋味，一定就像我现在这样吧？莫非

---

① 北海：今俄罗斯贝加尔湖一带。

我而今就在北国草原上？怎么会到这儿呢？……渴死我了！渴死我了！

哦，苏武，苏武，单于那样折磨你，你却时刻手持旄节，念念不忘汉武帝交给你的没有完成的使命。你出使匈奴第二年，李陵被匈奴俘虏，汉武帝一怒，杀了他的全家老小。匈奴单于得知，千方百计地诱李陵投降，李陵这才死心塌地地归顺了匈奴……哦，太渴了，太渴了！肚子在着火！然而，好冷啊，冷得让人哆嗦！……

恍恍惚惚，迷迷蒙蒙，有人在一声又一声地喊班固……没有喊错吧？不会是喊苏武吧？……是李陵喊苏武？李陵到北海来了！是来看望老朋友的，是奉了单于之命来劝老朋友苏武投降的，还准备了酒席和歌舞。在粗犷而柔美的音乐声中，李陵对苏武说：大单于很尊敬您的为人，特意派兄弟来劝您。已经十九年了，反正回不去中原了，白白地在这里受苦，不管您怎么忠贞不贰，有谁知道呢？何苦呢？再说，令兄令弟因出了岔，朝廷要治罪，自杀了；令堂过世了；嫂夫人年轻，听说已经改嫁了。你们家剩下的，就只有两个妹妹、两个女儿、一个儿子了。这是我来的时候的情形，一晃就是十几年，还不知他们如今是死是活。人生好比朝露，如白驹过隙，一转眼就到了垂老的时候了，何必这么老苦着自己啊？我刚刚被俘的时候，心里有说不出的痛苦，简直像疯了一般，痛恨自己对不起朝廷、对不起皇上。然而，年老的母亲却被关在监牢！你一定能想象到我当时是怎样五内俱焚、痛不欲生！皇上上了年纪，王法简直没了谱儿，今天杀这个大臣，明天杀那个大臣。朝堂之上，人人忧心忡忡。您还这么忠心耿耿，为了谁呀？

苏武回答：做臣下的为朝廷死，死而无憾！即使朝廷有不谅解自己的地方，难道自己能对不起自己的列祖列宗吗？请你不必再说了。苏武闭了眼睛，不再理睬李陵。李陵无奈，辞别前再一次对苏武道：您能不能再听兄弟一句话？苏武正色道：我早就准备一死，大王一定逼我投降的话，我就死在大王面前！李陵见苏武态度坚决，忽然称他为大王，觉得实在刺耳，叹气道：您真是个义士啊！我李陵简直不是人！挥泪与苏武告别。

哦，谁又在喊，是在喊班固？是苏武？是李陵？……这声音，好陌生，好陌生！从来没有听见过。你是谁？有事吗？班固想回应一声，但无论怎么用劲，却都发不出声音来。他想睁眼看看，可无论怎么用劲，双眼也睁不开来。哦！

这是在什么地方？不是北国草原？是蚕室！我受了腐刑吗？像司马迁那样因为仗义执言，替李陵说了几句公道、公正话，而受了腐刑吗？不！不像！蚕室里热是热，不至于这样像起了火一般。

哦，好清爽，好清爽！口里进了水，一滴，一滴，又一滴……好舒服，从来没有这么舒服过啊！肚子里的火慢慢熄灭了，熄灭了。

班固用尽全身力气，终于睁开了眼睛，只见一个红眼圈狱吏和一个狱卒站在身旁。狱卒手中端着碗，正在给自己口中灌水。

醒过来了！醒过来了！端碗的那个狱卒脸上微微露出欣慰的笑容。

这是——昏昏沉沉，迷迷蒙蒙，班固不明白自己怎么会在这里。

算你命大，活过来了！你已经昏迷三天三夜了。红眼圈狱吏道。

哦，是大牢！班固恍惚记起了自己被押解到了洛阳，进了大牢。不，那牢房里，扑面而来的，熏得人不敢呼吸、无法呼吸的尿臊味、恶臭味、霉腐味、阴湿味哪里去了？怎么还有了床，让我躺在床上？好生迷蒙，好生蹊跷！班固怀疑自己是在做梦。

不是原来的甲号了，这是丙号。我给你换了丙号！红眼圈道。那眼神带着一种诡谲，一种让人猜不透的神秘。

哦！班固以自己的目光向面前的狱吏和狱卒表示感激。他想挣扎着坐起身来，但是头重脚轻，浑身软绵绵的没有力气。

躺着吧。一个摇笔杆的儒生，哪里经受得住这么长时间的发高烧！躺着吧，有我在，不妨事的！红眼圈又道。

还喝水吗？狱卒问。

喝。我自己来。

狱卒将一碗水递给班固，班固在床上侧身端起来咕噜咕噜地喝了个干净。

饿吗？想吃点东西吗？红眼圈狱吏一点头，狱卒将一包点心打开，递给班固一块。好迷蒙，好蹊跷，好奇怪啊！狱吏、狱卒竟这么好心肠?！班固一张口便吃下肚去。

还吃吗？狱卒又递上一块，班固又是一张口吃了个干净。

是你兄弟送进来的。狱吏道，他来过了。

班超？我兄弟班超？他怎么来了？班固在心中埋怨弟弟：真不该，你真不该为了我一人,放下一家人不管!母亲年老体衰,弟妹就要分娩啊!班固觉得因为自己一人让全家人吃苦,心中真不是滋味。要是弟弟在当面,非要狠狠地收拾他一番不可!

不能吃了。饿空了的肚子,一次吃多了会坏事的。得过会儿再吃!好吧,水和点心都放在这儿。看见了吧?渴了自己喝,饿了自己吃!红眼圈狱吏对班固说着,又向狱卒一扬手:好,走吧!留点神!

小人明白!

随着狱吏、狱卒走出牢房,哐当一声,门从外面上了锁。

班固连连打了几个寒战……

第六章

伏阙无望喜骤来

天子之疑

御书房内,皇帝刘庄翻阅着班固当年给东平王刘苍的奏文。

自从登基以来,刘庄一直铭记着父皇的言传身教,继承其勤政遗风。父皇自平定割地自立称帝的陇西隗嚣、西蜀公孙述叛乱之后,每日清早上朝理政,一直到夕阳西下方才下朝。下朝之后,他还常常与一些公卿、郎官、将领一起,讨论儒家经典,探究其微言大义、所寓治国之道,直至午夜之后才睡觉。当时,身为太子的刘庄每每陪侍在侧,看见父皇那样辛勤、那样劳累,从不懈怠,曾经劝谏道:父皇像大禹、商汤那样圣明,却没有皇帝老子那样的怡养情性之福。愿父皇能有劳有逸,从容自得,悠闲安宁,保重龙体。父皇道:我乐意于此,并不觉得疲劳。父皇虽然成就了平定天下、匡复汉室的大业,却总是兢兢业业、小心谨慎地处事,就像大业未成、皇位未定时一般。他因此而能够总揽朝政,审时度势,权衡利弊,明智而妥当地梳理万端、处置政事,不发生什么疏漏和失误。在刘庄心中，父皇的言行历历在目，自己虽不能像他那样，成为定鼎社稷的开国之君、有为之君，却不能不像他那样，做一位勤政的贤明之君！必须常怀忧惧，夙兴夜寐，兢兢业业，不敢荒怠！

二十多天前，前朝驸马、中郎将梁松上书：太学辍学儒生、扶风草民班固私修国史，假借续写《史记》以成《后传》之名，暗寓欺君罔上、损毁刘氏社稷之意。今上刘庄比光武帝刘秀更注意观察官员的言行举止，时刻注视着大臣们的言行举止，甚至对自己的异母兄弟楚王刘英、亲兄弟广陵王刘荆的一举一动都不放过。他虽然遵循父皇的治国之策，但对危害社稷、威胁自己帝位之事的敏感，远远高于父皇。竟敢欺君罔上、损毁我刘氏社稷，这还了得？今上刘庄阅过梁松的奏疏，心中忽地冒起一团火，勃然大怒，即命传旨：着扶风郡守擒拿班固，并抄没其文，解送京师。

中常侍太监传旨之后，刘庄略一沉思，忽觉事有迷蒙可疑之处：梁松乃闲居京师的前朝驸马、虎贲中郎将，后迁升太仆，而班固乃扶风草民，梁松何以得知其私修国史？且梁松其人，惯于搬弄是非、构陷他人，伏波将军马援——我的岳翁，就曾遭他构陷。想起岳翁马援遭陷害一事，刘庄忍不住咬牙切齿，浑身战栗。

马援，不愧是一位置身家性命于度外、时刻心忧社稷安危、有着立国定鼎之功的元勋啊！刘庄难忘他那句映照肝胆的话："男儿当死于边野，以马革裹尸还葬耳，怎能卧于床上，死在儿女手中呢？"他在南方征战时，曾写信告诫自己的侄儿：有个叫龙伯高的，为人宽厚谨慎，恪守礼法，谦恭而俭朴，廉正而威严。我对他既敬爱又尊重，希望你们效法他。有个叫杜季良的，是当今的越骑司马，为人豪侠好义，忧人之忧、乐人之乐。他为父亲办丧事，周围几郡的人都来了。我对他也是既敬爱又尊重，但却不希望你们效法他。效法龙伯高而达不到他的水平，还可以是个恭谨处世的人，是谓"刻鹄不成尚类鹜"；而如果效法杜季良却达不到他的水平，就会陷为轻薄子，所谓"画虎不成反类狗"了。碰巧，杜季良的仇人上书，告杜季良行为浮躁，蛊惑人心。说伏波将军万里寄书要求侄儿不与其往来，而梁松却与之过从甚密，矫饰、赞颂其轻薄、伪诈行为，败坏风纪。父皇御览其疏，召梁松责问，并出示奏疏和马援告诫侄儿的书信。梁松触地叩头，以至叩出血来，才没有获罪。但梁松对此事一直耿耿于怀，终于在奉命赴五溪监军时找到了一消心头之恨的机会，上奏章说马援不但在五溪一意孤行，决策失误，而且从交趾私运了一车珍珠和犀角。其实，岳翁马援运回的，根本不是什么珍珠，而是薏苡籽。那地方产的薏苡籽颗粒大，食用可以祛湿消瘴。岳翁在暑气炙人、瘴气弥漫的南方荒蛮之地吃了薏苡仁，确实有效，就想将籽种运回家乡种植。梁松的构陷，致岳翁死难归葬。马妃闻讯，昼夜啼哭，不吃不喝。当时，刘庄身为太子，日日如履薄冰，虽明知岳翁冤屈，只能对马妃说几句冤屈终会明、好人终有好报——生前不报死后报之类的大而无当的话来安慰，却不敢在父皇面前说片言只语为岳翁鸣冤。后来，还是光武帝刘秀弄清了原委，狠狠地斥责了梁松，却因他乃当朝贵戚，关系爱女舞阴长公主后半生的荣华富贵，没有向他问罪，只是从此渐渐冷落、疏远了他。

刘庄登基以来，时不时地有人参奏梁松暗中指使一些郡守、县令庇护自己兼并田产的不法行为。由于刘庄一时立足未稳，且梁松乃先帝驸马，事关自己的姐姐——舞阴长公主，刘庄暂未理会。没有想到，梁松居然上书奏班固私修国史。刘庄心中忽地产生了一个猜想：梁松惯于诬陷他人，会不会是故技重演？难道这个诡谲、刁诈的老东西，至今还企图以此从中渔利？刘庄问身边从太学拔擢来的郎官们谁认识班固，有几个回答略知其人。他们众口一词，都认为班固稳重刚正，宽和仁厚，平易近人，才华出众。这就更令刘庄觉得梁松的奏疏蹊跷，更觉得梁松可能在故技重演。

皇帝刘庄听到有个叫杜山的郎官说，班固当年曾致书于东平王刘苍，谏其广纳贤才。刘庄隐约记得，刘苍以骠骑将军之职辅理朝政时，曾有过一位辍学于太学的儒生——好像只有十七八岁年纪——上书，只是如今已不记得他的名字。刘苍阅其书，理正辞赅，文采焕然，甚嘉其才，不但一一任用了所荐贤才，还欲对致书者重用，却因诸多政事打扰，致渐渐忘却，终未召其进京。此人是否就是班固？有可能，有可能！

皇帝刘庄遂命杜山从东平王府内调出当年班固的奏记，以供圣览。奏曰：

> 将军以周、邵之德，立乎本朝，承休明之策，建威灵之号，昔在周公，今也将军，《诗》《书》所载，未有三此者也。传曰："必有非常之人，然后有非常之事；有非常之事，然后有非常之功。"固幸得生于清明之世，豫在视听之末，私以蝼蚁，窃观国政，诚美将军拥千载之任，蹑先圣之踪，体弘懿之姿，据高明之势，博贯庶事，服膺《六艺》，白黑简心，求

善无厌,采择狂夫之言,不逆负薪之议,窃见幕府新开,广延群俊,四方之士,颠倒衣裳。将军宜详唐、殷之举,察伊、皋之荐,令远近无偏,幽隐必达,期于总览贤才,收集明智,为国得人,以宁本朝。则将军养志和神,优游庙堂,光名宣于当世,遗烈著于无穷。

意在赞颂东平王承继古圣国策,辅政以美德,而自己生逢政治清明的时代,以蝼蚁之微的一介草民,观察朝政,诚恳地期望担负大任的将军刘苍,追踪先圣,日理纷纭万事,深解诗、书、礼、乐、易、春秋六艺之精髓,是非分明,求贤若渴,采纳平民百姓,包括无家无业的流民、砍樵背柴的樵夫的话。疏中写道:我看见您的幕府气象一新,广纳贤才,士人争相趋附。希望您承继古圣先贤,不分亲疏,使幽隐无名的贤才也能够得到录用,从而总揽人才,汇集智慧,造福于本朝。这样,将军您便可怡养精神,轻轻松松地执政,而扬名于当世,功绩永载于青史。

这段文字写得情理兼备,文采焕然,不错,真不错!刘庄不禁啧啧而赞。

接下来,班固推荐了六个人才。最后写道:

昔卞和献宝,以离断趾;灵均纳忠,终于沉身。而和氏之璧,千载垂光;屈子之篇,万世归善。愿将军隆照微之明,信日昃之听,少屈威神,咨嗟下问,令尘埃之中,永无荆山、汨罗之恨。[1]

卞和进献和氏之璧,遭受断趾的刑罚,而和氏璧的光彩永世辉煌;屈原效忠于楚怀王却终致葬身于汨罗江,而其所赋《离骚》,千年万载,为世称颂。希望将军您能烛照幽微,不耻下问,使整个天下,即使底层民众,永远没有卞和、屈原那样的不幸遭遇。

历史典故引用得多么恰切,心意多么恳切啊!这么一位自幼敬崇卞和之贤、屈子之忠的儒生,能"私修国史"以欺君罔上、损毁当朝社稷吗?刘庄愈加怀疑班固被诬陷。

刘庄又坐于御案前,随手翻阅班固续写的《史记后传》。愈读,愈觉条理分

---

[1] 班固《奏记东平王苍》,见《后汉书》卷四十《班固传》。

48

明，详赡缜密，字精句确，文采郁郁。他将一些段落一遍又一遍地咀嚼、品味、琢磨，无论怎样咀嚼、怎样品味、怎样琢磨，都不觉其"暗寓欺君罔上、损毁刘氏社稷之意"。他所感觉到的，只是大汉社稷的合于世代阴阳之变、顺应天意民心。他开始暗自咒骂梁松颠倒黑白、反忠为奸、以善为恶的奸佞行为，咒骂他罗织罪名、诬陷贤良的蛇蝎心肠：梁松，你这个孽乱朝堂的蠹虫！这个旧习不改、怙恶不悛的老东西！若果真是你恶意构陷，该是算总账的时候了！

然而，梁松何故陷害班固？班固乃一介平头百姓，与梁松何冤何仇？莫非梁松自被父皇冷落以来，一直闲在家，不甘寂寞，欲以生造事端靠近朝班，重得起用？想必如此，岂有他哉！但班固远居于扶风，距洛阳遥遥千里，梁松怎知其"私修国史"呢？他为何要加害班固呢？刘庄越想越觉得心头迷迷蒙蒙，迷迷蒙蒙……

史魂怆然

昏昏沉沉、迷迷糊糊之中，班固被安排住进了一间新牢房，喝了水、吃了狱吏说是弟弟班超送来的点心，觉得头脑清醒了许多，身上也似乎有了劲儿。牢房里没有了那种刺鼻的尿臊味、恶臭味、霉腐味、阴湿味，倒还干净的地面上没有供罪犯睡觉的潮湿的麦草，却在墙角摆了一张木床，自己带来的被褥凌乱地堆在上面。班固后来才知道，这是丙号，家属打通了关节的犯人才能住进这样的牢房。住在这样的牢房里，比住在甲号、乙号里，少受许多折磨，少吃许多苦头。他想，这一定是弟弟上下疏通、活动的结果。

牢房里黑黝黝的泥土墙面上，透着灰黄的暗色，高高的窗户紧关着，缝隙间透进一缕微弱的光——似乎不是阳光，不是晴日的亮光，昏沉沉、湿漉漉、凉森森的，想必外面仍是绵绵秋雨——噢，是在下雨，能听到房檐下滴滴答答的滴水声。

窗户缝隙间透进的这缕昏沉沉、湿漉漉、凉森森的微弱的光，似乎透进了班固的五脏六腑，房檐下滴滴答答的滴水声，也似乎叩击着他的胸脯、他的心脏，使他产生了一种必须活下去的迫切希望和能够活下去的信心。他觉得，在这场天降横祸中不明不白而死，他无论如何不能甘心，死难瞑目！自己向父亲许下的修史承诺不能就这样落空！他相信弟弟班超。班超与他同岁，都生于建武八年(公元32年),他的生日在正月,班超的生日在九月。兄弟俩从小一起读书,一起游玩,情深义重,亲密无间。不过,班固的喜好在于诗书,弟弟的喜好在于智慧;班固的所长在文,弟弟的所长则在武。弟弟比他更机敏、刚勇,更多谋善断,更善于处事。班超既已到达京师,就会使尽浑身解数搭救哥哥的。他有无所忌惮的勇气,也有这个本事和能耐!然而,母亲能否经受得住从天而降的这场横祸的打击?弟妹能否平安地为班家诞下新的生命?她将如何度过临产前的痛楚?还有爱妻,她内心本已承受着夫遭横祸的打击、摧残,超弟一走,家中的重担又都落在她柔弱的肩头,她能挺得住吗?这一切一切,实在令班固牵肠挂肚,难以放下心来。

唉!我班固作为班家的长子,无法担负自己应该担负的责任,倒让母亲、弟妹和爱妻受苦受累受煎熬,让弟弟为了自己,在最不该离开家门的时刻,千里迢迢来到洛阳搭救自己。好惭愧、好歉疚啊!这五脏六腑,如刀割,如枪刺,如箭穿,如油煎,如火焚……

不知为何,班固在内心的无限煎熬和痛苦中,猛然想起了王充。这个名满天下的会稽名儒,曾师事于父亲。父亲当时已被人们认为是学问渊博的旷世之才。王充来洛阳游学,多次登门拜会父亲。记得建武二十年(公元44年)——那年我十三岁,他又一次来家向父亲请教。我去客厅送茶,听他们谈论着大汉朝高祖立国、文景之治、武帝盛世……诸多史实。

谈到光武中兴时,王充双目熠熠有光,高度赞誉父亲当年为说服隗嚣放弃自立称帝而撰写的那篇《王命论》。他说:先生远在王莽崩溃,更始败绩,光武方立,而隗嚣、公孙述称雄一方,"天下满帝王"的乱世,即断言刘氏将继承古圣唐尧的伟业,实乃俯仰古今、高瞻宇内、见识卓绝的惊世之论。先生以为高祖刘邦应天顺命,宽明而仁恕,知人而善任,信诚好谋,达于听受,见善如不及,用人如己,从谏如顺流,趣时如响赴……所以成帝业也;刘秀于今继承汉祚,德横天地,人心归附,必将一统华夏,中兴汉统;若昧于权力,拥兵割据,则必遇折足之凶、伏斧钺之诛云云,至为精警。先生的远见卓识,已为光武称帝以来二十年的历史所证明。

听到这里,我插言道:廊庙之材非一木之枝,帝王之功非一士之略。高祖不仅善于用人,且能从谏如流,积聚众人之智,如此,焉得不由弱而强?而霸王项羽襟怀狭窄,刚愎自用,不能采纳忠正良言。项羽身旁虽有范增,见识超卓,其言却常为拒斥。如此，焉得不由强转弱，终至败亡？

王充转过身来注视着我，眼里闪射着惊异的光。

父亲对王充道：犬子班固，有失家教，先生请勿见笑！

王充道：年纪虽小，而所言至为切理！岂敢见笑！据传，先生有子，九岁即能诵诗书、写文章，莫非就是他？

父亲道：是他，犬子班固。不过，言过其实，先生不可信以为真。犬子不过九岁时能诵读几篇诗书、写几句欠通顺的文句而已。

父亲转身训斥我道：为父与先生正在切磋，自去玩耍，岂可在此饶舌插嘴！

我虽然答应，却磨磨蹭蹭的迟迟不愿离开。我喜欢听他们谈古论今。

只听王充又道：方今有人崇古贬今、是古非今，以为大汉功德，远不能与唐尧、虞舜相比，充以为乃俗儒、腐儒之见也。高祖立国，光武光复，龙兴凤举，惊地动天，上何以不逮舜、禹，下何以不若成、康？夜举灯烛，其光可量；红日当空，则其光无可量。航行于淮河、济水，弯曲可知；航行于茫茫大海，则左旋右转，东西南北，迷茫而不可知。所以，海天辽阔，纵横难以计算；无底深渊，其深不可测量。汉朝功德丰厚深广，如阳光普照，如东海浩瀚。唯见多识广者明，岂浅陋短视者所自知与？

汉德之高，非浅陋短视者所自知，高论也！欲令凡庶之辈明白，即需宣也、扬也。非宣非扬，则汉德之大，世人无以得知；宣之扬之，虽浅陋短视者亦可知也。有感于王充高论，我忍不住又插言道。

王充惊异地对父亲道：这个年轻人，出言如此不凡，将来一定可以成为优秀的史著作者，撰写大汉之史！一定！

但愿如此！听得出来，父亲的语气之中，既包含着自谦的质疑，又不乏期望的殷切。

那时，我因王充的赞赏之语不胜欣喜和骄傲，心里怦然萌生了继"史圣"司马迁之后修一代国史的念头——不，是决心，是信心！从那时起，幽幽然，冥冥然，凛凛然，似乎"史魂"附体，昼思修史，夜梦修史，一个"史"字耿耿于怀，使我坐卧不宁、行走萦怀、寝食难安。父亲啊，您可知道，这"史魂"与您的嘱托相契相合，化作了儿魂牵梦萦、聚精会神、竭尽心智续写《史记》的孜孜以求？然而，父亲啊，您可知道，儿正为实现您的期望——不，不只是期望，更是严肃的如铁父命，是您临终前的嘱托，也是儿的理想——而奋发努力之时，却墙倾楫摧，折戟沉沙，身陷囹圄，前途未卜！儿该如何重新树樯奋楫、搏击江洋、重扬新戟、冲刺沙场啊？儿的心在流血，五脏六腑都在流血，灵魂在经受着油煎般不可忍受的惨痛、剧痛、枪刺箭穿、剜心割肉般痛彻心扉，附体的史魂在遭遇着风刀霜剑、雷击电打的摧残！您告诉儿吧，告诉儿怎样才能闯过这场灾难，走出监牢，重新拿起笔，濡饱墨，全神贯注于《史记后传》的续写？父亲啊父亲，儿发誓，若有那么一天，果真走出了监牢，儿绝不让您老人家失望！绝不让您老人家的嘱托落空！父亲！您为何不语？苍天哪！

史魂幽幽何怆然！班固无奈地、撕心裂肺般地哀叹着，捶打着自己的头颅和胸脯，仰天顿足，呼唤着苍天……

喜出望外

班超挖空心思地找门路，寻找能够帮自己把奏疏呈送大内的官员，跑断了腿，卑躬屈膝地说尽了祈求、请求的话，一无所获，了无希望，不得不决定去宫门前伏阙喊冤。他希望在入宫的官员中，能遇见一位相识的——与哥哥当年一起在太学读书的同窗儒生，他们中不少人已经供职于皇上身边，其中也有认识自己的。而扶风人马援的子侄们，可能还有窦融的个别子侄，是当今朝廷大官，他们之中，应该也有认识班超的。只要遇见一个，拜托他把自己的奏疏进呈皇上御览，想来对方也许会尽力而为的。这样做虽然会有风险，弄不好会被羽林军抓进大牢，但班超顾不了这么多。

来到洛阳的第三日寅时——雄鸡未鸣时分，班超就起了床，冒着绵绵秋雨，奔向宫门阙下。被雨水浸泡得透湿的布鞋，走在沙石路上，发出扑哧扑哧的声响，像是对不平的嘶喊，像是无奈的叹息，像是求助的呼吁。

他不能靠近宫门，只能远远地、远远地站着，翘望着，注视着，寻找着，呼喊着"冤枉，天大的冤枉啊"，希望能引起入朝官员们的注意，一边小心地警惕着戴盔挂甲、执刀持戟、威风凛凛的羽林军的行动。然而，羽林军虽然并未注意他的举动，步履匆匆的官员们却也很少有人向他投来关注的眼神，偶有人向他投来目光，也只是一瞥或一扫、一掠而已，压根儿无人停足驻步，更无人搭理他。

班超如此一日复一日地喊冤、寻找、等待，如此一日复一日地无功而返，如此在焦急的巴望和期待中懊丧地度过了七天，却仍不甘心，仍不放弃。我就不信杜梨树不开花,三年等不到闰腊月！他仍旧每日冒着绵绵细雨,踏着鸡啼声走向宫门,呼喊着,巴望着,等待着……

终于,他等来了心头久阴乍晴、雾霾一扫、鲜花怒放的惊喜！就在班超第八次来到宫门外的那天早上,一位面目和善、似曾相识的官员,身后跟着几个随从,渐渐地走到了他的面前。

何故喊冤？为谁喊冤？

草民兄长班固,为宣扬大汉威德而续写《史记》,却被扶风郡守以"私修国史"之名,拘系、押解来京。这是草民的奏疏,恳求大人阅后,上呈御览！

班固？哪里人氏？官员一边让随从打开奏章,一边问道。

扶风安陵人。

已故徐县令班彪是你什么人？

家父。

你是班彪之子？

正是。

你叫什么？

草民是班彪次子班超。班固是草民兄长。

本官马廖,字敬平,羽林左监、虎贲中郎将。家父马援当年与令尊班彪相友善。本官已注意你多日。奏章交给本官上呈御览,明日等待传唤！

班超喜出望外,不知如何才好,心头的阴云顿时散去了许多。听马廖说他是马援之子,班超当年在洛阳见过马援,不禁在心里暗道:与马伯伯多像啊！怪不得我觉得似曾相识。他慌忙对马廖连连打躬:谢谢！谢谢！我真不知该怎么感谢您才好啊！

第七章

柳暗花明御驾前

马廖呈疏

　　暮色苍茫，蒙蒙细雨使巍峨的宫阙罩上了一层黑魆魆的、神秘莫测的薄纱。

　　皇帝刘庄下朝后，匆匆用了晚膳，就在两个打着宫灯的太监的引领下，进了御书房。琅琊王刘京、大鸿胪特进郭况、马廖、杜山、郎官药崧等人已等在御书房门口。刘庄要与他们讨论《论语·尧曰》。

　　御书房的朱雀灯都已点亮，金黄的光焰将御书案前围着的几案照耀得明晃晃、亮堂堂的，泛着淡淡的橘红色。众臣跟着皇帝走进御书房，向皇帝施了礼。刘庄吩咐众臣不必拘礼，围几案而坐。刘庄与两旁围绕的众臣在橘红色的光晕下，形成了一个椭圆。

　　君臣刚刚坐定，讨论还未开始，马廖即跪地道：皇上，臣有一事需先启奏。宫门外有个叫班超的扶风后生，一连多日为其兄班固鸣冤。臣看他一连喊冤多日，恓恓惶惶，询问其究竟。他交给了臣一份奏疏。

念来！

　　草民前徐县令班彪之次子班超，为兄班固枉然蒙受"私修国史"之
冤，谨上书皇帝陛下：

　　草民班超之父班彪，深沐先帝高祖文治武功之福荫，乃广采先汉
旧事逸闻，夙兴夜寐，殚精竭智，接续太史公司马迁未竟之业，撰写《史
记后传》，以"究天人之际，察古今之变"，扬我大汉之德。志未竟而身
亡，兄班固继父志而续撰。本为启悟后人之不朽大业，岂料奸人毁谤，
致未竣笔而祸至，以"私修国史"之罪名，押解京师，监禁于京师大狱。

　　草民以为，若记述先汉旧事以宣汉德而当罹罪，岂非令邪异之语、
谣诼之言，荡荡然无所遮挡、阻障乎？惟愿圣上明察，解除兄固于缧
绁，则草民幸甚！记述前朝旧事以扬汉德之大业幸甚！

马廖读完班超的奏疏。皇帝刘庄问道：卿以为，此疏所言有理吗？

臣以为，班固所为，若果真意在宣我大汉之德，班超此疏于理可通，于情可
通。马廖道。

这么说，私修国史无罪乎？刘庄问。

臣以为，国史者，乃天下之史。朝廷固应修史，天下庶民修史亦未必皆不
可。孔子不能有为于诸侯，退而著《春秋》。《春秋》者，一代之史也；孔子者，庶
民也，是乃庶民修史也。孔子作《春秋》非受命于君，乃自赋其权，私自为之耳。
然《春秋》出而乱臣贼子惧，人皆敬畏其正道大义。一代圣贤孔子既可私自修
史，他人为何不可？要在其言之虚实、立意之正邪耳。马廖道。

琅琊王刘京道：王莽窃国之前，大汉立国二百余年之史，有太史公之《史记》
可供阅知。自王莽窃国以至于今，四十余年矣，先帝光武中兴于风云变幻之中，
乃致我朝鼎盛，而尚无史籍撰著。如仍无高才记述，其必亡失不传，致后人无以
知之矣。班固所撰，如信实可靠，必有益邦国。臣以为阅其所著，而后论其功罪
始可。且据臣所知，扶风班氏，乃皇亲也。班固之父班彪，其祖父班况之女，于
成帝年间被选入宫，封为婕妤。事涉皇亲，当慎重处置为是。

郎官杜山是个很有见识、仁厚信人、铁骨正气的君子。他是杜林的儿子。
杜林当年与杨贤同在隗嚣麾下做事。他们都熟识班彪其人。杜林知道隗嚣企

图称帝自立,分裂天下,在班彪投奔窦融之后,便以送兄弟灵柩回乡为由,辞别隗嚣隐居家乡。杜林一走,隗嚣便反悔了,派杨贤追杀他。杨贤不忍下手,暗中保护他回到家乡。杨贤当然不能回到隗嚣那儿了,于是改名换姓,隐居于龙门山中。先帝平定天下后,打听到杜林下落,几次派人请他出山,被他婉言推拒。其子杜山,则通过太常考试来到太学读书。读书有成,被朝廷任用为郎,伴驾君侧。杜山从父亲那儿深知班彪为人,如今听说其子班固遭此奇冤,甚为不平。此刻,他觉得替班固说几句公道话的时机到了,便接着刘京的话道:臣以为,琅琊王、马将军所言甚是。国史者,乃天下人之史,首先是天子之史。天子乃天下人之君,故天下人皆可为国、为天子修史。但,天下未必人人能修史、会修史。史必能修、善修者为之。而能修、善修者修史,或为宣扬一代之德,或为毁损社稷。有罪无罪,当以其旨在宣扬还是毁损社稷而定。孔子著《春秋》,古今敬焉、赞焉,如何他人一旦修史,便有罪耶?《论语·尧曰》有云:"不知言,无以知人也。"不阅其所修之史,何以知其人也?不知其人其言而以为毁损社稷,从而问罪,恐非圣人之道也。

皇帝刘庄道:你倒把马将军所奏之事,引到今日所要讨论的正题上了。依你之见,班固拘系错了?

杜山慌忙伏地叩头:臣有罪,有罪!拘系班固是否有错,臣不敢妄言。

刘庄微微一笑:爱卿平身!朕不知卿何罪之有。

大鸿胪郭况却道:据臣所知,昔东平王宇进京见驾,上书请求元帝赐他和诸皇子《太史公书》[①]。元帝询问丞相王凤可否,王凤正色奏告:一国之史,岂诸侯王所能据有?《太史公书》,记有夺取天下之兵策谋略、天下形势险要,若为侯王掌握,难保没有后患。元帝于是拒绝了东平王的请求。如此看来,史书关涉社稷安危,侯王尚不可得,其庶民可修乎?孔子,圣人也。圣人修史,其庶民可比乎?臣以为,私修国史之人,断断乎不可姑息!

皇帝刘庄的脸色顿时凝重起来了。马廖、杜山、刘京紧张得屏住了呼吸。御书房里鸦雀无声。

许久,皇帝刘庄才问药崧道:卿以为杜山何罪之有?

这药崧颇喜滑稽,看看明帝面色渐渐宽和下来,便道:圣上说不知杜山何罪

---

① 《太史公书》,即《史记》。

之有,却垂问微臣。微臣不是圣上肚子里的虫子,哪里知道圣上心头的圣旨上,秘密地写着什么?

什么什么?朕心头的圣旨上写着什么……

臣的意思是,杜山有罪无罪,全在于班固有罪无罪。如果圣上认为班固无罪,却怎的下旨将他拘拿、押解进京? 如果圣上认为班固有罪,圣上却又似乎十分赞同马将军和杜山为班固辩护的话。所以,臣真不明白陛下心头的圣旨秘密地写着什么。

放肆! 依你之意,岂非朕信口开河,随意加人以罪? 刘庄勃然大怒,随手抓起一根棍子,就要向药崧打来。药崧爬起身慌忙逃跑,看皇帝紧追在后,将头一低,往龙床下钻了进去。皇帝刘庄手持棍子,喊道:出来! 出来!

臣不敢出来!

你出来不出来?

药崧道:天子严肃,诸侯恐慌;哪有人君,亲自打郎?

刘庄不禁尴尬地笑出声来,扔了棍子,道:朕垂询药崧,药崧竟敢戏弄于朕,本当着刑部从严论处。然而,药崧,朕自知亲自打你有错,赦你无罪。今后好生自我检点!

龙恩浩荡,万岁万万岁! 药崧伏地叩头道。

皇上圣明,龙恩浩荡! 众臣一齐伏地叩头。

众爱卿平身!

御书房的一场喜剧性小插曲便宣告结束。

皇帝刘庄又道:众卿所见略同,以私修国史之名论班固之罪,有失慎重。朕已阅班固所续《史记》文稿,辞约而事举,文采焕然,以为其人乃良史之才也。"不知言,无以知人也。"孔子《论语》之言,信矣! 朕当召见班固,而后再定其功罪。好,班固的事,议论到此为止。我们言归正传,讨论《论语·尧曰》吧。

杜山道:《论语·尧曰》有云:"尧曰:咨! 尔舜! 天之历数在尔躬,允执厥中。四海困穷,天禄永终。舜亦以命禹。曰:……有罪不敢赦。帝臣不蔽,简在帝心。朕躬有罪,无以万方;万方有罪,罪在朕躬……宽则得众,信则民任焉,敏则有功,公则说。"这段话,是说尧这样叮嘱舜:上天的运数落在你身上,你要忠实妥当地把握,遵循它的中正之道。如果天下都困顿穷苦,上天给予你的禄位就会永远终止。舜也用这番话来告诫禹。成汤说,有罪的人我不敢擅自赦免,上帝的臣属我也不敢遮蔽其罪，请上帝加以鉴察。我个人有罪，不要连累天下万方，天下万方诸侯有罪，罪责在于我一人身上。从尧、舜、成汤的圣言伟行中，孔子得以明道：宽厚就会得民心，诚实就会得到民众的信任，敏捷就会有功绩，公正就会使万民悦服。孔子之意，在于强调天子以民为基，把握中正之道，致富于民，宽厚信民，公正服民。此三者，今上兼而有之。我朝所以兴旺，枢机在此也。

杜爱卿之见甚是！刘庄微微点头称赞。

……

召见"二班"

又是一个脑子里翻江倒海、前事联翩、后事云涌的夜晚！熬到了黎明时分，班固的脑袋涨痛涨痛的，却渐渐进入了梦乡。

幽幽然，晃晃然，飘飘然，像是一股轻柔的青烟，又像是太史公司马迁的魂灵，飘入了牢房，似乎飘到了我面前，围着我绕呀绕呀地飘，忽而嗖地无影无踪了，也许是入了我的身体。

您，是太史公？太史公的魂灵？您老人家怎么到这里来了？

太史公又出现了——不，是太史公的魂灵又出现了，还是那样轻柔地飘着，脸上带着微笑。

是，我是司马迁的魂灵。班固——我知道你叫班固，对不对？我和你同病相怜——不，同魂相连，我的魂就是你的魂！我的魂融入了你的魂！我知道你遭受了不白之冤——原本意在"宣汉"，却被认为是毁损大汉社稷。你悲愤，你怆痛，你伤惨。但这也许对你不无好处，你会明白，这就是历史——历代之史中，充满了这种冤枉，这种是非悖逆，这种黑白混淆，这种善恶颠倒！你和我一样，赤心一片，正大光明，只为写出历史原貌，稽其成败兴衰之理，充当圣人之耳目，也让今人得以知古，后人得以观前，洞悉真情，鉴古知今。不料却身陷缧绁，枷锁在颈。不过，你比我幸运，当今皇上还算圣明，他还算懂得我们这些矢志于究天人之际、察古今之变、研究历史学问之人的心。他会赦你无罪的。你万万不可失望，不可灰心，不可过于悲凄。士不可以不弘毅，任重而道远。振作起来吧，打起精神吧！撰大汉一代之史，少不了你！你的魂就是汉史之魂！

太史公，真的吗，我的魂就是你的魂吗？我的魂就是汉史之魂吗？当今皇上真的懂得我们这种人的心吗？我真的还能除去脖子上的枷锁，走出囹圄，撰写大汉一代之史吗？

太史公只是微微颔首，忽地飘然无迹了。

啊，太史公！你去了哪儿？我听清了你说的每一句话、每一个字，却怎么忽地看不见你了？哦，什么什么——你就在我的魂魄中？你与我同在？……

这是哪儿？悬崖峭壁，深邃的岩洞。啊，那是什么？脸像人，眼里冒着逼人的光，口中吐着长长的火舌，长着黑熊的身子。那爪子，好像铁耙，每个趾都像耙齿，都似狼腿般又粗又长、又尖又利，好恐怖、好瘆人啊！哦！一位妇人手携一个七八岁的小孩，沿山径远远而来。看样儿，像……像是爱妻和儿子班亮！他们怎么到这里来了？啊，真的，真的是！是爱妻和儿子，没错！是为了找我而来的吧？可怜，可怜他们竟找我找到这儿来了！哎呀，不好——不好，那怪物发现了他们，向他们扑去——

快逃！快！班固使尽力气喊叫，却无论如何也喊不出声。越是喊不出声，他越是要喊，也越不能不喊；越是不能不喊，越是喊不出声，越要憋足了力气喊。贤妻！班亮！逃啊，快——

班固终于喊出了声。

班固，醒醒！醒醒！

班固睁开双眼，不见了爱妻和儿子，也不见了那怪物，却只见两个狱卒站在自己身边。

快！起来洗脸吧！一个狱卒指着放在牢房中央的洗脸盆，催促道。

班固怔怔的，觉得莫名其妙。太阳从西边出来了？什么时候有过狱卒给罪犯打洗脸水的事？狱卒何曾这样和颜悦色过？何曾用这样温和的语气对犯人说过话？

这时，狱吏也来了，要班固打开自己的包袱，换上干净的衣服。另有狱卒送来饭，让班固吃。

班固的一颗心咯噔一下，似跌入了万丈深渊，扑通扑通的。到这大牢十多天了，可从没有哪一天像今日这样啊！莫非……他的心紧紧地缩作一团，头嗡嗡地炸响了，浑浑噩噩、晕晕乎乎、迷迷糊糊的。苍天啊，难道我就要这样不明不白地断送一生？难道就要这样辜负父命、了结自己续写《史记后传》的承诺和愿

59

望了吗？苍天啊，你太不仁、太不义、太无情了啊！老子说过"天地不仁，以万物为刍狗；圣人不仁，以百姓为刍狗"①的话，我一直不以为然，今天看来，实在是洞悉世情之语啊！我班固耿耿赤心，可对灿灿青天、朗朗乾坤，然而却就要这样被不如刍狗般地杀害、抛弃了。仁何在？义何在？情何在？……母亲啊，儿不能回到您老人家面前尽孝了！贤妻啊，为夫就要撇下你、撇下儿子班亮了，你们好自珍重吧！弟弟、弟妹、妹妹，为兄不能尽自己的长兄之责了，对不起你们啊！你们都原谅我吧！噢，超弟，你不是来洛阳了吗？可惜啊，可惜，可惜为兄背上了罪犯的名，你为我远道而来，竟不得一见！世态炎凉如此！人间冷酷如此！超弟啊超弟，你能知道吗？为兄要给你下跪了！这全部家庭重担，从今以后都要落到你一人身上了！……班固想着，真要屈膝跪下身去。

狱吏看在眼里，知道班固大概弄错了，误以为是送他去行刑，吓得身子软瘫了，急忙上前搀住，道：班固，别怕！你误会了。这是好事啊！大好事啊！你有了出头之日了，知道吗？是宫里要你去的。也许、也许你能见上当今皇上，好运临门了啊！

哦！宫里要我去？班固的眼里重新泛出了希望的光。他立即明白，可能是送自己去接受审问，便定了定神儿，开始暗自构想着回答审问的词句。不知道自己怎么被扶上马，不知道自己骑着马走过了哪里，也不知道自己怎样进了宫、宫里什么样，班固在对未来情景的猜想和应对审问词句的琢磨中，被送进了宫。

黎明时分，远远的东方天边渐渐变得乳白，一抹淡淡的、似有似无的橘红色慢慢地上升着、扩散着，时而被阴云遮蔽、淹没，时而又破云而出，继续上升着、扩散着。秋日的凉爽还未消退，微风拂来，送来了初冬的阵阵寒意。

班超早早地来到宫门前，等候传唤。他想象着即将到来的被召见的情景，一定会像父亲当年给他们兄弟俩讲述的那样：巍峨高大的金銮殿前排列着斧钺对举、威风凛凛的郎官和羽林武士；殿内金碧辉煌，一排排巨大的盘龙大柱矗立其间，麒麟献祥瑞，金兽吐云霭。皇帝威严地坐在大殿正中九龙屏风前的龙椅上，左右侍立着侍中太监。文武群臣则躬身分立于大殿两侧……

我将在文武群臣面前，回答皇上的问话。不能紧张！千万千万！有什么可

---

① 见《老子·五章》。

60

紧张的？只要我将兄长的身世，将兄长续写《史记》的意图如实地说清楚就是。听人说，当今皇上还算圣明，相信他会赦兄长无罪的。班超在心里默默地、搜肠刮肚地构思着回答皇上问话的词句。

然而，从太阳未出的卯时等到辰时，从辰时等到巳时，又从巳时等到太阳正南而将偏的午时，几个时辰了，却一直不闻传唤、召见的消息，连个过来打理的人影也没有。火辣辣的太阳晒得班超头皮发麻，心里不禁犯嘀咕：马廖的话不会靠不住吧？他不会是在戏弄我吧？马廖是当今皇后（马援伯伯的女儿）的长兄，据说，很得皇上宠信。将我的奏疏呈给皇上，向皇上启奏我在宫门外喊冤的事，对于他，应该是不怎么犯难的事。他是知道班、马两家父辈的交情的，他还向我提到了。莫非他是虚与委蛇，说空话、假话，送空头人情？不会吧！看样子，他很敦厚、很诚恳，不是虚情假意。会不会是皇上看了我的奏疏，听了马廖的启奏，生了气、发了火，让马廖下不了台呢？难说！很难说！伴君如伴虎嘛，哪里有不翻脸的老虎？

班超正在心里暗自琢磨，却见愣头青头上蒸腾着热气，气急败坏、脸色铁青、火急火燎地急匆匆走来。愣头青走近班超，二话不说，一把扯住了班超的领口，向旁边一个无人的角落拉。出大事啦！出大事啦！知道不？你还有心思在这里逍遥！

你这是——这是怎么了？青弟！怎么啦？班超的脖子被扯得热辣辣地疼。

怎么了？都怨你，班超，胆小鬼！都怨你！我说劫、劫了那狗日的大牢……

小声点！小声点！班超慌忙摇手，连声提醒。

愣头青压根儿不听，只顾气势汹汹、大声大气地说：我说劫了那狗日的大牢，你硬是说不成，不成！可固哥一早就从大牢被押走了！唉！怕是凶多吉少！知道吗？怕是凶多吉少！愣头青唉地长叹了一口气，瞪着他的一双牛眼睛。你还是固哥的亲兄弟哩，班超！胆小如鼠，掉下来树叶怕砸了你的头，怕这怕那。怕，怕，怕得让咱正月月尽糊花灯，脚步迟了半个月！如今劫也找不到……找不到个劫处了，谁知固哥被弄到哪儿去了。固哥如有个三长两短，我说班超啊班超，我看你怎么向伯母交代，怎么向亮儿和他娘交代，怎么向安陵人交代，怎么向你的良心交代！你还有脸回扶风、回安陵吗？班超！我为你脸红，羞得脸没地方搁！

班超被愣头青劈头盖脸地数说、训斥、詈骂了一番，脑袋像被雷击了般直发蒙,怔怔地浑身直打哆嗦,却又弄不清原委。

兄长被押走了? 押到哪儿去了?

谁知道! 听狱卒说,押出门就让上了马,急匆匆地赶着马走了。不会是去近处,不会! 唉! 说不定……我们远远地从扶风鸡叫起、睡半夜,过华山、渡黄河,赶到这里,为的是看宫门前全身披挂的甲兵吗? 看他们手中的刀枪剑戟吗? 谁爱看谁看,请我看我都懒得看! 我们不就为救固哥来的吗? 可连固哥的面都没能见上,没有给他最后吃一筷子肉、喝一杯酒,就……唉,回去可咋给安陵人说呀! 这张脸烧得能见人吗? 唉! 愣头青说着就要哭出声来。

你说什么,什么? 押上了马?

是,固哥被押上了马!

你没问狱卒是什么人把兄长押走的? 穿着什么衣服?

没……你还有心问这个? 管他穿什么衣服! 反正是官府的,这还会有错?

不要着急,冷静点,青弟! 你听说过让罪犯骑马的事吗?

愣头青摸着自己的脑袋不说话了。

皇帝刘庄看了班超的奏疏后,觉得所言有些道理,便决定亲自审问班固。但班固被带入宫门后,刘庄又突然改变了主意,觉得班超敢于千里迢迢闯京师上书,为兄长鸣冤,可谓胆识过人,还是先召见他,听听他怎么说为好。于是,即命马廖引班超进殿回话。

宫门外,班超正被愣头青数说得失魂落魄,脸上没有了一丝血色,却见马廖匆匆而来,心里不禁咯噔一下:是报噩耗来的! 一定的!

然而,马廖却眉开眼笑,喜气盈盈。班超,让你久等了! 快,皇上召见!

皇上召见? 真的?

这还能有假? 走,跟我走!

班超的一颗心在胸膛内扑腾扑腾地直跳,不知是吉是凶。然而,他不怕。为了兄长,何惧赴汤蹈火! 走!

马廖带班超进了宫,皇帝在便殿内接见了班超。

你是班超? 班固是你兄长?

是,小民名班超,班固是小民之兄。

为班固申雪私撰国史之罪的奏疏,是你所写?

是小民所写。

你千里迢迢，来为兄长喊冤，朕且问你，班固书中所记之事，皆信实可靠吗？

禀皇上，草民家兄班固，承父志撰《史记后传》，具为实录，不敢有半句不实之词。据草民所知，兄为一事一词，辄遍阅典籍，或不避风尘，千里跋涉，寻问知情老者。诸老将军如邓禹、窦融、马援等人，家兄都曾登门拜访，而常因将军出外未见，再访，未见，又访，如此多次而始得见。有时因一句疏漏，或某人与他人所言相抵牾，辄再次造访，不以为苦而自得其乐。

皇帝拿起了班超的奏疏，道：你在疏文中说，你父兄撰写《史记后传》，原为"究天人之际，察古今之变"，扬我大汉之德。何以见得？

班超道：小民父兄所撰《史记后传》已为官府抄没，圣上若能一览，便知小民所言不虚。

你在奏疏上说有奸人毁谤，所指者谁？

草民以为，草民兄弟远在千里僻壤，官宦车马从不驾幸，识字庶民亦少步临。小民父兄默默在家撰记前朝旧事，并不向他人宣扬。而圣上身居九重龙庭，降旨问罪，如无奸人在皇上面前信口雌黄，草民不知皇上何以得知此事。

皇帝点了点头：平身！下去吧。朕不会让有罪者幸免于国法，亦不会让奸人得计！

皇上圣明！草民但祈兄长早日解除缧绁！

班超没有想到皇上就这样结束了和自己的谈话。

皇帝又召见班固。

班固面对凛然端坐在上的皇上，跪倒在大殿的地面上。

你是续写《史记》的班固？

是草民班固。班固伏地叩头道。

站起来回话。何故私修国史？

禀皇上，草民接续父亲班彪撰写《史记后传》是实，但未必可称之为私修国史。据草民所知，唐虞三代，《诗》《书》所及，世有史官，撰成典籍。至于诸侯，国自有史。孔子不得其用，退而著《春秋》，开私家撰史之先河。而东周定公、哀公之间，左丘明著有《左传》《国语》。《左传》《国语》者，私人之作也。由是私家撰史并不少见，或曰史多私家之作耳。太史公所著《史记》，采获古今，贯穿经传，至广博也，堪称今之所以知古，后之所以观前，圣人之耳目也。然《史记》既成,太史公亦藏之名山,传之其人。至太史公死后,《史记》方为其外孙平通侯杨恽所祖述宣布焉——是亦私家之作也。《史记》之后,褚少孙、刘向、刘歆、冯商、卫横、扬雄、史岑、梁审、肆仁、晋冯、段肃、金丹、冯衍、韦融、萧奋、刘恂等名儒,都曾续写,亦多为私家之作。

班固有理有据,侃侃而谈,锋芒所向,直指"私修"二字。谈到这里,心中不禁暗自恐惧。然窃视皇上,见其面色平和,未见愠色,于是继续放胆直言:

草民之父班彪,尽览成帝所赐祖上宫内藏书副本,尊崇儒术,唯圣人之道然后尽心焉,行依五经之法言,同圣人之是非。家父纵观褚少孙至于刘恂之作,以为皆俗陋,不堪比并于《史记》。太史公乃良史之才,善述序事理,辩而不华,质而不野,文质相称。然《史记》记汉,至武帝而绝,且其采经摭传,分散百家之事,甚多疏略,论议浅而不笃。其论术学,崇黄老而薄《五经》;序货殖,轻仁义而羞贫穷;道游侠,则贱守节而贵俗功。凡此,皆有伤于正道之弊焉。校其弊而治其病,草民继父之志续写《史记》,其由一也。

说下去,其二呢? 皇帝听得很入神。

其二,乃宣汉也。草民父子以为,汉继尧统。《论语》有云:"大哉,尧之为君也!巍巍乎,唯天为大,唯尧则之。荡荡乎,民无能名焉。巍巍乎,其有成功也,焕乎,其有文章!"[1]尧的伟大,成就的崇高,流光溢彩,可比于天,让天下臣民百姓不知用怎样的语言、怎样的方式赞美才好。然其大统,至周末,世衰道微,陵迟颓败;至秦,暴横不仁而绝,而为汉所承。鸿儒王充《论衡》有云:"大汉之德,不劣于唐、虞也。"又云:"古之帝王建鸿德者,须鸿笔之臣褒颂记载,鸿德乃彰,万世乃闻。"[2]信哉,是言也。然今之人贵古而贱今,辩士谈其久者,文人著其远者,近有奇而辩不称,今有异而笔不记。固父子深忧汉德高而无鸿笔之褒颂记载,不宣不彰,后世遂不得知焉。乃不避鄙陋,虽笔不敢言鸿,乃自负宣汉之责而续写《史记》矣。自以为废明圣盛德不载,灭功臣、贤大夫之业不述,堕先人之所言,罪莫大焉。万望陛下明鉴!

无毁损社稷之意? 皇帝用梁松奏疏里的词句诘问道。

草民披肝沥胆,唯在宣汉,岂敢有毫发毁损社稷之意! 圣上如能一览草民

---

① 见《论语·尧曰》。
② 见王充《论衡·须颂篇》。

文稿,心中自有裁夺。

大鸿胪郭况问道:然尔之所记,果无奸邪、不忠、非礼之事乎?

非也。班固以为,孔子作《春秋》,采善贬恶,推尧舜之德,褒周室,贬斥僭礼之诸侯,声讨犯上之大夫,贤贤而贱不肖。无恶何以显善,无不肖何以显贤?此非毁损社稷,乃彰社稷之德也。且史贵实录而贱隐恶虚美也。太史公《史记》,其中不乏实录达官显宦乃至帝王其事贬而不褒之处。实录而不隐恶虚美,乃史者之责也。《左传》载,晋赵穿攻杀晋灵公,晋大夫赵盾未出境即还。太史董狐书曰:"赵盾弑其君。"以示于朝。孔子赞之曰:"董狐,古之良史也,书法不隐。"①固所谓宣汉,乃欲步董狐之尘而效孔丘之作《春秋》,扬善贬恶耳。

皇帝刘庄道:卿之文稿,朕阅之矣,理顺辞达,文采焕然,以为可称之奇书矣!卿可谓良史之才,湮没于草野,遗珠于荒郊,而为奸人所谗,陷身于图圄,悲乎哉!今始为朕所知。朕赦卿无罪!

皇恩浩荡,万岁万万岁!班固热泪涌流,伏地叩头道。

班固听旨,朕拜卿以兰台令史,明日即可赴任!

臣从命!叩谢龙恩!皇上万岁万万岁!班固再次叩头谢恩。

下殿去吧!

真是柳暗花明,曲径通幽!班固喜出望外地、惊喜莫名地、惴惴不安地、慢慢地一步步后退着,出了金殿。

正午时分,秋高气爽,天高云淡,红日灿灿,光照大地。巍峨的宫殿上,高耸的殿脊,飞翘的兽角以及琉璃瓦片瓦当,闪射着耀眼的光芒,丹墀上下的白玉栏杆锃明瓦亮。秋风微拂,送来了几许清凉。班固感到一股从未有过的轻松和喜悦、舒畅和欣慰。

---

① 见《左传》宣公二年。

第八章

入仕兰台非梦幻

喜受诏命

深秋的洛阳,天气一点也不冷。初升的朝日将光芒铺洒向房屋和街衢、路面和行人;由碧绿而变得金黄的树叶,在旭日下闪射着耀眼的亮光;清新的空气,沁人心脾。

非梦非幻,神清气爽,班固一早便来到兰台赴任。兰台是金銮殿左侧朝房背后的一个小院落,靠近高高的环水的宫墙,坐东向西,地势较高,需步上九级台阶,才能进入曲拱的院门。兰台与北面的藏书阁等几个院落,合称东观。兰台院内正面九间厅堂,三面皆有画廊可通。画廊内侧,山石溪水之间,兰草丛丛,清幽而葳蕤。高台之地植兰,厅堂之内则多置盆兰,既幽雅,又驱虫除菌,这大约就是此院名为兰台的原因吧。兰台不仅有兰,还有翠竹几竿,给院落增添了几许高雅。令班固惊奇的是,这高雅的深宫之地、九重大内,居然生长着一棵枣树、一棵皂角树。它们灰褐色的、干裂的躯干,给人以粗犷、强劲之感,与兰

66

草、翠竹的娇嫩、俊秀相比，有一种迥然不同的倔强且伟岸的风韵。而整个东观，上承崇阁，下属周廊，殿堂相望，高雅华丽。书无阙而不陈，郁郁乎文哉。

班固正在打量着兰台的优雅院落和这两棵并不怎么优雅却令人精神一振的树木，却见几位官员站在厅堂门前打量着自己，便急忙走上前去。

一位方脸浓眉的中年人迎了上来，道：我乃陈宗，前睢阳县令，今与大人同任兰台令史。受少府卿黄大人之托，迎接班大人到任。

有劳大人，班固不胜惶恐！大人似长于班固，日后直呼姓名即可。班固回应着，向官员们拱手道，惊动诸位大人了！抱歉，抱歉！

岂敢！岂敢！众官员拱手道。

陈宗指着身边的官员道：兰台的几位同僚令史，同来恭候大人。

班固岂敢让众大人恭候，不胜惶恐！

陈宗向班固一一介绍诸令史：

这位是前长陵县令尹敏。

这位是前司隶从事孟异。

这位是新从太学拔选而来的李知慎。

……

班固一一向众人拱手施礼，道：我才疏学浅，初来乍到，尚蒙昧于如何履职兰台，但望诸位大人多多指教。

陈宗道：大人不必过谦！先徐令乃一代泰斗，腹纳百家、贯通古今、名满神州的鸿儒。大人乃先徐令之子，太学求学八年，敏学睿思，才华过人，诸经师博士至今仍交口称赞。我等今日一睹大人风采，幸甚幸甚！

尹敏道：我曾供职于长陵，距大人家乡安陵不过半天路程。大人美名传于乡里，妇孺皆知。大人博通诸子，贯通百家，三皇五帝、夏商周秦，藏于心胸。大人承继父志，所撰《史记后传》，文采斐然，为今上所赞赏。我等与大人一同供职兰台，能亲览大人走笔行文，将受益匪浅。

班固看孟异、李知慎二人亦欲开口说话，抢言道：陈大人、尹大人，二位过誉之词，令班固不胜汗颜。《中庸》有云："诚者，天之道也；诚之者，人之道也。"班固不敏，愿"诚之"以待人，"诚之"以处事。《中庸》又云："诚者，自成也；而道，自道也。"班固以诚为道，以诚自成，日后望诸位大人观察、督促。固小字孟坚，望诸位直呼班固名，喊班固之字亦可。我仍不明白的是，我等每日的公干……

陈宗道：我还没有来得及对大人说明，少府黄大人托我代言，班大人可先随便翻阅简策，也可看看金匮、石室所藏之书——哦，这儿离藏金匮、石室之书的藏书阁不远，出了门，向北走，前边那个院落就是。至于每日公干嘛，这么说吧，兰台令史，自光武帝以来常设六人，秩百石，掌书奏印工文书。俱听命于少府，亦办皇上诏命之事。不过，实话实说，常无事可做，日日上朝，只在此看看前朝旧典，谈天说地，喝茶对弈而已。

哦，是这样！

从当天下午开始，班固几乎每日都在藏书阁中度过。石室金匮，乃自古保管重要档案的处所和装具，又作金匮石室。匮通馈、柜。金匮指用金属封缄的柜子，石室即用石头修筑的房子。西周成王时周公曾纳书于"金縢之匮"。太史公《史记》中记载：秦朝"拨去古文，焚灭诗书，故明堂石室金匮玉版图籍散乱"。汉高祖刘邦与功臣剖符作誓，丹书铁契，以金为匮，以石为室，重缄封之，以"保慎"。藏书阁内皇家藏书的丰富，令班固惊喜莫名，觉得自己似乎处于巨大的奇珍异宝府库之中，闻所未闻、见所未见的珍宝，令他双眼发亮，应接不暇。他恨不得长出几十双眼睛，将这些珍宝很快一一尽览；恨不得长出几个脑袋，将这些珍宝一一铭刻在心；恨不得长出几十张口，将这些珍宝一一尽吞腹中。他贪婪地、贪馋地、饕餮无餍地阅读着，在心里慎思着、体味着、记忆着，忘掉了饥渴，忘掉了冷热，忘掉了疲累，忘掉了自己的存在。

这天，班固正在藏书阁读书，忽觉后背被什么东西碰了一下。回身一看，原来是孟异。

哦，孟大人！你也来看书？

孟坚兄所读何书？看得好认真啊！我走近大人，连喊三声，大人似乎听而不闻，一点反应都没有；我轻轻拍了一下大人的背，大人还是毫无反应；我只好重重地拍了大人一巴掌，大人这才回过头来。

抱歉！抱歉！班固不禁赧然，显得很不好意思。我在读这本《秦记》，虽文字粗俗，倒有不少鲜为人知的史实。不知大人来到……有事吗？

少府卿黄大人让我找你，可能有重要差事。

差事？班固急忙收了书，随孟异回到兰台。

兰台正厅内，少府卿黄中全端坐于迎面的几案之后，左右两侧分坐着陈宗、尹敏、李知慎。

参见大人！班固向黄中全深施一礼，又分别向陈、李抱拳打躬。

坐了，坐了！班令史到任后，本官每日操劳于今上及宫内衣服、宝货、珍馐诸事，忙得不亦乐乎，今日方能与诸令史一会。班令史日日阅读典籍、简牍于藏书阁，可谓好学之至矣。今上知班令史父子中意于史事撰记，览大人之文，盛赞大人文笔之精练、高雅，富于《春秋》之遗风，口谕本官着命班固撰《世祖本纪》。黄中全道。

臣领旨！班固慌忙伏地叩头。

陈宗、尹敏、孟异辅助班固查阅史料，修饰文稿。

陈宗、尹敏、孟异亦拜伏于地，接受钦命。

你们四人务必诚心合力，和衷共济，据实作纪，以慰圣心。

请大人放心！臣定遵大人指教，与陈、尹、孟三位大人一起，撰写好《世祖本纪》！

据我所知，藏书阁内藏有光武皇帝朝文书，另有一些需从太史令文书中查找，亦可寻访前朝老臣。少府卿转身对李知慎道：李令史，你虽不参与撰写《世祖本纪》之事，但随时会有差事，切不可懈怠，务必心安意宁，勤谨履职啊！

少府卿黄中全看见李知慎心中涌动着"吃不上葡萄"那种醋意的、嫉妒的滋味，又道：我黄中全也为李令史不胜歉然。然而，有什么办法呢？当今之世，文人为官，多职微薪薄，前程似露珠一般，岂能如驰驱沙场的武将，一旦凯旋，即官擢千石以上，赏赐优渥，封妻荫子，荣耀门庭！

下官才疏学浅，合该做跑腿、送信、抄抄写写的事，岂敢不死心塌地、效命供职啊！大人放心！李知慎道。

居于兰台以至整个东观者，无不是当今博学文士、高才鸿儒，能拜兰台令史之职，足见并非才疏学浅之辈。至于做什么事，那要看自己的造化、运气！少府卿黄中全道。

大人言者是，大人言者是！李知慎讪讪地说。

班固平生第一次接受圣旨，虽非皇上亲自面谕，却毕竟是皇上的诏命。这说明皇上在关注着自己。况且，世祖乃光复汉室、创立后汉的开国之君光武帝刘秀，今上之父。今上把为父立"纪"的任务交给自己，可见对自己的信赖何等之深、期望何等之高啊！身处宫禁之侧而又为皇上所关注、所信赖，并被寄予期望，在左右同僚们看来，自然升官有径。有人恭维说自己"前程无量"，显然不无醋意，却也不能说一点不靠谱。但他们并不了解我，我班固并不像有的人那样，把当官升官、封妻荫子看得那么重。能当官升官、封妻荫子固然好，但我所最期望的、最看重的，并不是这个。我要继承父亲之志，实现父亲的如铁遗命，续写《史记》啊！记叙大汉一代之事，宣扬大汉之德，以镜鉴于后人，是我班固的意愿，也是我班固的生命！也许我班固即为此而生！皇上的圣旨，与我的心意相契相合。莫非他已看清了我的心底、摸透了我的心意，让我的生命与大汉之史开始融合、相依相傍？真乃圣明、英明之主啊！

班固忽然回想起在大牢中梦见太史公向自己所说的话：你比我幸运，当今皇上还算圣明，他懂得我们这些矢志于究天人之际、察古今之变，研究历史学问之人的心。他会赦你无罪的。你万万不可失望，不可灰心，不可过于悲凄——悲会伤神伤心的啊！士不可以不弘毅，任重而道远。振作起来吧，打起精神吧！撰大汉一代之史，少不了你！你的魂就是汉史之魂！

太史公啊，我的魂真的就是汉史之魂吗？我觉得你太了解我了，摸透了我的心！我遇见了圣明之主，能够如愿以偿，做自己愿意做、乐意做的撰史之事，我自知任重而道远。我怎敢不弘毅？又怎能不高兴、不振奋、不自勉自励啊！

然而，晚上躺在床上细细一琢磨，班固却又心情沉重起来。撰写《世祖本纪》，这是奉旨撰史，与自己续写《史记后传》的私家著述截然不同啊！《史记后传》，可以完全按照自己已掌握的史实、史料及自己的认识、理解、灵感，率意命笔，或重笔或轻描，取舍剪裁，臧否人物，涵纳微言大义。而奉旨撰史，却来不得随意轻重取舍。臧否要符合朝廷——今上与宰辅大臣们的意愿和是非评判，至少是非评判、臧否人物能让他们接受。如果与他们的意愿和评判相去甚远，其后果是难以预料的——当然，事件、史实必须"实录"，即使不合朝廷意愿也不能丝毫作假、伪饰、虚妄！否则，将悖逆、获罪于天道，也将悖逆、获罪于人道，有朝一日，终将为天道、人道鞭笞惩处，使祖宗蒙羞，为万代唾骂！

班固想起了春秋时齐国太史董狐记史的故事。齐庄公是个淫乱糜烂的国君。齐国棠邑大夫棠公的妻子棠姜，长得肤如凝脂、貌若天仙。棠公死后，大权在握的大臣崔杼娶棠姜为妻。齐庄公看上了棠姜，暗与棠姜通奸，使崔杼蒙受了难言的耻辱。宦官贾举也因触怒了齐庄公，遭受了严酷的鞭刑，因而怀恨在心,暗自与崔杼串通好,寻机报复齐庄公。有一次,莒国的国君到齐国拜访齐庄公,庄公设宴款待莒国国君,崔杼谎称有病未上朝。庄公竟撇下客人,以赴崔家探望崔杼病情为由,找姜姜鬼混。出其所料,棠姜一见庄公,就躲入了内室闭门不出。庄公紧追不舍,在堂前抱柱唱歌,企图招引棠姜出来。这时,贾举从里面锁了大门,崔杼的随从一拥而上。庄公想跳墙逃跑,被乱箭射中大腿,从墙上摔了下来,死于众人刀剑之下。事后,崔杼立庄公的异母弟杵臼为国君。董狐这样记载此事:崔杼弑其君。崔杼怒不可遏,杀了太史;太史的兄长一如太史本人,仍如此记载此事,又被崔杼所杀;太史的小弟弟毫不畏惧、毫不退让,还是这样记载此事。崔杼无奈,只好不再过问太史的事情。

　　董狐的故事告诉人们,记录史实并非在风平浪静的湖面上行船,那么轻松、那么舒心、那么浪漫、那么富于诗意,而是险象环生的航程,随时都存在着遭遇狂风恶浪袭击的可能,随时都存在着难以预料的斧钺加身、汤镬烹煮的风险。董狐不惧权势、凛然大义、实录其事的史家风范,为世人所赞颂,也为一代一代的修史者所敬仰,成为他们效法的楷模。太史公司马迁可谓继其遗风。他为大汉开国之君刘邦撰写本纪,居然借高起、王陵的口说他"慢而侮人"。太史公又在《项羽本纪》中,描绘了这样的情景:项羽把刘邦的父亲高高地盛在一口大锅里,警告刘邦说,如果不投降,就烹了他!而刘邦竟然回答得那么轻松无谓:吾与项王俱北面受命怀王,曰"约为兄弟",吾翁即若翁,必欲烹而翁,则幸分我一杯羹!一语惊人,其中虽不乏无可奈何、死不投降的坚强,却也不无淡漠生身之父性命的无情,无人心、无人性,极言之——禽兽的性情。如此实录大汉江山的开创者、缔造者的其事其言,无异于授人以柄,在当时潜藏的风险是可以想象的。然而,司马迁却不隐晦、不避讳、不虚饰,秉笔直书。董狐以"实录"而丧生,司马迁因替李陵说了几句公道、公正话而遭受宫刑,他们都无愧于良史之笔啊!

　　班固在心里自我告诫:既已立志撰史,就不能畏惧风险!即使面临刀山火海,笔下绝不虚妄、不伪饰。要以董狐和司马迁的胆识和良史之笔,实录汉世祖光武帝其人其事、其言其行!

　　撰写《世祖本纪》的钦命圣差开始了。

　　尹敏和孟异还算配合。初冬的藏书阁内,寒意透衣,他们整日在堆积如山的文书中搜寻有关史料。这真是大海捞针!有时阅读整日,看得头昏眼花,却发现不了一句有用的话。但不阅读又是不行的,不阅读怎么弄得清事情的原委、真相?他们常常为了一件事的前因或后果、一个似乎无关大局的细节,翻阅几十卷、上百卷文书而仍不得其解。然而,他们并不罢休,继续查阅着,追寻着。手足冷了,站起来搓一搓;浑身冷了,到庭院里晒晒太阳。一卷文书,你看了我看,我看了你看,反反复复地看,务求从字里行间、从种种蛛丝马迹中发现事情的起因或进展,发现引发那些细节或波澜背后的真谛或隐情。

陈宗却总显得无精打采、意兴阑珊。他想,说是尹敏、孟异和我与班固一起撰写《世祖本纪》,但明明确确,班固为主笔,我们三人为其辅。说穿了,我们是在班固麾下奔走,为其效命。我本为县令,如今屈为令史,班固不过以白丁入仕的年轻人,我却落于其下!皇上钦命撰写《世祖本纪》,对我等并非都是好差事,写得好,得到赏赐、拔擢的,肯定首先是班固。白菜心儿让他吃,我们三人啃白菜帮子;佳肴美味他先尝,我们喝残羹剩汤。撰得不好,皇上不满意,我们恐怕也难辞其咎,要陪他受刑罚、挨板子。然而,我陈宗如今却无退路,只能遵命而行。陈宗这么想着,心灰意冷,浑身软塌塌的,怎么也打不起精神来,一卷简牍,看着看着,就打起了瞌睡。他虽与尹敏、孟异、班固每日都坐在藏书阁翻阅史册、文书,却常常整日看不完一卷,看了又好像没有看,什么也不知道。陈宗如此,班固也不好说他什么,只顾与尹敏、孟异从文字的海洋中孜孜不倦地追寻着、搜索着。有时,班固看得双目模糊、头昏脑涨,就到院子里看兰草、看翠竹,特别是看那粗犷、倔强、苍劲的皂角树和枣树。兰草、翠竹的清香和雅韵,使他心神清爽;而皂角树、枣树,使他浑身上下焕发着一种风雨无阻、无所羁绊,年年生皂角、岁岁结红枣的力量。

非梦非幻

班超赴京之后,班固妻度日如年,时刻盼望着听到班固或班超的敲门声、呼唤声。然而,从清早到傍晚,从傍晚到午夜,又从午夜到凌晨,大门外静悄悄、冷寂寂的没有一丝儿声响,只能在正午时分听到几声"吱吱吱"的、令人烦心却叫不上名字的秋虫的叫声。弟妹病恹恹的,未出生的胎儿之死,又给一家人痛苦的心头插了一把刀、血肉模糊的创口上撒了一把盐。婆婆多日吃不下一口饭、喝不进一口水,心灰意冷,活下去的意念几乎冷凝。后来,在班固妻、班昭和邻居们的苦苦劝说、开导下,她的心窝才渐渐有了活下去的微弱的热气,不死的意念慢慢地苏醒,却仍整日愁眉不展,顿顿饭无滋无味地咀嚼着。每到夜深人静、班昭熟睡之后,母亲常常紧关房门,独自哭泣。班固妻看在眼里,默默地自我叮嘱:事到如今,自己已经成了一家人的顶梁柱,无论如何,必须挺住!她每日早早起来,为一家人做好饭,向婆婆问安,开导婆婆放宽心。忙碌和劳累,夺去了她思念丈夫的时间,也减少了飞来横祸对她心头的摧残。她只是等待着,等待着班超弟弟早日带回丈夫的消息。

一日又一日,过了整整四十六天。正是太阳当头、寒风习习的正午时分,院中央的皂角树、枣树在寒风中轻轻地舞动着枝叶,咣咣咣的敲门声传进了院子。老用人不在家,班固妻三步并作两步地跑到大门口,一边问:是超弟吗?一边开了门。

是我。愣头青的声音。

班固妻的心扑腾扑腾地直跳,浑身像跌入冰窟窿般直打寒战,手软得打不开门。怎么会是愣头青?班超弟呢?丈夫班固呢?难道——她不敢想下去。

嫂子,快开门呀!是我!愣头青焦急得直用拳头咣咣咣地擂大门。

哦!青儿兄弟,是你?什么时候回来的?别急,这就开,就开!

什么时候?这不,刚走到这儿——

班固妻的一颗心扑腾扑腾地快要跳出胸口,好不容易才打开了门。愣头青刮风般扑了进来。嫂子!好消息,好消息呀!固哥,固哥——说着,喤喤喤喤地敲起了手中提着的铜锣。

喤喤喤喤,喤喤喤喤……清脆响亮的铜锣声在寂静的院门口响了起来,迅速传向左邻右舍。

班固妻一时莫名其妙:兄弟,你这是——话没说完,嗵的一声,一屁股瘫坐在地,脸上没有了一丝儿血色。

嫂子,你……固哥当官啦!朝廷的官!快起来!我路过长安买的铜锣。是用超哥给我的零花钱买的,给你、给伯母、给你们全家报喜啦!愣头青神采飞扬地又喤喤喤喤地敲起了铜锣。

什么什么?你说什么?不敢相信自己耳朵的班固妻,被闻声赶来的班昭扶起来,火急火燎地问愣头青道。

固哥当官啦!就在洛阳京城当官啦!朝廷的官!当真!愣头青把手中提

着的铜锣敲得更加响亮。

你别戏弄我！怎么会呢？他是朝廷的罪犯啊！班固妻将信将疑，分不清自己是清醒还是做梦。

这时，班家老夫人、班超妻、班亮，还有左邻右舍，都聚集到了班家大门口。

我哪敢戏弄你！哦，伯母来啦。伯母，给您报喜啦，固哥当官啦！真的！皇上见了超哥，超哥向皇上说了固哥写书的事，皇上认为超哥说得对，当面勾销了固哥的罪，后来还见了固哥，给固哥封官……您不信？超哥就在后面，回来接您老人家到洛阳京城去享福呢！我先走了一步，给你们报喜！尽管愣头青儿乎是用尽嗓门声嘶力竭地说话，声音仍断断续续地被喤喤喤喤的铜锣声所淹没。

看着愣头青眉飞色舞的喜庆劲，人们明白，不是做梦，不是幻影，是传来了意想不到的喜讯，纷纷向班家老夫人、向班固妻、向班家全家人道喜。有的啧啧夸赞班超有本事，为哥哥鸣了冤；有的说，班固文墨深，原本就是当官的料，早就应该有这一天的；有的说，班固一天不当官，我就一天觉得心口堵，今天，这喉咙管才通顺了！……

不知是哪几个后生从哪儿搬来了全套锣鼓铙钹，敲起来了：咚咚锵锵——喤喤哐哐——咚咚锵锵——喤喤哐哐……

在咚咚锵锵——喤喤哐哐——咚咚锵锵——喤喤哐哐的锣鼓铙钹声中，满天乌云消散了！人们的心头云破日出了！皂角树、枣树的枝叶轻轻地舞动着，跳跃着，吟唱着。

三天后，班超为兄长申冤归来，刚刚走到院子中央的皂角树下，却见闻声走出屋门的母亲、嫂子、妻子、妹妹，一个个泪眼婆娑。

母亲、嫂嫂，皇上赦哥哥无罪，还封哥哥为兰台令史。哥哥在京城当官了！

知道了。母亲似乎很漠然，接着沉重地唉了一声。

亮儿，快问候叔叔辛苦了！班固妻道。

叔叔辛苦了！班亮立即扑到了叔叔面前。

班超抚摸着侄儿的头，目光转向了妻子那灰暗的眼圈和瘪下去的肚子，急急火火地脱口问道：孩子？孩子呢？

班超妻哇的一声哭了出来，扭身回房去了。

班超妻一哭，班母、班固妻也跟着哭出声来，班昭的眼圈儿也跟着红了。

超弟,怨我,都怨我,我没有照顾好弟妹啊! 嫂嫂一边哭,一边自责地说。

不怨你,怨我! 怨我! 我是婆婆,没有照顾好媳妇! 班母也一边哭,一边自责。

班超明白发生了什么事情。他抑制住内心的剧烈痛苦,劝母亲和嫂子道:不要哭了! 哭有什么用! 我知道,不怨母亲,也绝不怨嫂子。母亲和嫂子为了我妻和孩子,可没少操心啊! 要怨就怨那个向朝廷告黑状的奸佞之徒! 是他,让朝廷把哥哥抓了去,也逼得我非去洛阳不可,这才……

班母擦了擦眼泪。事倒是这么回事。可毕竟你两口儿年龄都过了三十,应该有个孩子啊! 我也得添个孙孙呀! 眼看孩子就要出世,却没见面就……我这心里怎能不难过、不刀子割肉般地疼痛呢?

母亲,儿还年轻,会有儿子的,您放心! 放心! 会有的!

班超安慰了母亲、嫂子,又去安慰妻子……

迁居京师

在悲喜交加中,渐渐地,全家人终于从失去孩子的痛苦中解脱出来,开始准备搬家。

用了整整半个多月时间,托付好乡邻照应房屋田产,算是做好了搬家起程的准备。就在这些日子里,听说班家就要离开安陵,满村家家户户都纷纷做了最好的饭菜,像款待贵客般款待班超一家人,体现出过去岁月里熔铸的深情厚谊。班家在这家吃了上顿,下顿就排了好几家,一日吃七顿八顿,还排不过来。虽都是些家常饭食,不是什么山珍海味、珍馐佳肴,但其中蕴含的浓浓乡情、对班家人的敬重和依恋之情,却是任何山珍海味、珍馐佳肴所无法比拟的,也是无价的。班超不能再待了,待的日子越多,越是让乡亲们费心,也越是乡情难舍。

这天清早,班超雇的一辆马车停在大门外。向车里装了衣物,又从马圈里牵出那匹白儿马,拴在大门外,鞴好了鞍辔。当班家母子走出院子的时候,那两棵树——皂角树和枣树,在晨风中摇动着身子,枝叶飒飒作响,像是招手,像是告别,像是哭泣,像是嘱咐。白儿马似乎在隔门呼应,也咴儿咴儿地叫了起来。一向刚强过人的班超,抚摸着白儿马,回望着院子中央的两棵树,竟然心头一颤,掠过一股放弃东去、守住故土的意绪。然而,这股意绪没有能够占据他的全部心房,他的心很快又被决绝的去意所充满。

班母和班固妻、班超妻、班亮都上了车,班超也上了马。驾!愣头青闹着非赶车送班家老小不行。随着他的一扬鞭,空中响起清脆的鞭声,马车向东缓缓而去。

班昭泪眼模糊,依依惜别,她不能与母亲和哥哥嫂嫂们同去,她已是曹家的人了,要回夫家去。

全村人都赶来送行,一声声嘱咐传入班家母子耳中:

记着扶风安陵吧!

向班固带个好,当了官可别忘了我们这些穷邻居啊!

吉祥如意,富贵安康!

一路平安!

……

班超的双眼湿润了、模糊了。

班母、固妻、超妻双眼热泪奔涌。

小班亮站在车上,挥动着双手:再见! 爷爷奶奶、叔叔婶婶们!

班固看中了一座宅子。这座宅子原是一个受郴州太守召请、就要远途赴任而去的太学生员的。宅主去了郴州,宅子一直出不了手,废弃着,租价很低,班固便租了下来,打算日后攒了钱再买过来。

这是一座普普通通的宅子,离太学不远。院落不大,坐北朝南,三间低矮的正房,连同两旁分列的、更低矮的三间厦房,一共九间,足够班固一家住的了。与左邻右舍比起来,这个宅子显得有点寒碜。院子里野草丛丛,两株干枯的牡丹在野草的包围下,诉说着主人的无暇关顾。然而,整个院落寂静、安闲、清幽。

房子里垃圾满地,墙壁上蛛网密布,床上、几案上灰尘盈寸,不从上到下、从里到外地打扫一番是无法居住的。班固舍不得花钱雇人打扫,每天从宫里急匆匆地回来,卷起袖子自己干。打扫完九间房,再清理庭院,铲除了野草,挖掉了枯死的牡丹。庭院里一时显得空空荡荡,班固觉得似乎缺了点什么。对了,是缺了花木! 花儿嘛,班固无心侍弄,但他爱树,尤其爱皂角树和枣树,安陵家中院子里就有一棵皂角树、一棵枣树。全家人都喜欢它们,班固尤其喜欢。皂角树、枣树,虽然躯干干裂,但特别坚硬;虽不那么妩媚、那么妖娆、那么清秀,没有那么招人喜爱的漂亮花朵,绿中透白的小小皂角花、小如米粒的枣花似乎不能算作花儿,更不成朵儿,却能结出长长的皂角、艳红的枣儿。皂角毫不吝啬地让人们入药,让人们洗涤衣物,红枣慷慨地让人们一饱口福,给人们以补养。它们巨大的树冠则把阴凉送给了人们。它们不但有益于当世,也赐福于后人,而且十分耐旱、耐寒,不像牡丹那样需要精心养护,也不像修竹那样需要温度适宜、水肥充足,它们几乎无须浇水、施肥。这么想着,班固便决定设法儿给院子里栽上皂角树和枣树。

打扫好全部房间,在院子里栽了一棵皂角树和一棵枣树的次日午后,班固下朝回来,给两棵树浇了水,坐在树旁歇脚,一边从头到脚地细细观察两棵树的枝枝叶叶,一边梳理着一天在藏书阁查阅简牍的收获。

其实,自建武八年(公元32年)随父到河西隗嚣帐下,至次年父亲带着他们母子投奔于窦融麾下,再到建武十一年(公元35年)父亲带着五岁的他来到光武帝身旁,班固幼小的心里已开始撰写一卷《世祖本纪》了。只不过那是父亲的行为举止与他人的言谈话语刻在小小心田上的"文字",朦朦胧胧,无声无形,别人看不见也读不出声。那卷《世祖本纪》,描写了刘秀从起兵到登基以及登基后治国安邦的东荡西杀、揽英雄、悦民心、虑天下,乃至明慎政体、退功臣而进文吏、戢弓矢而散马牛的种种作为,躯干备而枝叶缺,多梗概而少细节,也不无误会、扭曲和讹传。而今要撰的,则是要写于简牍或锦帛上,让人看得见读得出的、有血有肉有枝有叶的、详略得宜真实可靠的《世祖本纪》。其实,他与陈宗、尹敏、孟异所以翻阅文书,就是要在心田里辨识误会、扭曲和讹传了的史实,弥补尚不知悉和知而不详的史实。此事看似细小,却是要耗费大量精力、大量时间的艰巨工程啊!稍有疏忽,就会将纰漏或谬误留传于后世,那是难以饶恕的罪过。世代之良史,尤其是太史公司马迁,断断不为也!然而,时将一月,他们四人翻阅文书,却所得甚少啊!

班固沉浸在思考之中,忽听几声响亮的敲门声传来,急忙上前打开大门,见家人已站在了大门之外。

啊!是母亲!亮儿!全家人都来啦!

亮儿急扑上前,紧紧地抱住了父亲的大腿。

门内门外,一时喜出望外,惊喜莫名……

第九章

赋赞东都春来早

如临深渊

刘庄为世祖——光武帝刘秀的第四子。从父亲手上继承了后汉江山，刘庄即决意要为父皇立"纪"，使父皇的恩德流芳百世，以报答传位之恩。接受了这样的诏命，班固岂能不如临深渊、如履薄冰、兢兢业业、竭诚尽智？

从仲秋到隆冬，三个多月的时光里，班固与陈宗、尹敏、孟异三人，孜孜不倦地查阅文书，核对史实，又顶风雪、冒严寒，寻访经历其事、仍健在的文臣武将以及山居野老。撰写《世祖本纪》所需要的史料终于基本齐备了。这天，四个人围坐在兰台一间屋子里，炽红的炭火把整个屋子烤得暖烘烘的。太阳当空，从南窗望去，四野无云，邙山山头的皑皑积雪，与或黑黢黢或青幽幽的山峦，组成一幅美不胜收的冬日远山图。庭院里，翠绿的修竹，与绿叶尽落、凸显着枝干的黝黑而干裂的皂角树、枣树，比照相映，各自展示着独特的风骨和抵御严寒的坚强、执着。

陈宗品了一口香茶,不无揶揄地道:我们四人辛劳数月,今日终于史料齐备。这以后的日子,只怕就该孟坚伏案走笔,我等磨墨、沏茶了吧?

孟异真诚地附和道:是呀,是呀,往后就得孟坚一人辛苦了!

是的,《世祖本纪》所需史料已经齐备。今上的诏命也是清楚的,是该班固动笔撰写了。但班固心中七上八下的很不踏实。他很钦佩世祖光武帝刘秀平定天下的赫赫武功,也很赞同其退功臣而进文吏及度田、垦荒、赈济贫民之治国良策,认为光武帝不愧为一代贤明、清明、圣明的开国之君。但对其迷信谶纬,则心中颇不以为然。光武帝崇信谶纬之事很多,尤其名儒桓谭的遭遇,令班固感到一种锥心般的痛苦,难以释怀。桓谭遍习五经,博学多通,善辨析疑义,深为儒士学子钦佩、崇敬。桓谭曾上书光武帝,言"巧慧小才伎数之人",以其伪造的图文为谶记,欺惑天下那些心有某种冀图而不明正道的人,也每每蒙蔽帝王,造成危害社稷、遗祸于善者的后果。他认为对这些人应该断然疏远,并予以制裁。他向光武帝直言进谏:我听说陛下不受那些谎称能变药为黄金的方士的欺惑,甚为圣明,但陛下却相信谶纬符命,实在是太大的失误了!谶记符命虽然有时与事实相合,也不过如卜卦一般偶然灵验,不可信赖。陛下应该发挥自己的聪明睿智,斥退谶纬符命方士的惑众妖言,弘扬"五经"之正义,对那些群小纷纷攘攘的鄙陋俗语不听不闻、不理不睬,而认真琢磨、明辨那些通达于儒学正道之士的高远识见。光武帝阅后,很不高兴。过了一些日子,诏命桓谭参与讨论灵台选址的御前会议。光武帝问桓谭道:朕想以谶纬来决定灵台的选址,你的意见如何呢?桓谭默然良久,说:臣不看谶。光武帝问为什么,桓谭再次把谶记的不合"五经"正义、违逆先圣之道大讲了一遍。光武帝视谶纬为圣人之术,听桓谭之言,勃然大怒,厉声责斥道:桓谭公然"非圣",贬斥圣人,目无王法!喝令推出斩首。桓谭把头叩得咣咣响,地面鲜血一片。正直的儒臣们也纷纷跪地为桓谭说情。僵持了好长时间,光武帝的怒火才消歇下来,下旨贬黜、外放桓谭于六安为丞。桓谭心情抑郁,如铁石凝滞、压迫于胸,不得消解,死于赴任途中。班固以为桓谭的不幸,乃正直儒臣、儒士的不幸。作为一名宿儒,一名将自己的前途命运紧贴于邦国的儒臣,班固似乎从桓谭的不幸中看到了自己前路上的幽幽阴影。这是个谶纬的妖魔之魂攫取了朝野的时代,桓谭是这个时代供奉妖魔之魂的"三牲"①献品。班固以为,在《世祖本纪》中,原原本本地实录光武帝刘秀为谶纬之术所迷惑,对谶纬深信不疑并以谶纬用于邦国政事决断的桩桩史实,应该是理所当然的。但今上刘庄断然难容,他虽对谶纬之术并不深信,却不会容许别人叙述其父皇笃信谶纬之事,使其父皇圣明之君的光彩被消减。然而,不真实记述这些史事,史家之良心何在?班固几番在心中质问自己。他在心中暗自求教于司马迁:太史公啊,你告诉我,面对这个难题,你该如何用笔,如何处置?我知道,你没有遇到这样的难题,因为你的《史记》是私家著作,而我的《世祖本纪》却是奉诏之作!班固忧心忡忡,他想将此事和盘托出,与陈宗、尹敏、孟异一起讨论,但他深恐他们以此为把柄,给自己扣上"非圣"的罪名,不敢敞开心扉。

思索良久,班固拐弯抹角地道:仁兄所言差矣!史料虽然齐备,但我们需一起琢磨取舍乃至用笔之轻重详略。世祖起于王莽倾颓、群雄蜂起之时,南征北战、东荡西杀,灭莽贼,荡赤眉,平叛逆,统华夏,定社稷,光复汉祚。其厥功伟业,历代帝王可与其比并者殊少,可谓一代中兴有为之君。然其武功之繁、文治之丰,繁丰之间,走笔自应有所显隐,无以备记,也难免有所纰缪、疏漏,遣词造句,颇堪斟酌。

尹敏道:世祖一生之经历,大事之多,记不胜记。我们四人一起讨论何事取而何事舍、何事详而何事略,不但耗神费时,也恐难以一致。其取舍详略,孟坚可先以自己之见,放手写来,我们再一起讨论不迟。

陈宗道:孟坚乃鸿儒之后、太学高才儒生,所续《史记》,为今上所激赏。今上钦命孟坚执笔撰《世祖本纪》,命我等辅助查阅史料、修饰文稿,孟坚只管信手用笔,自然妙笔生花。我等鄙陋之见,相抵相牾,反倒会使孟坚无所适从,乃至有伤斯文。

班固觉得尹敏的话心意诚恳,而陈宗这番话,显然要将自己的全部责任推卸得一干二净,即回应道:是该班固伏案走笔了,但诸位仁兄仍需时时指点。仆每写一段,即按圣命交诸位仁兄审阅、修饰。班固把"圣命"二字,一字一顿地说得分外清晰。如有疏漏或欠妥之处,仁兄或径自补充、修改,或大家共同斟酌。我们不能将纰缪、粗鄙之文奉呈圣览啊!

孟异道:还是孟坚想得周到。校阅、誊抄文稿等事,我等义不可辞,理当担

---

① 三牲:指古代祭奠神鬼所用的牛、羊、猪。

负!

尹敏显然在调和:甚是,甚是! 圣上钦命我们三人辅佐孟坚撰写《世祖本纪》,我等自应善始善终,帮孟坚写好文稿,方不负圣意。陈大人所言磨墨、沏茶之词,不过玩笑而已,不必当真。陈兄,你说是吗? 哈哈哈哈!

哈哈哈哈……

班固忽然心生一意:如在《世祖本纪》之外另撰若干列传、载记,一则可使所收集之多余而珍贵的史料有所归宿,二则也可名正言顺地为桓谭等人立传,彰其卓见,鸣其冤屈。于是,又道:仆以为,我等所得史料无不珍贵,却远非《世祖本纪》能够尽用,足以为马援、邓宇、马融等功臣立传,并记述平林、新市等军以及公孙述等豪强叛逆之事。诸兄可否一试?

陈宗即推辞道:所言不虚。但在《世祖本纪》之外撰写传记,既非圣命,我等也无此良才雅愿,恐难从命。

尹敏、孟异面面相觑,沉默无语。

班固道:是我多嘴了,多嘴了! 仁兄见谅!

尹敏伸展双臂,打着哈欠,道:孟坚不必如此。我等今日就商议到此,如何? 困死我了!

陈宗立即响应:就到这儿吧,就到这儿吧! 一边说着,一边抿了一口香茶,站起身来。

班固只好点头赞同,随三人走出室外。空气清冷,令人顿然精神一振。班固于皂角树、枣树前略踱几步,即返回室内,伏于书案,握笔濡墨,闭目沉思良久,开始了《世祖本纪》的撰写:

世祖光武皇帝讳秀,字文叔,南阳蔡阳人,高祖九世之孙也,出自景帝生长沙定王发……

死有余辜

梁松被关在京兆大牢的一间甲号里。刺鼻的尿臊味、恶臭味、霉腐味、阴湿味扑面而来,熏得他不敢呼吸,连连打着冷战,许久许久,才逐渐看清了地面和四壁。

他一点也没有料到,他这样一个曾经令千人妒羡、万人畏惧的煊赫人物,居然会遭此厄运,自己锒铛入狱不说,今上竟然还断绝手足之情,不把他的亲姐姐——梁松的夫人舞阴长公主放在眼里,抄了他们的府邸。当年,梁松在朝力主"隆刑峻法"——刑要重、法要严,以为"五帝有流、殛、放、杀之诛,三王有大辟、刻肌之法",刑罚宜重,不可取于轻也。光武帝对他这一见解极为赏识,梁松由此而备获青睐。而今日这刑之隆、法之峻,却对准了自己! 真是自作自受,报应啊,报应! 天哪!

梁松不明白,班固为何能够无罪开释,并被拜以兰台令史之职——虽然是个职位甚低、俸禄甚微的小官,但毕竟是少府之官,出入宫禁,与皇帝近在咫尺。梁松用尽心机,把班固送进了大牢,关入甲号,原本只为能取得今上恩宠,再度飞黄腾达,位居宰辅之重。到头来却不但身陷囹圄,断绝了自己执掌机枢之径,还让班固走近了今上。这真是打老虎反让老虎扒了筋,搬起石头砸了自己的脚! 梁松原本不知大牢内有甲、乙、丙各种号子,是从将班固囚于甲号后而得知的,没想到班固轻而易举地从甲号转入了丙号,并因祸得福。而堂堂前朝驸马梁松,却被关进了甲号,且前路凶险,昏暗幽昧而不见亮光。梁松狠劲儿捶打着自己的头,掐着自己身上的肉,他想弄明白自己到底是在做梦,还是真的如此。他希望这不是真的,是自己在沉沉梦乡中。孟子说过:"天将降大任于斯人也,必先苦其心志,劳其筋骨,饿其体肤,空乏其身,行拂乱其所为……"①莫非果真天有大任降于我,为让我老树逢春、梅开二度,起用我辅政,而在苦我的心、饿我的体、乏我的身? 但这也未免太残酷了! 太折磨人、摧残人了! 太让人无法忍受了! 不过,只要真的能够让我担负宰辅大任……

梁松! 随着哐哐啷啷的开锁、开门声,狱卒走了进来,把用一只破碗盛着的稀粥咚的一声蹾在地上,又伸出一只脚向前拨了拨。

你! 梁松气得黑血上涌,鼻孔冒烟。你敢用脚……侮辱我!

怎么啦? 怎么啦? 你知道这是什么地方? 不是你昔日的驸马府! 有本事回你的驸马府去,让丫鬟给你端上来山珍海味吃呀! 怎么不回去呢? 狱卒的话像是碗口大的石头块砸向梁松,砸得梁松倒退着身子,张着嘴巴说不出话来。

哐当一声,门又锁上了。

———————————

① 语出《孟子·告子下》。

梁松怎么能遭人如此欺辱呢？怎么能咽下这口恶气，受这种下贱小人的气，吃这种比嗟来之食更欺辱人的、脚尖儿挑来的食物呢？哼，卑劣小人！卑劣小人！等我走出大牢，不把你剜心剖腹、剁成肉泥、油锅炸了喂狗吃，不把你祖宗三代掘坟鞭尸，不把你们全家都处以极刑，我就不是梁松！你就不知道马王爷三只眼，不知道驸马爷的厉害！梁松咬牙切齿地发泄着心中的愤怒，肚子却饿得前胸贴住了后背，咕咕咕地直叫。他下意识地咽了咽唾沫，背过脸去。可辘辘饥肠不接受他的清高，那碗稀粥如珍馐般、香羹般诱惑着他，使他喉头的唾液直向外涌，他不得不一口一口地将唾液咽下肚去，转过脸来，走近那碗稀粥。往昔的尊贵和清高又拒绝他接受这种诱惑、这种卑贱，他又一次高傲地转过脸去……如此反反复复，梁松终于端起了那碗稀粥。这是粥吗？稀且不说，冲鼻而来的泔水味、霉腐味、恶臭味，实在让人恶心、反胃。说实在话，梁府的狗都不会闻这种东西的，别说是他吃！然而，此一时彼一时也！如今，有什么办法呢？不吃它怎么挨得过饥饿，怎么受得了腹内辘辘饥肠折磨的痛苦呢？唉，"饿其体肤"，"饿其体肤"！孟夫子，你尝过这个滋味吗？身在牢狱内，不得不吃这种猪狗之食啊！吃吧，吃吧！梁松终于端起碗，喝了一口，却几乎吐了出来。他稍稍静了静神，憋住气，硬是三下五除二，将那碗稀粥喝了个干干净净，甚至舔光了碗边沾着的米星儿……

梁松！牢房门又打开了，狱卒大喊道，出来！出来！

梁松刚刚喝完那碗稀粥，仍觉得肚子里空空的远未填饱，狱卒就押着他来到一所令人惊惧的房间内。门内门外站着两行狱卒，一个个握刀而立，黑着脸，凶神恶煞一般。迎面一张几案旁坐着三位正襟危坐、横眉竖目的刑部官员。梁松觉得有点面熟，似乎以前见过。但那时梁松是何等人物，哪看得起他们！

报上名来！中间的那位官员十分肥硕，开口说话像甩皮鞭一般。

梁松狠狠地瞪了一眼那位官员，哼了一声，转过头去。

没有名字，是吗？对付没有名字的，我们有的是办法。来呀，拉下去，让他清醒清醒！

"甩皮鞭"话音刚落，两名如狼似虎的衙役闻声进来，抓住梁松的两条胳膊猛地向后一拧。

啊！梁松惨叫一声，心里想：好汉不吃眼前亏，何必跟他们较劲儿！这是些什么人？狗！堂堂驸马爷，何苦跟狗过不去！

姓梁名松！

梁松！早报上姓名，何必让衙役动手？不在驸马府享福，何故到此，知道吗？

不知道。

不知道？真不知道吗？

不知道。

听到圣旨了吗？

圣旨？那天晚上，梁松恍惚听到一位太监宣读过圣旨，但圣旨怎么说的，他压根儿没有听清楚。好像有……有圣旨。

圣旨怎么说的？

记不清。

记不清？好你个梁松，居然藐视圣旨，不把圣旨放在眼里！不教训教训能行吗？来呀！打四十棍！结结实实地打！

那两个如狼似虎的衙役走来，扭住梁松的两条胳膊拖了出去，压在一个血迹斑斑的刑案上，就是一顿好打。在呼天号地的嘶喊声中打完四十刑棍，梁松已血肉横飞，无力呻吟……

就这样，经过几次审讯，梁松皮开肉绽，体无完肤，三魂缥缈，于一个北风呼啸、滴水成冰的沉沉寒夜，在无可忍受的疼痛和冻饿交加之中，了结了自己的美梦。

兰台春早

班固与陈宗、尹敏、孟异终于完成了《世祖本纪》，交少府卿黄中全送呈御览。次日冬至，为休沐日①，官员不上朝。妻子做了饭，班固请同僚一同到家中小聚。班固原想只请参与《世祖本纪》撰写的陈宗、尹敏和孟异三人，妻子却说李知慎等人都是同僚，说不定以后的差事要与他们一起做，还是都请来为好。班固觉得妻子说得有理，就把几位同僚都请了。

正当午时，同僚们先后来到。厅堂里，三个几案拼在一起，一碟炒肉丝、一碟炒鸡蛋、一碟烧豆腐和一盘萝卜白菜粉条"一锅烩"，酒杯、筷子，俱已摆放停

---

① 休沐日：官员在家休息、免于上朝之日。

当。班固请他们与弟弟班超依长幼次序围案而坐,向众人道:案上所陈,无佳肴美馔,唯几味家常菜蔬耳,委实寒酸,不成敬意,请诸位见谅!这位是舍弟班超,字仲升。薄酒一樽,请他为诸位同僚把盏!

班超抱起酒樽,倒满后,放下酒樽,拿起卮,就要斟酒。尹敏却拿起酒杯,看着班超道:你就是班超啊?久闻大名。胆识过人啊!今日一见,燕颔虎额,果然不凡。钦佩!钦佩!

大人过奖!兄遭受冤屈,我束手无策而不知天高地厚,冒不堪逆料之祸,闯宫阙上书为兄申冤,幸为皇上恩准。大人过奖,实在让班超不胜汗颜!班超一边说着,一边为众人一一满杯。

过谦了,过谦了!足见汝非凡庸之辈!陈宗道。

我在长陵之时,屡听人说班氏兄弟乃人杰也。孟坚之杰出,我等已亲睹矣;仲升之风采,今日始得亲见,幸甚幸甚!不知仲升何以为业?尹敏道。

诸位先喝了此杯再说!班固邀众人举杯。

干!

干!

实不相瞒,我年逾而立,堂堂七尺之躯,而尚无常业,聊以为官抄书,补贴家用、赡养老母耳。惭愧,惭愧!班超神情黯然。

仲升不必自惭。自古至今,怀才自有得遇时。以汝之胆识才干,必飞黄腾达,为期不远矣!陈宗安慰道。

李知慎扭转了话题:诸位听说了吗?舞阴长公主的驸马梁松——就是他诬陷孟坚,致孟坚身陷京兆大牢的——已于前日一命呜呼,长公主与梁家老幼,都被遣往了九真之地。

确凿吗?你怎么知道的?九真,在遥遥万里之外的边关,是十分偏僻、荒凉的南蛮之地啊!舞阴公主,是光武帝的女儿,今上的亲姐姐啊!她也被遣往了九真?就因为驸马梁松诬陷了孟坚?孟异将信将疑。

我是听刑部的两位同窗说的。梁家的遭遇可能还有其他缘故,但与诬陷孟坚有关,却是确确实实、毋庸置疑的!听说梁松是遍体鳞伤,又冻又饿,死在大牢里的。李知慎又道。

如因构陷我而遭此厄运,委实令我心中不安。我的冤已申,有了今日,而梁松却死得如此之惨,且祸及全家。我心中真不知是何滋味。班固不禁长叹了一声。

几杯酒下肚,陈宗满脸红晕,道:说实话,我早就料到梁松必有今日。今日在此没有外人,恕我直言,梁松的牢狱之灾并非偶然。此人身居高位,受宠于先帝,却心如蛇蝎般狠毒、阴险。诸位总该知道他为私怨而诽谤、陷害伏波将军马援之事吧?

陈宗略略停顿,巡视众人,众人轻轻点头。

诸位既然知晓,就不用我饶舌了。从那时起,今上——当时还是太子——就盯上了这个气势煊赫、心怀叵测的驸马爷的一举一动,看穿了这个人惯会兴风作浪、惹是生非。如今,马援之女已被册封为皇后。马皇后深受今上母后的喜爱,嫔妃们无不敬仰,当然今上更为宠爱。她知书明理,谦恭有礼,纯朴敦厚,却膝下无子。今上命将皇后前母姐姐的女儿贾氏——她也被选入宫中,得到了今上宠幸——之子,交由皇后抚养。皇后抚养之精心、慈爱,过于亲生。今上由此对皇后更加宠爱不尽。皇后之父伏波将军马援,无人不说他功高盖世,今上却在云台二十八功臣画像中,不将他列入其中,原不过为汲取前朝教训,防止外戚专权,危害社稷。但今上并非木石心肠,一点也不薄情,岂能让岳翁之灵含屈于九泉?岂能让皇后心中永存块垒?他早就想除掉梁松这个祸害,以抚慰岳父在天之灵,消除皇后心头隐痛。来,干! 陈宗又道。

陈宗不管众人是否喝了,自顾吱儿一声,将面前的一杯酒灌下肚去,又自个儿给杯中满上,接着道:再者,据说有贴身太监向今上密奏,梁松向多位宰辅大臣诽谤琅琊王刘京,说他庸劣少才,不配接替东平王刘苍辅政,而遮蔽身怀姜尚、周公①宰辅之才者,不被重用。言下之意,今上若有任人之明,则应起用他梁松辅政。今上能不火从心头起吗? 能饶了这只想吃天鹅肉的癞蛤蟆吗?

众人相信这都是实情,但一时不知该怎么回应。沉默许久,孟异道:活该! 死有余辜! 谁叫他无事生非的!

我们不说这些了。我敬诸位一杯! 干! 班固岔开了话题。

众人一齐举杯,一仰脖喝干了杯中酒。

吃菜! 吃菜! 班固招呼道。

陈宗连吃了几口菜,道:好吃,香! 这么好吃的东西,必是一位厨艺不凡的

---

① 姜尚、周公:姜尚即姜子牙,又称姜太公、太公望,辅佐周文王灭殷兴周,是杰出的政治家、军事家,栋梁之材。周公,姓姬名旦,周文王姬昌第四子。西周初期杰出的政治家、军事家、思想家。周武王死后,辅助成王摄政,东征叛国,屏卫周室,制礼作乐,还政成王。

主妇所做。请问孟坚，我等可以见见这位主妇吗？

实不相瞒，菜乃荆妻所做。她正在煮面条，待会儿煮好，诸位如欲一见，孟坚即唤出为诸位把盏。

好！今日这面条非吃不可。扶风、安陵人谁不喜欢吃面条？一天不吃面，肚子不舒坦。尹敏许是喝得七八分醉了，脸有红潮，摸着胡须：我有句话，数月来一直压在心中，怕孟坚知道了，难以共事。今日差事告罄，我便不妨直说。我昔日与孟坚之父班彪至相亲善，莫逆之交也。每相遇，常常叙谈终日而忘食，至深夜而不寝。班老夫人当知之。不知老夫人健在否？光阴荏苒，二十多年不曾见面了！

原是世叔，失礼失礼！班固即俯身施礼，道，家母偶感风寒，吃了药，这会儿正在上房歇息，一会儿请她来与世叔相见。那日班固一见世叔，就有似曾相识之感。世叔早该将此情告诉侄儿的！

不可烦劳她老人家！待会儿她醒来，我去看她。

呵，白鹤上了架，辈儿高了一截。没想到尹令史这么老奸巨猾，当着我等的面，让孟坚称你世叔，岂非成心降我等的辈儿，占我等的便宜吗？陈宗向尹敏发难道。

不敢心有此意！真的，不敢！尹敏慌忙摇着双手分辩。

不必分辩！罚酒三杯！陈宗、李知慎一齐道。

认罚！认罚！尹敏又连呷三杯。

看看尹大人那张脸，好艳丽、好灿烂啊！比桃花如何？李知慎道。

比桃花更美、更艳！哈哈哈哈！陈宗大笑起来。

这时，班固妻脸上冒着热汗，胸前勒着围腰，卷着袖管，手中端着面条走了进来。

班固即向大家做介绍：荆妻！

班固妻举止大方、温柔而有礼地对众人道：妾不善烹饪，这菜、这面条不知对不对诸位口味，请诸位多吃点！妾为诸位大人斟酒！班固妻一边为众人斟酒，一边又道：妾夫班固，老诚过分，唯有为善之意，无害人之心，不善交际，以撰史为乐，别无他求。夫与诸位大人共事，如有冒犯之处，望能包涵一二；对其过失，亦望担待。妾为诸位大人敬酒了！干！

这杯酒非喝不可！尹敏首先举杯，一饮而尽。

陈宗、孟异、李知慎也都一齐干了。尹敏却已伏身于案,呼呼地打起鼾。李知慎抬手就要摇他醒来。

孟异道:不要惊动他,他过量了。

怪道孟坚文续史迁,才华过人,原来家中有这般见识过人、窈窕干练、娴于辞令的贤内助!陈宗放下手中之杯,道。

是啊!是啊!孟坚艳福不浅啊!孟异赞同道。

是啊!没有荆妻辛勤操持家务,帮我整理书简、查寻史料,班固焉能潜心撰史!哦,不说这些,不说这些!诸位仁兄,喝酒、吃菜、吃面条。随意!随意!班固乐滋滋地招呼客人。

永平五年(公元62年)的冬天一点也不冷,下过几场雪,天地好像经历了一场沐浴一般清爽洁净。兰台院子里的地面湿漉漉的,修竹似乎更加油绿,更加高雅,皂角树、枣树则以一派悠然和刚强,呈现着自己既普通而又独特的风骨。很快,过了小寒,又过了大寒,春天悄悄地来到了。皂角树、枣树的枝头上,默默孕育着似有似无的、毛茸茸的嫩芽儿。

立春这天,红日高照,天空瓦蓝如洗。班固从清早进入藏书阁内翻看简策,直到日色过午,觉得有点头昏脑涨,方才步出阁外,来到兰台庭院伸展腰肢。他已爱上了兰台,爱上了洛阳。洛阳固然让他遭受了牢狱之灾,却给了他新的生活,使他接近了励精图治、中兴大汉的一代明君——刘庄,从事自己钟爱的、倾注生命于其中的修史之业。虽然不是续修《史记后传》,却也距离完成父亲的遗命更加近了。他相信,就在这里,他将不负父亲的遗命,完成大汉的一代之史!

却巧,陈宗、尹敏和孟异也在那儿,他们在看那皂角树、枣树。见班固走来,孟异道:快来看吧,孟坚,天还这么冷,这皂角树、枣树枝头上,就长出芽尖儿来啦!

真的吗?皂角树、枣树一般到清明前后才会生芽的。春从寒中来,绿从枯中生,也许今年春来早了呢!班固道。

你看,你看,它是不是已经长出芽尖儿来啦?

班固仔细观看,只见这两棵既普通又独特的树木枝头,果然长出了毛茸茸、嫩生生的芽尖儿。今年春来早,也许是兰台春早啊!班固慨叹道。

班固一声"兰台春早"刚出口,传旨太监赵宣来到四人面前。皇上传班固、陈宗、尹敏、孟异勤政殿见驾。

班固等急忙整衣冠、拂土尘,跟随太监赵宣匆匆进了殿,面朝御案躬身施礼:陛下圣安!

皇帝刘庄似乎面有自得之色,慢悠悠地道:平身!卿等所著《世祖本纪》,朕已阅过。大事要事,记述流畅,详略得宜,文采斐然。朕得以向世人彰明父皇世祖之德,回报父皇哺育之恩矣!

皇上过奖,令臣汗颜!班固等躬身低头道。

卿等夙兴夜寐,劳苦辛勤,不负朕望。擢班固为郎,殿下待诏,典校秘书①于藏书阁。陈宗、尹敏、孟异诸卿,由吏部依例擢升,补缺外任。

谢陛下隆恩!万岁万万岁!

赋赞东都

班固等慢慢地退出了勤政殿。头顶红日明晃晃照着,一座座大殿的琉璃瓦上华光灿烂,溢彩耀金,丹墀上一个个汉白玉雕栏闪烁着耀眼的光,侍立于殿外的郎官们个个面有光彩,神采奕奕。

果然应了孟坚的话,春来早啊!步下丹墀,尹敏抑制不住心头的高兴。

是啊,春来早啊!孟异眉飞色舞地应和道。

不错,春来早。但这春对于我等却温暖有异啊!陈宗的语气中不无深沉和感慨。

陈兄何意?班固问道。

这还用说吗?孟坚来到兰台不过半年,即得拔擢为郎。郎秩虽不高,略高于兰台令史,不过三百石耳,却身居宫阙,执戟殿门,侍立君侧,伴驾出行。试看无论前朝抑或今日,王侯将相,谁不争相让其子弟入宫为郎?大凡年不过而立而得以升迁者,其中不曾为郎者,几多?俗谓"在朝为郎,不日升堂",晋升有径,其言不虚啊!我等却将远离京城,以拔擢之名外放于穷乡僻壤,坎坷难料,前程渺茫啊!陈宗道。

---

① 典校秘书:执掌校对罕有的珍贵文书。典:负责、主管、执掌的意思。秘:罕有、珍贵的意思。

不知诸位是否清楚,郎中,其职本在掌守门户,出充车骑。而圣谕明白,孟坚殿下待诏,典校秘书。这就是说,孟坚为郎,不同于他人啊!自然更当官运亨通!孟异道。

二位之言差矣。郎官也许进身有径,其径却恐不为我所识得耳。班固自知非经邦济世之才,亦无光宗耀祖、封妻荫子之望,所求者唯不负父望,续史迁之业,记述大汉之事,镜鉴于后人耳!圣上深知班固之庸劣,是以所授班固之郎,不过校书郎耳!兄等腹有经邦治国之才,胸怀赐福庶民之策,任职于京师之外,方可纵横驰驱,效命社稷,解除民瘼,逞显俊才。其必前程锦绣,而无所涯际矣!班固道。

以我之见,陈兄不必抑郁,孟坚亦不必过于自谦。我等今日同为圣上召见,同得圣上褒扬,当高高兴兴祝贺一番才是。孟异愿请诸位宫外小饮,但请赏光!孟异热诚相邀道。

是啊!是啊!我等当无负于孟异雅意,聚饮几杯才是!尹敏抚须道。

好!孟异兄有此盛情,岂可推辞!你说呢陈宗兄?班固道。

也好,也好。陈宗神情漠然地答应着。

班固应孟异之邀,于西明门内一酒家聚饮。酒过三巡,在座者无不酒酣心热,盛赞当今海晏河清,八方和润,政治清明,乃志士仁人有为之秋。走出酒楼,班固只觉天高云淡,神清气爽,精神焕然。

孟异却说到一事:关中耆老,上书今上,盛称长安旧制,不无鄙洛邑之议,意在京城西归。

京城西归?大汉中兴于东都,天地革命,兴废继绝,润色鸿业,蓬蓬勃勃,一派生机。时至今日,竟仍有此复旧之议!班固摇头道。也许他还有一句话没有说出口:若无大汉中兴于东都,也许就没有我班固的今日。

我原以为,孟坚乃扶风安陵人氏,必怀恋故土,闻之则喜,没有想到竟……孟异不理解班固何以摇头。

怀恋故土与冀望朝廷西归,不可混作一谈矣!班固道。

孟坚心中所思,实唯社稷耳!李知慎道。

班固没有听清楚李知慎说了什么,心中忽地萌生出拟西都宾与东都主人的对话以撰赋的念头,极尽西都耆老之所炫耀,而以当今法度之崇高使其折服。他边走边想:赋前可有序,从汉赋的渊源谈及撰写此赋的动机和主旨,而文分

"西都""东都"二赋。

《西都赋》如此开篇:"有西都宾问于东都主人曰:'盖闻皇汉之初经营也,尝有意乎都河洛矣。辍而弗康,实用西迁,作我上都。主人闻其故而睹其制乎?'主人曰:'未也。愿宾摅怀旧之蓄念,发思古之幽情。博我以皇道,弘我以汉京。'宾曰:'唯唯。'"①即借西都客之口,铺陈扬厉,矜夸西都长安形势之险要、物产之丰富、都市之繁华、宫室禁苑之宏阔华丽——"九州之上腴""天地之隩区","街衢洞达,闾阎且千,九市开场,货别隧分,人不得顾,车不得旋……""上囿禁苑,林麓薮泽,陂池连乎蜀汉,缭以周墙,四百余里。离宫别馆,三十六所。神池灵沼,往往而在。其中乃有九真之麟,大宛之马,黄支之犀,条支之鸟,逾昆仑,越巨海。殊方异类,至于三万里……"②而未央宫、昭明殿、神明台、太液池……之中,瑶石美玉、奇花异草、珍禽怪兽,奢华无逾。其意所在:长安优越如此,都城西归,理之所宜。

《东都赋》则以东都主人的喟叹开篇:"东都主人喟然叹曰:'痛乎风俗之移人③……今将语子以建武之治、永平之事,监于太清,以变子之惑志。"铺叙、盛赞东都在礼法、制度上的革新,盛况远超西都长安:"建武之元,天地革命""龚行天罚,应天顺人""克己复礼,以奉始终……案《六经》而校德,眇古昔而论功,仁圣之事既该,而帝王之道备矣"。至于永平,"增周旧,修洛邑,扇巍巍,显翼翼,光汉京于诸夏,总八方而为之极。是以皇城之内,宫室光明,阙庭神丽,奢不可逾,俭不能侈。外则因原野以作苑,填流泉而为沼,发□藻以潜鱼,丰圃草以毓兽"……这样一来,"自孝武之所不征,孝宣之所未臣,莫不陆詟水栗,奔走而来宾。……天子受四海之图籍,膺万国之贡珍,内抚诸夏,外绥百蛮。尔乃盛礼兴乐,供帐置乎云龙之庭,

---

① 大意为:西都宾问东都主人:大汉开国之时,曾经卜卦、考察洛阳可否建都,最后放弃了,而选定长安做京都。你知道是什么原因、明白长安形势的优越吗?东都主人说:不知道。你就抒发你的怀旧、思古的情思吧。西都客说:好的。

② 大意为:西都长安是九州中最富庶的地方,也是整个中国最险要的地方。城内街道宽阔通畅,民坊街区上千个。市场繁荣,各种各样的货物分门别类排列,人头攒动,车马难以回转,喧喧闹闹……上林苑的山麓林木之多、湖泊沼泽之大,与巴蜀、汉中相连,其围墙连绵四百余里,其中的离宫别馆,有三十六所。神奇的池水沼泽,无处不有。其中还有各方友邦,或逾大海或越昆仑,贡献而来的珍禽异兽——九真之麟,大宛之马,黄支之犀,条支之鸟……

③ 大意为:东都主人慨叹道:风俗改变人的性情,真令人痛惜啊!

陈百寮而赞群后,究皇仪而展帝容。……圣上亲万方之欢娱,久沐浴于膏泽,惧其侈心之将萌……乃申旧间,下明诏,命有司,班宪度,昭节俭,示太素。去后宫之丽饰,损乘舆之服御,除工商之淫业,兴农桑之盛务。遂令海内弃末而反本,背伪而归真,女修织纴,男务耕耘,器用陶匏,服尚素玄,耻纤靡而不服,贱奇丽而弗珍,捐金于山,沉珠于渊。于是百姓涤瑕荡秽而镜至清,形神寂漠,耳目弗营,嗜欲之源灭,廉耻之心生,莫不优游而自得,玉润而金声。是以四海之内,学校如林,庠序盈门,献酬交错,俎豆莘莘,上舞下歌,蹈德咏仁"①。

最后,以东都主人的口吻,对西都客的复旧之心予以讽喻:"今论者但知诵虞夏之《书》,咏殷周之《诗》,讲羲文之《易》,论孔氏之《春秋》,罕能精古今之清浊,究汉德之所由。唯子颇识旧典,又徒驰骋乎末流。温故知新已难,而知德者鲜矣。且夫僻界西戎,险阻四塞,修其防御,孰与处乎土中,平夷洞达,万方辐辏?秦岭、九峻,泾渭之川,曷若四渎、五岳,带河溯洛,图书之渊?建章、甘泉,馆御列仙,孰与灵台、明堂,统和天人?太液、昆明,鸟兽之囿,曷若辟雍海流,道德之富?游侠逾侈,犯义侵礼,孰与同履法度,翼翼济济也?子徒习秦阿房之造

---

① 大意为:我今天给你说说光武帝建武年间、今上(即汉明帝)永平年间的事,来改变西都风俗对你的迷惑。建武年间,改天换地,顺应天意民心,惩罚邪恶,克己复礼,奉行圣贤之道,遵循《六经》之义校正德行,按照古圣的言行推行今日的政治号令,把圣贤仁人所做的事做得全面周到,把帝王所应做的事做得完满备细。到了永平年间,扩充、修建京城,使洛阳如插双翅而高飞,雄伟而庄严,大汉京华得以光耀于举国,成为统揽八方的国都。这样一来,皇城之内,宫室一派光明,殿堂神奇壮美,奢美豪华,不可逾越。城外依原野修御苑,填流泉建湖沼,引殖□藻来养鱼,种植草木以繁衍野兽。经过治理,昔日汉武帝未能征服、汉宣帝不能臣服的国家,无不派遣使者,或陆行,或渡水,竞相做大汉的宾朋。大汉天子接受各国的图籍、奇珍贡品,对内安抚九州各地,对外绥纳各方蛮夷之国。于是,在有着云绕龙腾气象、阔大雄壮的大厅之内,演出隆重的礼乐,设置华美的仪仗,排列百官,引领后妃,以极其讲究的仪式展现皇帝的尊严威势。皇上发现整个国家长期接受皇恩的沐浴,沉浸在欢欣娱乐之中,担心将萌生奢侈之心,于是重新申明昔日的章程,颁发诏令,命令各级衙门,做出榜样,昭示节俭、朴素。皇城之内,去除后宫华丽的陈设,减少车辆、肩舆的装饰和侍从,取缔产销奢侈淫靡之物的工商行业,而鼓励、奖掖农耕。这便使四海之内捐弃末流而归于根本,女人纺织,男人务农,以质朴的陶器、匏瓜为生活器皿,穿黑色或白色的衣服,以华丽奢靡的衣着为耻,抛弃奇丽之物,扔金于大山,掷珠于深渊。如此一来,百姓荡涤了那些污秽的东西而清洁自身,身心清静,无兴趣于耳目之娱,奢侈的欲望寂灭,清廉正直之心滋长,一个个悠闲自得,如美玉那样温润,如金石发出自然清脆的声音。举国上下,学校如林,到处是乡学(庠)府学(序),人们互相送礼致谢,敬献神灵,歌舞升平,践行仁德。

天,而不知京洛之有制也;识函谷之可关,而不知王者之无外也。"①

　　班固进入家门,腹稿已打好,径直进入书房,挥笔濡墨。于是,"两都赋"从胸中奔流于笔底……

　　《东都赋》完稿,班固十分欣幸和欣慰,觉得自己似乎完成了一件坚持正义、正道之举,也是一桩不可或缺的"报答"之礼。但是报答了谁呢? 为什么报答? 却十分茫然……

---

　　① 大意为:现在,发议论的人只知道诵读成书于虞夏时的《书经》、殷周时的《诗经》,讲述伏羲氏的《易经》、孔子的《春秋》,却分辨不清古今哪些事物正确、清明,哪些东西错误、混浊,弄不明白大汉之德的来由。你很懂得过去的经典,却与世俗之辈为伍,这就很难温故而知新,真正弄明白的仁德很少。长安的地理虽然能够阻隔西戎,形势险要,便于防御,但与洛阳地处华夏中心,地势平坦,四通八达,各地像车轮之辐归于中心相比,哪个更好呢? 秦岭与九嵕山,泾水与渭水,怎比得四渎(黄河、洛水、淮水、济水)与五岳(泰山、华山、嵩山、衡山、恒山),和古为图书之源、腰带般流过的黄河,及其上溯于洛水? 建章宫、甘泉宫,供养着一个个仙人,怎比得灵台、明堂,以其教化,实现着天人的和谐? 太液池、昆明池,豢养着鸟兽,怎比得太学辟雍,发扬光大着道德? 游侠遍地,触犯禁令礼仪,怎比得人们都履行法度,彬彬有礼呢? 枉你知晓阿房宫高峻无比,却不懂得京城洛邑的形势、制度;知道函谷是险要关隘,却不明白对于圣明的帝王来说,不存在地理内外,无须什么防守。

第十章

奉诏撰"纪"私修"传"

节外生枝

　　暮春的京城洛阳,艳阳当空,黄灿灿的迎春花、洁白的玉兰花、紫的桐花和红的桃花、粉的杏花、色彩艳丽的牡丹花……竞相开放,与嫩绿的柳叶、鹅黄的槐芽儿一起,装点着五彩缤纷的一条条街道、一座座院落,空气中弥漫着鲜花的芬芳。

　　班固从早春开始了校书郎生涯,日日在藏书阁度过。其实,从去年拜为兰台令史之日起,他就几乎日日不离藏书阁。那时职在兰台,现在则是名正言顺地坐在这儿校书了。虽为校书郎,亲朋们仍习惯于称他班兰台,他也很喜欢别人以兰台称呼自己。

　　与班固一起"典校秘书"的,还有一位郎中,名叫贾逵,扶风平陵人。贾逵自幼入太学,弱冠能诵《春秋》《五经》,性格恺悌,俶傥而有节操,睿智而多奇思。曾上书奉献自己创作的《左传国语解诂》五十一篇,深为皇帝刘庄所赏识,遂拜为郎，典校秘书。

这天，班固顶着晨雾，早早地进了宫，来到东观藏书阁，坐在案前，校完了太常送来的一卷文书后，一边研墨，一边思索着为前朝的功臣——包括桓谭等见识卓然而蒙受冤屈的杰出人物以及平林、新市和公孙述①等撰写列传或载记。②早在撰写《世祖本纪》的过程中，有感于大量珍贵史料无法使用，他就萌生了这个念头，也曾试探着问过陈宗、尹敏和孟异，可否在他动笔撰写《世祖本纪》之时，由他们结构这些列传和载记。陈宗婉言推拒，孟异、尹敏沉默不语，不置可否。然而，不完成光武一朝之史，班固总觉得如鲠在喉，不吐不快，如箭在弦上，不发难休。如今，身为校书郎，需校之书并不很多，因而忙碌之时少，闲暇之日多，何不开始这些列传、载记的撰写？

他曾将自己的打算告诉家人，征询家人的意见。母亲认为，初入仕途，做了"校书郎"，应当踏踏实实、稳稳当当地校书，不要"节外生枝"，私自修"传"。熬心血、吃苦头且不说，谁知道朝廷知道了会怎么样？会不会像前番那样引发什么事端？我是再受不了前番那样的折磨了！提起那桩事，至今仍心惊肉跳。弟弟班超也认为，父亲让兄长续写《史记》，汉武以来朝廷在长安之史事尚未一一撰写，却去撰写东迁洛阳后光武一朝的事，既非皇上的诏命，也非父亲的遗命。父亲要求兄长接续《史记》而撰汉代之史。你这是何苦呢？还是安安分分地当好自己的校书郎，获得升迁机会要紧！

妻子却于晚间在小房内，对自己表示支持。她说：孔子说过，"君子之于天下也，无适也，无莫也，义之与比"。做事情，无所谓行，无所谓不行，只要符合道义就行。撰写史事，察古今之变，鉴古而知今，既贴于义，又合于道。何况，为光武朝那些功臣和雄杰立传、写载记，对你而言已是随手即成的事，何须瞻前顾后，犹疑不定呢？

妻子的一番话让班固疑虑顿消，自愧须眉不如裙钗。夫人高见！班固吱儿

---

① 平林、新市、公孙述：平林、新市皆为新莽末年绿林军的一支，平林兵的首领陈牧、廖湛为平林（今属湖北襄阳市所辖枣阳市）人，因称平林兵；新市兵的首领王匡、王凤为新市（今湖北京山）人，因称新市兵。公孙述，字子阳，扶风茂陵（今属陕西兴平）人。王莽篡汉，授蜀郡太守；新莽末年，自称辅汉将军兼领益州牧，于建武元年（公元25年）帝，国号成家，年号龙兴。建武十二年（公元36年），汉军破成都，诛公孙氏，"成家"亡。

② 载记：记述非正统割据政权事迹的文字。

一声在妻子脸上亲了一口。妻子却伸出一个手指头在丈夫额头上轻轻一戳：你个死鬼！班固向后一躲，妻子担心丈夫跌倒，赶紧拉住丈夫的胳膊，班固趁机将妻子紧紧搂在怀里……

班固回想着那天晚上的这一幕，忍不住幸福地解颐而笑。

这时，贾逵姗姗而来：何事令孟坚兄如此高兴？

高兴？哦，高兴吗？哈哈哈哈！贾仁兄，是这样，我在奉诏撰写《世祖本纪》之时，获得了一些史料，想为光武朝的功臣立传，但又担心……

好呀，担心什么？是不是担心再起前番所谓"私修国史"之祸？贾逵直言道，不会的！不会的！前番无罪，此番何罪之有？前番有人告密，此番嘛，这东观藏书阁内，就你我两个校书郎，我守口如瓶，谅他天不知地不觉！万一皇上降罪，我贾逵顶一半！

班固激动得热泪盈眶：贾兄，难得你如此热肠侠义！

贾逵诵《五经》，读《春秋》，懂得凡有益于天下之事须当为之理。孟坚，你既有此设想，又有史料，不可犹疑不定。写吧，写吧！上面的差事，能担待的，我替你担待。你若有需要帮忙之处，尽管明言。

如此，贾兄在上，请受班固一拜！

贾逵慌忙还礼：不必如此！不必如此！

这日，班固撰写完《邓禹列传》，刚刚为《马援列传》开了个头，却时已黄昏，只好抑郁不乐地离开藏书阁，步出皇宫回家。然而，人在走，心还游历在马援的经历之中。马援，这个十二岁就丧父的孤儿，年轻时的经历曲折而坎坷。他常说："大丈夫立志，穷当益坚，老当益壮。"他在北地放牧牲畜，发了大财，将钱财全部散给了兄弟和朋友，自己却穿着羊皮袍裤。他认为：积累了钱财，可贵之处就在于能实施赈济，否则就是守财奴。王莽末年，马援避战乱于凉州。隗嚣对马援很敬重，任命他为绥德将军，常常与其一起筹划大计。当时，公孙述在蜀称帝。因马援家与公孙述邻近，幼年时互相很要好，隗嚣派马援去察看公孙述的为人。公孙述想为马援封侯并授以大将军之位，马援看穿了公孙述的虚张声势、妄自尊大，断然拒绝了。马援回来对隗嚣说：公孙述，那是个井底之蛙。不如专心投靠东方，即光武帝刘秀。建武四年（公元28年）冬，隗嚣又派马援去洛阳送信。马援到洛阳之后，光武帝与之亲切而随和自如地谈笑，带马援向南去巡察，回来后任命他为待诏，派人送他西归陇右。马援向隗嚣述说了光武帝刘秀的恢宏大度，以为其"才明勇略，无人能敌也。且开心见诚，无所隐伏，阔达多大节，略与高帝同。经学博览，政事文辩，前世无比"。隗嚣听了马援的话，虽心中不悦，但他信任马援，便将自己的长子隗恂送去洛阳做人质，表示自己对光武帝刘秀的忠诚。马援也带着自己的家属，跟随隗恂去了洛阳。然而，马援和隗恂走了以后，隗嚣却狐疑不定乃至后悔起来。马援多次写信责备、开导他。隗嚣本来就怨恨马援背叛了自己，看了马援的书信后更加怒火中烧，公然出兵对抗光武帝。马援于是上书说，臣与隗嚣本来是朋友，当初，隗嚣派臣东来，说他想辅佐汉朝，希望我前来考察，如果我认为汉朝可以投靠，他就一心归附。臣返回后，对他报以赤诚之心，希望引他向善。而隗嚣自怀奸心，把怨恨的恶气全发泄在臣身上。臣愿听候召唤，到皇上的起居之处，倾吐消灭隗嚣之策。臣倒尽肺腑，申明赤诚，然后退归田亩，死而无憾矣。光武帝于是召马援商议如何讨伐隗嚣，决定派马援率领精锐骑兵五千，往来游说或写信离间隗嚣的高级将领。

建武八年(公元32年)，光武帝亲自征西，半途召马援计议，马援连夜赶到，述说自己看到隗嚣将帅土崩瓦解，若进兵必破。次日晨，汉军进击，隗嚣果溃不成军。建武九年(公元33年)，光武帝刘秀拜马援为太中大夫，协助监督众将领平定凉州。后拜马援为陇西太守。从此，马援为平定陇右、安抚百姓，立下了累累战功。建武十七年(公元41年)，自称"南岳大师"的卷县人李广聚集党徒，攻州略县。朝廷数千人马讨伐，反为所败，于是光武帝命马援调发各郡兵马征剿。马援旗开得胜，一举而尽灭。又有交趾一女匪称王，以其妹为辅，插旗造反，攻陷所在郡县。九真、日南、合浦、交趾①的当地部族响应她们，侵夺岭南六十多个城池。光武帝刘秀下诏任命马援为伏波将军，南击交趾。马援率军沿海边前进，于建武十八年(公元42年)春天与叛军大战于浪泊山，大获全胜。马援于次年正月追击、斩杀匪首姐妹，传首到了洛阳。朝廷封马援为新息侯，食三千户。马援杀牛斟酒，犒赏将士。

班固忘不了马援从容地告诉属下的一段话:我的一位从弟曾怜惜我慷慨多

---

① 汉武帝时曾于今越南中部设九真、日南、合浦、交趾等郡。

大志，说，人生一世，求得衣食温饱，厮守祖宗坟墓，被乡里人称为积善之人，就可以了。追求多余的东西，只会自寻烦恼。当我在敌虏尚未消灭之时，下有沼泽，上有毒雾蒸腾，仰望飞鹰挣扎着坠落水中，想起从弟说过的那些话，真不知他所向往的那种知足的生活，怎么样才能得到。今天，我蒙受朝廷大恩，自耻于在诸位前面得以封侯，佩戴金紫，真是既欣喜又惭愧啊！

班固尤其忘不了马援率军凯旋时，对迎接他的一位老朋友说的一段话：我希望你有良言相告。你怎么同众人一样只会恭维呢？今天我功劳微小，却得到厚赏，心里不安，暗自忧愁如何得以长久，你应该以良策帮助我啊！这位老朋友说他想不出帮助他的主意。马援说：当今，匈奴、乌桓尚在骚扰北方边疆，我想请求率军攻打。男儿若死，应当死在战场，以马革裹尸归葬，怎么能躺在床上死在儿女子手中呢？马援只在京师休整了三个月，十二月间，即离京去屯守襄国。次年秋天，奉命北击乌桓。乌桓军看见马援率汉军来到，四散而逃。建武二十四年（公元48年），马援以六十二岁高龄，请缨进击五溪蛮夷，得到批准。临行前，马援慨叹道：我身受朝廷深厚恩惠，年老余日不多，常常担心自己不能为国而死。今天遂心如愿，甘心瞑目。只是畏惧权贵子弟。他们或者侍奉在皇帝身边，或者与我们这些老臣共事，都很难协调和顺，令人耿耿于怀，忧心忡忡。马援言下所指，即包括当时已贵为驸马爷、虎贲中郎将的梁松。之后便发生了马援为梁松所迫害的事……

班固想到此，禁不住为一代忠正耿直之臣的不幸感叹唏嘘。他由此想起了马援的儿子马廖。哦，马廖，马廖！超弟冒险进京上书，为我申辩冤屈，还真多亏了你！如今，你在哪儿？还在京师吗？我得拜见你，当面谢谢你！没有你将超弟的疏文呈给皇上，超弟怎么能够见到皇上？我班固哪有今天？只怕我班固早已死在京兆大牢了！然而，你乃羽林左监、虎贲中郎将，将门深似海，我一个小小的郎官，怎么能见到你呢？弟弟多次说过，应该去拜访你，我也觉得弟弟说得对，应该向你表示感谢。可是，这个感谢多难实现啊！

班固边想边走，不知不觉到了自家门外。弟弟班超正在为院中央的皂角树、枣树浇水。

大哥！班超高兴地叫着，快看，咱家的树长出芽儿了！

班固的目光不由得投向了自己亲手栽的那两棵树。果然，枝头上，嫩绿得油亮的枣树芽儿、嫩绿得透黄的皂角树叶尖儿,都从枝头冒了出来。好啊,都从冬天挺过来了! 班固感叹道。

拜会马廖

班超告诉哥哥,今天,羽林左监雇他去抄书,他见到了马廖。

哦! 见了马廖? 没认错吧? 班固不敢相信。

真的是马廖,见到了。是他先认出了我,还问我是不是全家人都来了京师,住在哪儿。我告诉了他。

你没问他住在哪儿吗?

问了。他说在城东南。话没说完,他手下人向他说有什么急事,他便匆匆出了门。他走后,他手下人告诉了我他的确切住址。班超说。

好啊! 我们可以去登门拜访了!

是该谢谢人家的。母亲已催促过多次了。要不是他,我的疏文可能到今天还递不上去呢!

但我真不知该拿些什么礼物去感谢啊! 人家是皇亲国戚,是秩比二千石的虎贲中郎将啊。

我想过了。咱就是不吃不喝,把你那点俸禄都买东西送给人家,人家怕都不稀罕呢。听说马廖为人谦恭谨慎、节俭好礼,朝廷内外莫不敬重。现在,你们兄弟去拜访马廖,何不以拜师之礼行之? 当年,弟子拜孔子,不过一束干肉而已。孔子就说过:"自行束脩以上,吾未尝无诲焉。"①他马廖既然节俭好礼,能无诲吗? 班固妻听到丈夫和弟弟商量拜访马廖的事,急忙走出来说道。

嫂嫂所言甚是! 我们是该以拜师之礼行之。班超表示响应。

嫂子真是智多星! 班超妻也走出来道。

好。就这么定了! 明天准备,后天是休沐日,马廖不上朝,我们弟兄一起去拜访马廖,如何?

---

① 见《论语·述而》。

时辰已到巳时,太阳升到了东方的半空中,斜斜地照下来。班固兄弟二人来到马廖的府邸门前。没有一般王侯将相门前的石狮子,没有高峻阔大、雕绘辉煌的门楼,松木大门也没有油漆,与平常人家似乎没有多大差别,只是更高更宽,尤其是青砖包裹着的院墙,更显院落宏阔。门吏进去传禀,略待了一会儿,便出来带班固兄弟走进府邸大院。

抬眼望去,院子里的一幢幢房屋、一道道院门也没有雕饰,没有油漆,只是以其高峻、阔大、幽深、鳞次栉比和飞翘的装饰着鸥鹇的屋脊、嵌着兽头瓦当的屋檐,显示着主人的尊贵身份。班固兄弟跟着门吏穿过第一道院门,来到客厅前。马廖已站在门外。

孟坚、仲升,请!请!马廖拱手相迎,袖口上的补丁显然可见。

班固兄弟贸然来府,不胜惶恐!班固兄弟急忙拱手还礼。

马廖请班固兄弟进了客厅,并肩而坐,吩咐仆役上茶。

客厅十分俭朴,没有帷帐,没有屏风,更没有金紫器皿、豪华的摆设。泥抹的墙壁,迎面正中挂着一块原木的匾额,上刻着八个大字:

见素抱朴　少私寡欲

看那地面,一色儿青砖,上陈几个粗糙的原木几案和一些土布坐垫。马援招呼班固兄弟在坐垫上就座。

少时,仆役托着一个原木托盘上来,托盘上有一把黑色的粗瓷茶壶和几只粗瓷茶碗。给客人、主人斟了茶,一一放在各人面前的几案上,仆役躬了躬身,退出了门。

大大出乎班固意料:堂堂当今国舅府邸,竟然朴素如此,甚至不及里巷百姓。班固不禁脱口道:廖大人高风雅韵,班固不胜敬仰!

家父与令尊志同而道合,都曾供职于河西隗嚣手下,又先后离开隗嚣,归附朝廷。其兄弟之谊,我辈虽未亲身领受,却可想而知矣。你我之间,以兄弟相称才好啊!看见班固轻轻地点了点头,马廖继续道:廖三十有五,敢问二位贵庚?

三十有三。超弟与我同庚。班固道。

这么说,廖为兄了。

请受小弟一拜！班固、班超慌忙躬身施礼。

马廖一边还礼，招呼班固兄弟用茶，一边道：说什么高风雅韵，当今皇上夙兴夜寐，励精图治，皇后勤俭于后宫，穿粗缯厚衣，裙不加边。上之所好，下必从焉，世风于是勤俭，百姓于是安居。廖奔走于皇上左右，敢不勤勉？敢不俭朴？《论语·子罕》有云："君子居之，何陋之有？"我虽笃信儒学，然以为人生在世，当以老子"见素抱朴，少私寡欲"之语为修身之铭矣。

马兄之见甚是，甚是！"见素抱朴，少私寡欲"，以之修身，君子则高风亮节；以之治国，则社稷兴旺，万民康阜。永平年间所以海晏河清，四方安宁，百姓日见殷实，幸赖今上与皇后之圣德耳！

是啊，是啊！经固弟这么一说，这"见素抱朴，少私寡欲"一语，更彰显深邃意蕴矣。老子啊，太圣哲了！太圣哲了！马廖道。

班固觉得说明来意的时机到了：小弟遭受不白之冤，陷缧绁之厄，超弟冒险来京阙下上书，多蒙廖兄奏知皇上，班固兄弟才有了今日，我们也才有了今日之会。家母多次催促我们兄弟二人来府道谢，今日始得以弟子拜师之礼，携来干肉一束奉上，略表鄙薄之意，敬请笑纳。我们兄弟二人，今后当以学生之礼对待兄长。请兄长时时指点迷津。

好，这干肉，我收下了。哈哈哈哈！但这师生之礼嘛，万万不可接受！廖乃一匹夫俗子，焉敢比于孔圣？你我既已相认为兄弟，焉能陡然变而为师生？此礼不通！不通之极！

其实，固与弟超，今日从老师——廖兄——所学，已可谓多矣，多矣！恕不多打扰，告辞了！

双喜临门

拜谢马廖之行，使班固感慨万千。他完全没有想到，一个贵为国舅、任职虎贲中郎将的人，居然那样俭朴，那样恭谨，那样随和。他似乎从马廖的为人，看到了其父马援的气象，似乎对马援增进了一层理解。他觉得应该重新梳理马援的所作所为，重新审视马援的精、气、神，重新考虑写好《马援列传》。

这日，他在兰台庭院内的修竹、皂角树和枣树之间，独自踱步深思。皂角树已经长出了一串串繁密的淡黄色小花，一只只蜜蜂嗡嗡地围着飞旋；枣花已落，一个个小枣在微风中轻轻颤动。忽见一位老太监踽踽而来，传呼班固伴驾。班固不敢拖延，立即跟着老太监来到了御驾前。原来是庐江太守来京贡献于王雒山发现的宝鼎一尊，众大臣不明其来历，皇上召班固垂问。

班固看那宝鼎，三只腿有力地立在麟德殿内的帝座前，坚实而神异，古雅而巍然，金光熠熠，高过人头。敲一敲，声如洪钟；推一推，岿然不动。鼎壁上铸着图画，有山川，亦有奇异之物。众大臣围着宝鼎，或不胜惊异地看那图画，或双眼不胜迷惑地低垂着头，或不安地、惶然地暗窥着御座上皇帝的神色变化。马廖也在其中，看见班固进来，睒了睒眼睛。

班爱卿，能说出此鼎的来历吗？皇帝刘庄看到班固进殿，问道。

班固绕着宝鼎仔仔细细地看了一圈，略略一顿，即脱口而答：陛下，昔大禹令各方图画山川奇异之物，用九州官员贡献之金，铸而为鼎，鼎壁上铭铸那些山川奇异之物。人们观鼎而识得这些山川奇异之物，从而有所防备，入于山林川泽而不逢魑魅魍魉之害。禹传于商，商传于周，周室衰败，鼎乃沦亡。今宝鼎复出，祥莫大焉！

皇帝刘庄欣然，面露喜色。卿果然通晓古今，无愧鸿儒之后矣！既是禹所铸宝鼎，当陈于祖庙，以备器用。

圣上真乃天纵英明！言者甚是！众大臣争先恐后道。"圣上……""圣上……"之音，一时回荡在宽阔的大殿之内，久久不息。

先帝曾有诏书，禁止臣下上书用"圣"这一字眼，但朕所览奏章之内却浮词颇多。从今以后，奏章内对朕若有过分的称誉或褒扬虚词，尚书应一律不予上呈。皇帝刘庄显然不满于朝中大臣的阿谀。

皇上圣明！

圣上所言极是！

……

又是圣圣圣！皇帝刘庄生气了。

殿内顿时沉寂无声。大臣们低头相互暗窥着，谁也不说一句话。

少顷，班固打破了那令人透不过气的沉默。

皇上，臣有感于皇上陈鼎于祖庙之旨，不避鄙陋，愿献《宝鼎诗》一首：

岳修贡兮川效珍，

吐金景兮歊浮云。

宝鼎见兮色纷缊，

焕其炳兮被龙文。

登祖庙兮享圣神，

昭灵德兮弥亿年。①

卿果然才华过人！愠怒之色从皇帝刘庄脸上消退了，他抚须夸奖道。

皇上过誉！臣不过心中高兴而已。

哦，班固，你那个为了你而阙下上书的弟弟——他叫什么？皇帝刘庄忽地发现了马廖对班固赞许的目光，似乎想起了什么，问道。

臣弟名班超。班固回答道。

是，班超。他也算是个有胆略的孝悌仁人啊！他，而今做什么事？

禀皇上，臣弟班超尚无正业，为官衙抄书挣钱，以赡养老母，补贴家用。

朕拜他为兰台令史，即日上任！

谢皇上浩荡隆恩！万岁万万岁！班固高兴得几乎要手舞足蹈起来。但是，他明白，这是大臣聚会的朝堂，是在皇上面前，行为必须庄重、高雅，绝不能这么轻率，不能随心而动。他强自压抑着内心的激动，伏地叩头道。

班固晋升为郎，班超官拜兰台令史，兄弟二人一起供职阙下，双喜临门，这可是班家天大的喜事、盛事、光宗耀祖之事啊！

班老夫人听说这个消息，当即决定要好好庆贺一番！她要求两个儿子把当请、可请的人都请来。

班固说：儿的同事，陈宗、尹敏、李知慎和孟异来家聚会不久，这次就不请他们了。唯有贾逵，与儿一同典校秘书，同舟共济，颇有肝胆侠气，也未曾来过咱家，可请来同饮。

班超说：马廖与咱们以兄弟相称，不知可否相邀？

_____

① 大意为：山岳贡献奇珍异宝，放射着金光，环绕着云霭。宝鼎重新出现，焕发出了久久蕴蓄的光辉，闪射着华美的光，显现着神龙的纹彩。登上祖庙，享受圣神的祭祀，大汉圣德啊，福佑天下亿万年！

班固道：不可，不可！以兄弟相称，乃马廖自谦耳！其人虽谦恭随和，俭朴似百姓，但其位居中郎将，只怕我等小小郎官高攀不起！

是啊！只怕我们高攀不起！班母说着，转身问在一旁谛听的两个媳妇：你们说呢？

班固妻示意让弟妹先说。班超妻道：马廖嘛，母亲说得对，就不请了吧！

弟妹也这么说，就这么说定了，超弟不会有意见吧？班固妻对班超道。

悉听兄嫂安排！说吧，要班超做什么？

我说呀，先让你媳妇把你好好管一管，换一身好行头，然后再出去当官！哈哈哈哈！

这是一个天蓝云薄的日子，午时将到，客人们先后应邀来到班家。

贾逵首先进了大门，他还带来了两个人，是杜山和药崧。他们都曾是太学的同窗。

药崧走上前，向班固自我介绍：鄙人药崧，以前与班校书并不相识。班校书与贾逵兄一同典校秘书，药崧是贾逵兄的同窗好友，听贾逵兄说你请客，也便随从而来讨杯酒喝。

哦！稀客临门！久闻大名，今日得以相见，不胜欣幸之至！未能远迎，请恕，请恕啊！

药崧转身对班母打趣道：伯母，杜山是几个年头的老狼（郎）了，贾逵和班固新近都成了校书郎，我嘛，没出息，是一只不老也不小的狼（郎）！今日四只狼——该称狼群了吧，聚到一起来了，伯母可要小心呀！

我这把老骨头，身上可没有多少肉，恐怕不够你们一只狼塞牙缝的！班固母笑道。

说笑着，饭菜已端上了桌。苦肉片儿凉碟子菜、猪肉片、坛子肉、手抓羊肉、醋熘"大豆黄卷"①、甑糕、面条……摆了满满一桌。

都是我们扶风安陵一带的家乡饭菜，不成敬意。班固一边给客人斟酒，一边说着，我先敬诸位一杯！

---

① 大豆黄卷：远在先秦之前，民间即以黑豆发芽，谓之"大豆黄卷"。至宋，以绿豆、黄豆泡芽，称为豆芽，为经常性佐餐之菜。

众人纷纷举杯。

杜山道:孟坚、仲升兄弟二人喜讯临门,一个出兰台而为校书郎,一个入兰台而为令史,可喜可贺。我先敬二位一杯!

不,乱了规矩,乱了规矩! 今日是我们兄弟请诸位来家小饮,你们岂能喧宾夺主,先敬我们兄弟喝酒? 班固道。

二位之见差矣。长幼有序,理当先敬伯母。无论谁为主、谁为宾,理当先敬长者。伯母在上,药崧敬您老人家一杯! 祝您老福如东海,寿比南山! 谁也没有提防,药崧抢卮在手,给班老夫人斟好酒,高举过额相敬。

班母无法推辞,接过酒卮道:多谢祝福! 好,这杯酒老妇喝了。

再说,谁为主谁为宾? 依我看呀,谁先抓住了酒卮,谁就是主;给谁敬酒,谁就是宾。大家说,对吗? 药崧说着,向杜山眨了眨眼。

杜山立即响应:说得对,说得对! 遂起身向班母敬了酒,又向班固、班超兄弟敬酒道:祝你们兄弟二人万事亨通,如沐春风!

班固、班超只好接受,饮了一杯。

班固举杯对药崧道:也祝你——还有在座诸位仁兄,顺心如意,捷足高登!

只怕我脚板有疾,未登高而摔了跟头,心顺不了意也如不了! 哈哈哈哈! 药崧道。你说呢,贾仁兄? 药崧转向贾逵。

贾逵未解其意,不知如何回答为好,应付道:是,是!

是什么? 现在该你喝一杯了! 药崧又敬了贾逵一杯。

贾逵却不接受:我不明白这"药"是什么"药"啊,补药还是泻药? 为何只是让大家糊里糊涂地喝?

哈哈哈哈……众人大笑不止,一边笑一边道:

是啊,是啊! 莫非我们今天让这厮灌了迷魂药?

连是什么葫芦都没看清,就都被灌下肚去了!

……

杜山道:药崧,你那天在朝堂之上,竟然说自己不是皇上肚子里的虫子,今日却给大家肚子里都灌了你的药,你岂不成了大家肚子里的水儿了吗?

大家一时不明其意。杜山即把朝堂上那一幕喜剧讲了一遍:

那日,今上垂询对班超疏文的看法,虎贲中郎将马廖、琅琊王刘京都认为班固撰史无罪,我也大胆附和马、刘二人。皇上即反问我是否拘捕班固有错。我误以为龙颜震怒,说自己有罪。皇上垂问药崧,药崧却道:微臣不是圣上肚子里的虫子,哪里知道圣上心头的圣旨上秘密地写着什么?

众皆捧腹大笑。

笑声中,贾逵道:孟坚兄,你可以写一篇新《滑稽列传》了!

滑稽!滑稽!哈哈哈哈!新《滑稽列传》,一定比太史公的精彩!此起彼伏的笑声中,杜山道。

班固、班超频频招呼众人喝酒。"狼"(郎)们尚且兴致勃然,都不推辞,一杯一杯地向肚里灌。从午时喝到申时,一坛酒喝光了,又打开了一坛。不用主人相敬,药崧、杜山、贾逵即自斟自饮起来。时将酉初,杯盘狼藉,酒干坛倾,"狼"(郎)们仍余兴未消,却一个个东倒西歪地醉倒在地,四仰八叉,相倚相枕,鼾声如雷。

第十一章

奉诏东观撰汉书

断汉为史

　　永平六年(公元 63 年)冬天,班固已为光武朝功臣以及平林、新市、公孙述之事作列传、载记二十八篇。永平七年(公元 64 年),三十三岁的班固奉诏在朝堂讲述宝鼎的来历,口吟《宝鼎诗》,一展其卓异之才。皇帝刘庄深为惊异,极为赏识,于是频频召见、垂询于他,班固因而更得皇帝刘庄宠爱。有了皇帝刘庄的信赖,身边又有肝胆相照的好友贾逵时时鼓励,还时不时地帮着查阅资料、斟酌措辞,润色、出点子,班固撰光武一朝之史的计划进展非常顺利。

　　这日,飘着鹅毛大雪,天上白,地上白,房上白,树上白,白无际涯,浑然一体。班固写完载记的最后一个字,掷笔在案,信步走出藏书阁,踏着厚厚的积雪,来到兰台院内。他连连深深地吸了几口气,觉得清凉舒润,沁人心脾,畅快极了、痛快极了。看那皂角树、枣树,枝条上都压上了厚厚的白雪,仿佛盖上了厚厚的白面儿大棉被,班固内心深处不由得涌起了一股欣慰之情。好雪! 真是好雪啊!

班固正在赏雪，只听背后有人道：好高雅啊，望雪抒情！

班固回过头来，修竹旁，贾逵站在那儿。哦，是贾兄！实不相瞒，我今日总算把光武一朝的列传、载记二十八篇全部撰完，顿觉轻松了许多，出来舒一舒筋骨，换一换气。

太好啦，太好啦！不知贤弟下一步有何打算？

再从汉武一朝写到王莽篡汉。家父临终前嘱我接续他完成《史记后传》。

我观《史记》，从黄帝至汉武，贯通古今，纵横几千年，而古之事多略而不详。且太史公身后，景帝本纪、武帝本纪阙如。元帝、成帝之间，虽有多人补撰武帝本纪，但言辞鄙陋，大违于司马迁之意。孟坚既欲续写《史记》，何不从大汉立国写起而断汉为史？贾逵道。

贾兄所言极是，与我不谋而合。我今日正思虑、谋划此事，欲先经纬条例。《史记》文分五体："本纪"包举大端，记述帝王言行政绩；"表"以简列世系、人物和史事；"书"记礼乐制度、天文兵律、社会经济、河渠地理之迁变；"世家"记子孙世袭之诸侯封国史迹；"列传"则是重要人物传记。我观大汉立国以来，春秋乃至于秦，诸侯开国成家、世代相嬗之局面已不复为继，所谓侯王者，已同于重臣，而所谓朝廷重臣者，实乃一时声名卓著者，故欲去"世家"，存其"本纪""书""表""列传"四者，而成一代兴废之史。班固道。

很好，很好！史者，描画朝代之气象、人物也。时运交移，古之所谓诸侯，至大汉既已名存实亡，断汉为史而设"世家"，便悖于时矣，革而去之可也。贾逵赞赏班固撰大汉一代之史而变革《史记》体例的构想。

贾兄这么一说，我心里也便踏实了许多。

古今文士才俊成大事业者，皆不尽袭前人成法，必因时制宜而有所革新。孟坚如此构想断汉之史，方显见识非凡。

贾兄过奖了！

班固回到家中，把自己的构想和如何得到贾逵的赞赏，统统讲给妻子听。

妻子正在灯下做针线活，听了丈夫的话，停下手中的活，想了想，道：记得父亲曾经说过，山欲比之于泰山引人一观者，必与泰山有所不同，或挺拔险峻如华山，或云腾雾绕如黄山。若彼山庄重安稳似泰山而别无所长，则人观泰山即可，何必观彼山哉？

岳父此语,可谓启发蒙昧之言。固常常觉得司马迁如一座雄踞眼前、遮天蔽日的大山,班固所为乃大山阴影下的堆土积石之事,不但难逾其高,也恐难引人观瞻。

妻子仍专注于手中的活计,道:游山者,登一山又登一山,所以孜孜不倦、兴味勃然,是因为一山与前一山风景迥异,灵秀独具。若两山一模一样,别无二致,游者只怕精疲力竭、兴味索然,绝不再登矣!

贤妻之言,令固茅塞顿开。这么聪明的浑家,叫本丈夫怎能不爱? 过来,过来,请接受本丈夫的奖赏!

妻子忙着手中的活计,没有注意丈夫的神情语态,以为他从宫中带回了什么,便放下手中的活计,靠拢过来。不提防班固嗖地伸过头,吱的一声,响亮地亲了亲她的嘴。

死鬼! 像往常一样,妻子用中指对准丈夫的脑门,狠狠地一点。班固向后一倒,妻子慌忙去扶,却被丈夫紧紧地抱在了怀里……

修志委命

藏书阁内,班固开始草拟从高帝开国到王莽篡政二百三十年的“断汉之史”的条目。先是“本纪”。“本纪”所记,当是诸帝在位时天下军政要事。王莽篡政前,大汉先后有高、惠、文、景、武、昭、宣、元、成、哀、平十一帝,应各有“本纪”。高帝乃大汉开国之君,其事迹自当见于《汉书》第一“纪”,而惠、文之间,高后吕雉曾摄政八年,亦应有“本纪”记其事。这样,共应作“本纪”十二篇。《史记》中,大汉朝“本纪”有高、吕后、文、景、武五纪,且“武纪”遗失无存。高帝、文帝二纪可以《史记》为基础增补事迹,景帝纪则需改写,而其余八“纪”——包括惠帝、武帝二帝“纪”则需新撰。至于“表”……班固以手托腮,思索着……

这时,日已偏西。有位守护午门下来的郎官,路过藏书阁,走了进来。听人说班固多么满腹经纶、才华过人,他想结识为友。

此刻,这位郎官走进藏书阁,一眼看见了伏案疾书的班固。他的案前案后、案左案右,斜七顺八地堆放着简策、书帛,班固几乎处在散乱的书简包围之中。

孟坚兄!

哦! 请问——班固从书案上抬起头。

与你一样，一名郎官……哦？高、惠、吕后、文、景、武、昭、宣、元、成、哀、平十二"纪"！孟坚要立言，要为西都①诸帝作本纪了？郎官目光敏锐，一眼便看见了班固写在帛上的本纪"条目"。

郎官（不知其名，姑且如此称呼）突然出现在面前，班固完全没有提防，压根儿没想到他会看见自己刚才所写的条目。何况，他素来老诚，对人不存戒心。便道：是啊！固欲断汉而为史，尚在筹划、构想之中。

我日前始知孟坚兄曾因撰史而罹祸，幸遇今上圣明而幸免于难，未料兄仍对撰史之事，不断此念。

实不相瞒，家父曾嘱我续写《史记》。我今生怕是与撰史难断其缘了！

郎官不以为然：我听说自古圣人、名士，无不以名为贵。名的最高境界是立德，其次是立功。圣人、名士担忧的是道德不能在身后为人传颂，功劳不能在未得志时彰显，所以他们总是为德立、功成、名彰而兢兢业业，唯精唯勤，不敢安居。由此看来，人生在世，或立德、立功而扬名万代，或守静无为，恬淡终生。明智的古圣先贤总把立德、立功摆在首位，而著书立说只是末流余事罢了。孟坚兄今日有幸处身京华，佩绶带、穿官服，就应以自己的非凡才华、烂漫文章，跨腾风云，扬名九州，使看见的人惊异，听到的人震骇。你却枕藉经书，蜷身于竹简布帛之中，年年月月，孜孜不倦，恓恓惶惶，潜神默记，神驰于天地宇宙之外，思入于笔锋毫发之微。自己的才华不能得到展现，作用得不到发挥，徒有辩才如波涛汹涌、文辞如春花烂漫，又有什么用呢？总比不上在皇上面前运筹划策，活着名字响当当、死后美名传八方吧？

班固笑道：仁兄看到了势利之荣光的一面，却不明白道德的崇高；看见了灯烛之亮，却看不见天上太阳的光辉啊！自古以来，借着偶然的机缘，违逆大道而沽名钓誉、青云直上，不是君子的意愿。那些不顾性命，漂泊奔走，挖空心思，摇唇鼓舌，合纵连横，如商鞅钻营于秦孝公、李斯蛊惑秦始皇，都是借着天下的风云际会、颠簸危难，以自己的雄辩和主张求得一日的富贵，朝如鲜花盛开，暮则凋零败落，一时的享乐，带来一世的灾祸。而且，人不可以求虚功，不可以图假名。所以，孔子抗浮云之志，孟子养浩然之气，他们难道是沉醉于迂阔而不贴实际的玄虚大道吗？逐名追利与默默然为所欲为，实乃小小土丘之于高峻的泰

---

① 西都：指西汉（前汉）都城长安。

山、浅浅山泉之于万丈深渊啊！

班固这一番肺腑之言，很使郎官心中不快。班固，你不过一个入仕途不久的校书郎，敢在我面前摇唇鼓舌，哼！郎官开言道：孟坚之言也许有几分道理。不说别的，我且问你，上古那些圣哲贤人，辅佐帝王而成就了美名，流传于后世，难道他们尚未得遇之时，也安然自得于默默无闻吗？

班固道：怎么不是呢？姜太公吕望得遇文王于渭水之滨，并非靠自吹自擂、能说善道，才得以施展其才能，建立其功勋。近代的陆子（贾）以其辩才说服南岳王赵佗称臣奉汉，其《新语》十二篇至今流传于世；董仲舒辞官闲居，其著述震天下、撼儒生；刘向整理典籍，辨别旧闻；扬雄覃思，著有《法言》《太玄》。他们都在伴驾的同时，探究古今得失、先贤哲理，活跃在艺文、经典园囿，以保全自己的本性，引动帝王的视听，从而光耀于后人。颜回"一箪食、一瓢饮"而乐在陋巷，孔子殚精竭虑作《春秋》，他们的声名充盈于天地之间，实在无愧为我们这些人的师表啊！一阴一阳，是天地间的正常变化，修志委命，保守本性，自会得到应有之名。和氏璧原本蕴藏于荆石之山，随侯之珠原本深藏在蚌壳之中，经历千年万代，人们并不知道它们将放射其光华异彩、显现其绝伦精美。和氏璧、随侯珠所以珍贵，正在于其先贱而后贵，由默无所闻而名传千载。先贱后贵、始默然后名显，这是真正的君子必然的经历啊！

郎官更加心中不悦：这么说，校书郎修志委命，必真君子喽？我等不过追名逐利小人了？

非也，非也！班固绝无此意，绝无此意！班固之意……

不必解释了，不必解释了！我一区区小人，有伤君子大雅！郎官转过身去，愤愤然一甩手，拂袖而去。

仁兄，仁兄！班固连声急呼，郎官不停脚步。

班固的头颅像被击了一闷棍般浑浑噩噩，空白一片。这是怎么了？这是怎么了？我说的是心里话，并没有伤害你的意思呀，没有，真的没有！我修志委命于修撰《汉书》何错之有，你竟气愤至此？唉，人心难测，人心难测啊！班固无奈地苦笑，埋下头去，希望列出"表"的条目，却思绪凌乱，心如麻团，无论如何也理不出个头绪来。

班超赴任兰台，一眼便看见了那皂角树和枣树。时值初秋，朝阳东升，微风拂煦,皂角树巨大的树冠以其浓荫送来几许清凉,而垂垂连枝的绿枣带来几许甜蜜的希望。

李知慎在院内躬身相迎:班令史仲升大人,李知慎敬候台甫!

李大人少礼!仲升初入仕途,乍到兰台,日后需大人多多指点,怎敢受大人如此之礼?那日,班固请他的几位兰台同僚来家小聚,班超已认识了李知慎,急忙躬身还礼道。

过谦了,过谦了!仲升兄台孟坚,从兰台乘龙升迁中郎不久,大人便步其踵而官拜兰台令史,足见班家兄弟与兰台缘分甚厚!目下,兰台令史仅我们二人耳。你所认识的陈宗、尹敏、孟异,都已升迁、外任,另登高枝去了。日后,我还少不得令兄班大人提携啊!李知慎道。

班超道:我来之前,兄长就告诫我,李大人履职已久,对兰台的一切了然于心,遇有不明白之处,当多请赐教,敬希不弃!

岂敢!岂敢!李知慎道,仲升,今日不见上头有什么差事,我陪你出去走走,如何?

李知慎陪着班超穿过兰台,走不多远,指着面前的另一个小院道:这就是藏书阁。令兄就在这里校书。

距兰台不远。班超道。

是的。你们弟兄二人互相照应,方便得很!我们不妨进去看看。

可以吗?

没什么不可以。

李知慎和班超走进藏书阁,迎面遇见贾逵。

贾逵一看见班超,就亲切地喊道:仲升上任了!祝贺!祝贺!

班超笑道:今天算是上任了,可还不知道怎么"任"。

贾逵一本正经地道:这不就在"任"吗?令史令史,有令则"事"(史)——做你该做的事,无令则"任"——任你自在!

李知慎忍不住哈哈大笑:贾兄一言而天机尽泄,鬼才,鬼才!

李知慎陪班超来到藏书阁的时候,修志委命于撰史的班固,正在继续增补《史记》之《高祖本纪》。他逐字逐句地反复推敲,觉得太史公之高明在于,在重笔叙写汉高祖刘邦处于弱势而战胜项羽的过程中,对比项羽的刚愎自专、草菅百姓,突出高祖的知人善任和收取民心。略有所不足的,一是由于高祖本纪前有《项羽本纪》,楚汉相争的一些史实也多记于《项羽本纪》,而《汉书》乃断汉之史,卷首第一"纪"自应是其开国之君汉高祖之"纪"。这样,《史记》中若干关于楚汉相争的史实,如:刘邦鸿门宴脱险;彭城之败后遇惠帝和鲁元公主而一起奔逃;下令韩信与彭越会合包围项羽,但二人不发兵,后用张良之计分封二人为王,才实现了对项羽的包围;等等。这些事迹,他都已一一小心地移置过来。二是《史记·高祖本纪》中遗失或者舍弃了一些重要事迹,特别是开国之后的一些重要事迹。前日,班固在高祖二年(公元前 205 年)二月"立汉社稷"的记叙后补充道:

> 施恩泽,赐民爵。蜀汉民给军事劳苦,复勿租税二岁。关中卒从军者,复家一岁。举民年五十以上,有修行,能率众为善,置以为三老,乡一人。择乡三老一人为县三老,与县令、丞尉以事相教,复勿徭戍。以十月赐酒肉。①

写完这一段,又在《史记》高祖五年(公元前 202 年)之后,增补了其未载入的高祖诏令:

> 夏,五月,兵皆罢归家。诏曰:"诸侯子在关中者,复之十二岁,其归者半之。民前或相聚保山泽,不书名数,今天下已定,令各归其县,复故爵田宅,吏以文法教训辩告,勿笞辱。民以饥饿自卖为人奴婢者,皆免为庶人。军吏、卒会赦,其亡罪而亡爵及不满大夫者,皆赐爵为大夫。故大夫以上,赐爵各一级。其七大夫以上,皆令食邑,非七大夫以下皆复其身及户,勿事。"……②

---

① 意为:给予百姓臣民以恩惠,赐给禄位。蜀汉百姓在战争中深受劳苦,免于缴纳租税两年。关中从军的士卒之家,免除租税一年。凡百姓年过五十而有德行、能引导百姓向善的,举为"三老",每乡一人。每乡选"三老"一人组成县"三老",可与县丞、县尉一起讨论县内之事,免去其徭役。天子将于十月赐他们以酒肉犒劳。

② 意为:入关灭亲的关东人(诸侯子)愿意留在关中为民的,免徭役十二年,回关东的免徭役六年。劝说原先因逃避战乱逃亡山泽的回到原籍,重新成为编籍内的民户,恢复他们的爵位、田地、住宅,以从事生产,不准官吏虐待。原先因饥饿自卖为奴婢的,恢复庶民的身份,军士吏卒无罪无爵的以及爵位低于大夫的一律晋为大夫,原先是大夫的晋爵一等,并且一律免除本人及全家的徭役。

高祖十二年(公元前195年)春正月……大赦天下。二月,诏曰:
"欲省赋甚,今献未有程,吏或多赋以为献,而诸侯王尤多,民疾之。令
诸侯王、通侯常以十月朝献,及郡各以其口数率,人岁六十三钱,以给
献费。"又曰:"……今吾以天之灵,贤士大夫定有天下,以为一家,欲其
长久,世世奉宗庙亡绝也。贤人已与我共平之矣,而不与吾共安利之,
可乎?贤士大夫有肯从我游者,吾能尊显之。布告天下,使明知朕意。
御史大夫昌下相国,相国酂侯下诸侯王,御史中执法下郡守,其有意称
明德者,必身劝,为之驾,遣诣相国府……"①

做了这些施恩庶民、任用贤才的补充,班固的心里泛上了一股舒心、一股
惬意。他以为,如此,方显汉德之所在,方知汉之所以得兴,也投合了"宣汉"
之旨。

这时,班固听到贾逵向弟弟班超说什么"令史令史,有令则'事'(史)——
做你该做的事,无令则'任'——任你自在",李知慎哈哈大笑称贾逵"一言而天
机尽泄,鬼才,鬼才",便走了出来,道:其实贾逵兄不是鬼才,鬼才知道令史令
史,乃有令则做你的事,无令则任你自在呢!

贾逵道:看,看,鬼才在这儿呢!这个校书郎,不好好"浇树"(校书),绕着
弯儿奚落人!逗得众人哈哈哈又是一阵好笑。

李知慎道:今天仲升赴任,可兰台内无事可做,我陪着他来这里看看。

这儿除了竹简,就是帛书,咱们不如一起到兰台院子里坐坐!班固略一踌
躇,道。

好。李知慎答应着。

---

① 意为:立意减少赋敛。现在向朝廷贡献没有章程可循,官吏们大多以赋敛贡献朝廷,
而诸侯收缴赋敛以为贡献,又多于郡,所以,百姓很疾苦。现在命令诸侯王、通侯每年十月向
朝廷贡献,各郡都以其人口计算,每人一年的赋敛钱为六十三钱。又说:今天我借着上天保
佑,靠贤明的士大夫们的辅佐而得到天下,建立了国家,希望能够长治久安。贤士大夫们和
我共同平定天下,而不与我同享太平,可以吗?贤人们肯跟从我做事的,我会尊敬他,让他扬
名。特此布告天下,让众人都明白我的意思。御史大夫周昌以至诸侯相国,相国酂侯以至诸
侯王,御史中丞以至各郡守,都要发现有德行、有才能的士人,亲自劝说他们,负责提供车驾,
送来京师……

114

我就不去了,小心有鬼被抓住! 贾逵笑容可掬。

贾兄不去也罢。要不,怎么是鬼才? 哈哈哈哈! 班固道。

孟坚孟坚,梦(孟)中奸(坚)滑如此! 又让你占上风了! 贾逵有意装出一副垂头丧气的样子。

奉诏修史

那日午后,那位守护午门下来走入东观藏书阁与班固攀谈的郎官,得知班固撰写《汉书》,又话不投机,不知何故,心中乱糟糟的不是个味儿。是嫉恨? 是醋味? 是妒意? 是自惭? 那郎官在心里骂道:这小子真是死(史)迷心窍! 前番因续写《史记》,被关进大牢,幸得今上龙恩浩荡,不但保住了脖子上的一颗头颅,还官拜兰台令史。哼哼! 那不过是今上给梁松找刀口而已! 梁松那个老不安生的,当年害死了当今皇后之父——伏波将军马援,却不知悄悄地颐养天年,竟然跳出来参奏一介草民班固私修国史,活该他倒霉,自投罗网,碰在了今上明晃晃的刀刃上! 而班固这厮竟把这种营生当成了进身之阶、终南捷径,又悄悄私修起《汉书》来了! 兔还卧在旧窝里吗? 今上若知,此番还能便宜了你? 还能再给你个肥羊尾巴吃? 白日做梦!

但也难料! 那厮正得宠幸,与陈宗等奉诏撰写了《世祖本纪》,再加上一首《宝鼎诗》,让今上另眼相看。这《汉书》若成,谁知今上还会怎样宠幸、怎样奖掖、怎样拔擢这厮呢? 我身居中郎多年,不得龙颜青睐,不受圣驾器重,这厮入兰台半年,即擢升中郎,其弟竟也官拜兰台。真是平步青云啊! 那郎官转念一想:他班固也不是得了保命符! 伴君如伴虎,皇上一翻脸,一首《宝鼎诗》,任你作得多么好,还不比鸡毛儿轻? 你暗修《汉书》,毁损社稷,今上砍你个小小校书郎的脑袋,还不像拔根蒿草一般轻松,像掐死一只臭虫一般简单?

那郎官这么想着,心头就跳出个主意:把这厮暗修《汉书》的事捅出去! 然而,怎么捅? 他搜肠刮肚,却想不出个办法来。不过,他有老主意:伺机而动! 绝不能像梁松那么笨,打狐狸不着反倒自投罗网! 一定要不露痕迹,保住自身!

那是冬十月的一天黄昏,出现了日食。自古至今,人们都相信天有日、日在天,而天子者,天之子也。天子明圣,日月光明,不明则其政有失。皇帝刘庄为此而寝食难安。诏曰:"朕以无德,奉承大业,而下贻人怨,上动三光。日食之变,其灾尤大,《春秋》图谶,所为至谴。永思厥咎,在予一人。群司勉修职事,极言无讳。"①那郎官想:这不是个机会吗? 在向今上述说招致日食之变的因由时,有意无意地捅出班固暗修《汉书》之事,岂不甚妙! 今上若一反前番,以为暗修《汉书》乃日食之因,我岂不能以此而显露耳目之聪明,进而得圣上垂青、赏赐、拔擢焉! 若圣上不以为意,此不过"勉修职事"之失,也许无伤于我一根毫毛耳! 那郎官认为这真是一个上可尊荣、下保平安、可进可退的万全之策!

于是,那郎官提笔写疏:

> ……臣以为,近日日食之现,悉由群司堕于职事,人有冤而吏诡谲所致,非吾皇之过也……

永平七年(公元 64 年)初冬的一天,皇帝刘庄看到那郎官的奏疏,钦命陛见,当面垂询。

爱卿所言"人有冤而吏诡谲",朕以为乃切中肯綮之言,但不知卿所指者何?

那郎官心头慌乱了、发毛了,冷汗唰地从额头淌了下来。他暗自抬头窥视,皇帝刘庄面色端庄平和,似并无躁怒之容,亦不见欣喜之色。这,这……那郎官不知该怎么对答,忽地想起不久前,皇帝刘庄诏命募集郡国中犯了死罪的官员,减罪一等,发配到度辽将军营,屯住边境朔方、五原等县,便道:想来那些屯住于边境小县的罪臣,必心有怨气……

那郎官一边说,一边再次窥视皇帝刘庄的神情。

哦! 这,这,倒也……还有什么? 皇帝刘庄皱起了眉头,心里暗道:难道诏命有错? 不过,他没有反问郎官,希望听他把话说完。

还有,宝鼎出现,置度辽将军,屯守北境五原……还有,班固修撰《汉书》,必然上感于天……

什么什么? 班固修撰《汉书》?

臣有所闻。

---

① 大意为:我缺乏德行,继承了祖宗的大业,惹得下面怨恨,上面日月星三光异变。而日食的异变,所产生的灾难尤其严重,《春秋》一书的图谶对此严于谴责。审思其所产生的错失,都在我一人之身。各有司衙门、官吏,应勤恳恭谨地履行自己的职责,明明白白地说清楚自己的意见,不要有任何顾忌。

修撰《汉书》,何关人冤、吏诡? 又何关日食?

臣……臣……以为,《汉书》必……必载人冤、吏诡之事。那郎官浑身汗水淋漓,脊梁上已经漯湿,一颗头贴在胸前,不敢稍稍上抬。

你还有什么说的? 皇帝刘庄的语气显然夹带着不满和愤怒。

臣,臣有罪! 臣……臣无话……再无话……无话可说了! 那郎官发觉皇帝刘庄神色有变,急忙跪下身去,将脑袋深深地埋向地面。

抬起头来! 信口开河! 随口胡道! 皇帝刘庄心头火起。自从诏命"群司勉修职事,极言无讳"之后,奏疏一大抱一大抱地呈上御案,他夜以继日、废寝忘食地批阅,累得头昏脑涨、双目昏花、手脚发麻,却怎么也无法批阅得完。的确有不少奏疏道出了一些难以得知的民情、吏情,但也有不少奏疏绕着弯儿阿谀奉承——尽管皇帝刘庄曾下诏"禁人上事言圣","若有过称虚誉,尚书皆宜抑而不省,示不为谄子蚩也"①。原以为身边郎官定会道出些民间冤枉、官吏狡黠之真情,没想到这厮竟……他想立即将这个郎官解职,但转念一想,自己既已诏命"群司勉修职事,极言无讳",如果将这个郎官解职,岂不自食其言,堵绝官员之口? 于是,呵斥道:还不下去!

看着那郎官战战兢兢地站起身来,低垂着头,慢慢地退了出去,皇帝刘庄心头倒生出一缕欣慰:许久未见班固了,倒是这厮提醒了朕! 该问问他在做什么,撰写《汉书》是否属实。何谓《汉书》? 是有汉以来之史吗? 朕几乎忘了,是该有一部有汉以来的史书了!

内侍,传班固!

一位太监听言,急忙直奔藏书阁唤班固。

少顷,班固来到皇帝刘庄面前。

班爱卿,朕听说你在修撰《汉书》,可有其事?

班固没有想到,自己修撰《汉书》之事,这么快就让皇帝刘庄知道了,头像被人猛击了一锤,一颗心紧缩为一团,以为又将有大祸降临。转念一想,圣上既已得知,无论吉凶,都不可隐讳。于是,坦然应答道:臣确有此念。臣曾因继承父志续写《史记后传》而陷身图圄,圣上不以臣有罪,反拜臣以兰台令史,复迁为校

_____

① 永平六年(公元63年),皇帝刘庄曾在一份诏书中,禁止臣下在奏疏中用"圣"之类的词语赞美皇帝,要求尚书将有此类赞誉虚词的奏疏压下来不予理会,以表示对谄谀之风的斥责。

书郎。臣以为大汉建国至王莽篡政,凡二百三十余年,而自武帝太初以后一百四十余年之事,史书无载。乃于每日校书之余,寻思谋划,欲断汉而为一代之史。

断汉而为一代之史?

臣历观往古,《尚书》记述周代之事,终于秦穆;《春秋》记述鲁国之文,止于哀公。《史记》例外,乃开天辟地至大汉武帝之史。大汉上继尧统,开国至于王莽篡政,其文治武功、盛衰兴替,堪可记叙。撰述大汉一代之史,乃为迫切之务也。臣深知吾皇思治国良策而殚精竭虑,理九州万机于夜以继日,未奏圣听而已开始着笔为之,伏望恕罪!

卿何罪之有?此乃盛事也!朕回视往昔,国泰民安而后修史。修史,乃盛世之举也。我朝当有此举也!

皇帝刘庄转身道:内侍传旨,自今日始,班固于校书之余,撰《汉书》,诸有司不得梗阻焉!校书郎贾逵,可辅班固撰史!哦,朕已拜傅毅为兰台令史,即擢为郎,与班固、贾逵一起典校秘书,辅班固撰史。

是!一名老内侍急忙挺起身来,传旨去了。

班爱卿,躬自勉励!下殿去吧!

吾皇圣明!万岁万万岁!班固叩头施礼,下殿而去,心头快慰极了,浑身轻松极了、舒坦极了。太出乎意料了!太让他激动了!续写《史记》,是父亲的遗命,也是自己做了多年的事,多年来心惊胆战地、孜孜以求地冀望得圆却一直难圆的大梦,如今在这东观兰台,大梦将圆,大梦必圆,可以光明正大地、理直气壮地、无所忧惧地行进在圆梦旅程之上了!而且,这旅程,不限于续写《史记》,而是扩而大之,撰写大汉一代之史!

第十二章

潜心撰汉梦正酣

殚精竭虑

这是一个秋高气爽的日子。早晨,班固妻和班超妻送丈夫去了宫里,打扫了屋里屋外;从夫家回娘家看望母亲的班昭,坐在皂角树、枣树中间的石凳上,给对面的小侄儿班亮讲《中庸》。那石凳,是半年前班超用为官府抄书挣来的钱买来安放的,一共四个,中间还有一张石桌。自从有了这石桌石凳,班昭一旦回娘家来,就总是在这儿教侄儿认字读书,而母亲也常坐在这儿做针线活。

此刻,班亮问姑姑道:上次你讲的是《中庸》第二十章,但我没弄懂为什么说"诚者,天之道也;诚之者,人之道也"。何谓"诚"?何谓"诚之"?

这句话的意思是:真诚、诚实,是上天的准则;言行真诚、诚实,是为人的准则。上天从来都是真诚的、诚实的。你见过上天说谎或者作假、欺骗吗?没有。而人呢?那可不一定了。说谎的、作假的、欺骗的、偷奸要滑的,什么人没有?什么事不做?但做那种事的,都不是正人君子,都是不仁!人生在世不可以不仁,不可以不使自己成为正人君子! 这就要真诚,要诚实。所以说,诚者,人之道也。人活于世,要以真诚、诚实为道。懂了吗? 班昭一字一句地讲得十分明白。

懂了,懂了! 姑姑,还有,这两句下面说:"'诚者,不勉而中,不思而得,从容中道,圣人也。诚之者,择善而固执之者也。博学之,审问之,慎思之,明辨之,笃行之'我也不大明白。"班亮又道。

这几句的意思是说,天生真诚、诚实的人,不需努力就自自然然地诚实,不动脑子就具备了诚实的品性。他们的举止行为符合中庸之道,是圣人。而努力使自己真诚,总是选择善行而牢牢地把握住、坚持着的人,他们能够广泛地学习,详细地求教,慎重地思考,明晰地辨别,切实地践行。班昭道。

这时,太阳从正东慢慢南移。皂角树、枣树的树荫,把太阳金子般的光抛洒在石凳周围的地面上。艳红的枣儿给绿色的树冠增添了几许醉人的甜美。班固妻、班超妻打扫完屋里屋外,手中拿着针线活,搀着班母也来到石桌前,让她老人家在一旁坐了。

祖母,姑姑给亮儿讲得真好! 亮儿一听就明白了。

好啊! 好啊! 你能讲给祖母听吗? 班母爱抚地反问亮儿。

能……可讲不了姑姑那么好! 还有,姑姑说过的,学了这一段,就该让我去玩儿了! 班亮转着黑眼珠道。

好,去吧,玩一会儿去吧! 待会儿给祖母讲。班固妻道。

班亮一下子蹦了起来,去屋里拿了铁环,满院子滚着玩儿去了。

班母眯着一双老花眼端详着聪明可爱的孙儿,容貌姣好、知书达理的女儿,淑惠贤孝的两个媳妇,又抬头看着皂角树的浓荫和垂垂连枝的红枣,眼前浮现两个在朝为官的儿子的身影,心窝里充满了如意感、遂心感、幸福感、甜蜜感,感慨道:日子过得真快呀! 这两棵树,还是固儿在咱们来这儿之前栽的,如今已长得这么高、这么大了! 今年的枣儿结得好繁啊!

班固妻道:这枣儿又红又大,一个个圆鼓鼓的,一看见都叫人流涎水! 婆婆,你老人家尝几个吧!

通过一番修饰、补充和史料移置,《高帝纪》完成了。继高帝刘邦之位的是他的儿子惠帝刘盈。但《史记》是没有《惠帝本纪》的,惠帝的事迹,都记于《吕太后本纪》。班固揣测,太史公所以如此安排,是因为惠帝刘盈年仅十六岁登基,实权掌握在其母吕太后手中,惠帝只是徒有皇帝虚名而已。但《吕太后本纪》中有关惠帝的事迹,却按惠帝纪年,内容也很简略,虽名为"纪",实属一"传"。如此,不仅有损一位帝王形象,也有损于历史事实。于是,班固补撰了《惠帝纪》。此后,班固又对《史记》之《文帝本纪》增补了一些显示文帝刘恒与民休息、恭谨求治的诏令,又从内容到赞语,重新改写了《景帝本纪》全文。一个巨大的工程来临了——《武帝纪》的撰写。现存《史记》中有《今上本纪》——太史公所谓"今上"即武帝刘彻——之篇名,内容却遗失而无一字之存。武帝刘彻,乃雄才大略的有为之君,其罢黜百家、独尊儒术,强干弱枝、削夺列侯,征召贤才、制度遗文,文治武功,后世莫及。然其严刑苛法、兴师劳民、奢侈淫逸、沉迷方术,颇多弊政、乖谬之政,而晚年乃幡然悔悟,禁苛暴、止擅赋、力本农、罢兵息民。是非功过,堪可评量。实录其事,彰显其得失,绝非易事。班固为《武帝纪》的撰写,沉浸于繁复的史料之中,昼则殚精竭虑,夜则难以入睡,怔怔忡忡,怅然若失,心劳神伤。

这日,班固回到家中,母亲看他连日来魂不守舍的样子,问何事使他这么不顺心。班固从对《武帝纪》的思索、谋虑中苏醒,懵懵懂懂地道:儿没有什么不顺心的事啊!

班超明白原委,对母亲道:哥哥是为修撰《汉书》之事而全神贯注啊!

哦!班母明白了。为娘挡不住你。你是继父之志,奉诏而为啊!但为娘仍放心不下。儿要切切小心才是,不可操劳过度,要爱惜自己的身子啊!

祖母,你就放心吧!当今皇帝圣明,父亲做的事是有益千秋万代的,不会有什么事的!小班亮为祖母宽心道。

班昭将小侄儿揽在怀里,亲了亲道:班亮长大了,说出的话像大人一样!娘,您听听,连班亮都这么说,您还不放心吗?

班固沉浸在《汉书》的撰写之中,连走路、做梦,神思都在西都长安二百三十一年中、在《史记》的记述中、在《汉书》的布局和行文遣词中,飞腾着,翱翔着,盘旋着。

太史公的《史记》对汉朝的记述,止于汉武帝太始二年(前95)登陇首而获白麟。班固觉得,《汉书》将"本纪"改称为"纪",将更为简明。《史记》诸"纪":

《高祖本纪》《文帝本纪》,当增补事实;《吕太后本纪》当删改;《景帝纪》《文帝纪》当改写;《史记》所无的《惠帝纪》和《文帝纪》,则应新撰。而诸帝纪的补充、重写或新撰,难点在于《武帝纪》。

呕心沥血地完成了《武帝纪》的撰写,班固在心中梳理着大汉于西都衰落、覆亡的脉络。

武帝雄才大略,昭、宣"中兴"。年仅八岁登基的昭帝刘弗陵,面对武帝穷兵黩武所造成的海内空虚、户口减半的局面,在大将军霍光的辅佐下,轻徭薄赋,与民休息,举贤良文学,问民疾苦,罢盐铁官营与酤酒专卖,使濒临崩溃的经济逐渐得到恢复,社稷开始复兴。宣帝刘病已,后改名询,是一位有着传奇遭遇的皇帝。他的祖父就是武帝刘彻所立的戾太子刘据。武帝晚年中了术士江充的巫蛊离间之计,逼得戾太子走投无路,起兵诛杀了江充等人,却被武帝视为造反。太子刘据无奈,自杀身亡。其株连者甚众,生母遇害、尚需哺乳的儿子刘病已——刘询,也被关押于皇家牢狱。所幸名为丙吉的廷御监心生怜悯,命狱中女犯将刘询精心乳养,并自己出钱供其衣食日需。第二年,武帝身边有人观察空中云气,说什么长安狱中有天子气。武帝即差遣使者,不分罪过轻重,杀死京城各官府牢狱中的全部罪犯。使者连夜来到皇家牢狱,丙吉关门不开,拒其进入,道:皇曾孙在此!一般人尚且不可无辜而死,何况是皇上的亲曾孙呢!使者不得入内刺杀,次日向武帝弹劾丙吉。武帝却幡然悔悟,下旨大赦,这才使刘询免于一死。丙吉于是送刘询到了外祖母家。后来,武帝刘彻又诏命抚养刘询于宫中掖庭,刘询的皇室血统才得以被承认。刘询于掖庭得到了被处以宫刑的掖庭小吏许广汉的同情和照料。许广汉设法让他拜师读书,后又将女儿平君许配给他。刘询高才好学,又喜好游侠,走遍了京城三辅,察知百姓疾苦、乡间奸邪、吏治得失。昭帝去世后,辅政大臣霍光征得皇后同意,立昌邑王刘贺为帝。刘贺淫乱被废,该立谁继位?霍光想到了养于掖庭、年已十八岁的刘询。于是,数死而得生的刘询,突然登上了做梦也没有想到的人间至尊之位,是为宣帝。这位多少体察了下情的年轻皇帝,励精图治,整肃吏治,平理冤狱,信赏必罚,使吏称其职,民安其业,信威匈奴,单于称藩,政通人和,社稷中兴。

然而,到了元、成、哀、平几位皇帝在位时,大汉迅速败落。

元帝刘奭,是宣帝皇后许平君之子。皇后怀了刘奭之后,霍光之妻企图让小女夺取皇后之位,日后生子得为太子,暗自买通宫中女巫毒死了元帝生母许皇后。元帝刘奭柔仁懦弱，征用儒生，委之以政，却优柔寡断，并不放手让他们执政治国。而自武帝刘彻以来的外戚贵宠、宣帝刘询以来的重用宦官，使朝政如碌碡在坡，直滚而下，正直之路壅塞，忠介官员被排挤、被陷害。百姓困苦，因饥饿而死者无以计数。死而不得葬，为犬猪所食，乃至人相食。而皇室奢侈靡费：宫中所养万余匹马，终日食粟；山东为宫中生产丝绸织品者三处，各有工匠数千人，每年耗费上万钱；蜀汉为后宫生产金银器，每年耗资各五百万钱；长安各处离宫分置官奴十万余人，耗资不可胜计……

成帝刘骜，说起来，他还是班固的远亲。班固曾祖班况的女儿——班固的姑奶——曾是他的婕妤①，人称班婕妤，以其文采超群受到宠幸。她多次劝谏成帝刘骜以国家大事为重，不要沉溺于女色，以致失宠。刘骜昏庸无能，甘于做傀儡，听任外家把持朝政，掌握国家命脉，无视皇亲贪官肆意兼并土地、囤积钱财。他自己则纵情酒色，为妖冶狐媚的舞女赵飞燕姐妹所惑，分封为皇后、昭仪，任其放荡淫乐，恣意妄为。他本人窃喜于与别的宫女鬼混，在纵欲中求快活，终于不明不白地死于赵飞燕宫中。班固父班彪所撰《史记后传》遗稿中的《元帝纪》《成帝纪》，史实详赅得当，文字简雅，移用于《汉书》即可。

哀帝刘欣，患有严重的小儿麻痹症，比其父刘骜更加昏庸无能、荒淫无道，不理朝政，致百姓陷于酷吏殴杀、治狱苛刻、冤陷无辜、盗贼横发、仇怨相残、岁恶饥饿、时气疾疫，以及水旱为灾、县官重责更赋租税、贪吏受取不已、豪强大姓蚕食无厌、苛吏徭役、失农桑时、盗贼劫掠等"七亡七死"的艰难凄苦境地。

平帝刘箕子（后名衎），九岁即位，大司马大将军王莽掌管着朝政。王莽于平帝十岁的时候，把自己的女儿嫁给了他，因此而成为国丈。平帝十四岁的时候，王莽又借着给皇上上寿的机会，亲自献上一杯椒酒，毒死了平帝刘衎。后王莽挑选了汉宣帝的玄孙刘婴，立为皇太子，自己当了"摄皇帝"。就这样，不动一刀一枪，在"合天意"而"顺民心"的群臣拥戴中，在礼乐仪式中，大汉西都长安的江山之主，便从刘氏换而为王氏。阴阳迁变，恶有恶报，不必说王莽的"托古改制"多么违背民心民意，造成了何等严重的混乱，其阴谋夺权，注定了在刀兵燹火中覆灭的命运。水深火热之中的庶民百姓，日益难以苟活。王莽的美梦还

①　婕妤：西汉宫中嫔妃名号。嫔妃名号分为十四等：昭仪、婕妤、娙娥、容华、美人、八子、充衣、七子、良人、长使、少使、五官、顺常、舞涓。

在继续，书写的"新"字朝名未干，绿林、赤眉即揭竿而起，四方豪杰，此呼彼应。王莽头上的冕旒，便在群雄逐鹿的血火拼杀中坠地，碎成了粉末。

大汉西都的兴替盛衰之史中，有着多少至为深刻的、鲜血淋漓的、发人深思的教训啊！班固苦思苦虑地、脑汁绞尽地反复思索着、琢磨着、潜心默想着……

班母大寿

永平十年(公元67年)十月二十九日是班母的六十寿辰。一天，班固妻在全家人吃晚饭时提出了为婆婆红红火火地、有声有色地、"天摇地动"地过大寿的主张。班母同意过寿，却不同意大办，道：大动干戈、张张扬扬的，得花多少钱？咱家的日子并不宽裕啊！再说，谁来张罗呢？

这个，娘您就不要担心了。该给您过个热热闹闹的生日了！如今，他们弟兄俩都大小当了官，连给娘过生日的钱都花不起，这不叫外人笑话吗？说实在的，咱家手头再不宽裕，也不缺这个钱！至于张罗的事，有他们弟兄俩呢，还有我们妯娌俩和班昭妹妹呢。这事您老人家就放心吧，我们会把事办得让您老人家满意的！

嫂子尽管指拨，说咋干就咋干。但你要"天摇地动"，我可没那个本事。摇，够不着天；动，手动脚动，动不了地啊！班超妻打趣道。

这个你就不要担心了，嫂子生来点子稠，不愁天不摇、地不动！班昭调盐添醋道。

你们不要拌嘴了！固儿、超儿，你们觉得可以吗？班母道。

我想，把事操办得红火点好是好。家里的事，就靠夫人和弟妹、昭儿了。请客人的事，我和超弟分头去办就是。只怕这请谁不请谁，还得请母亲斟酌。

班母点头道：大家一起商量吧！

班固进京已有十个年头了，整日在兰台，在东观校书、写书，很少与亲朋好友往来。娘要过六十大寿，自己也能借着这个机会与亲朋好友们见见面了。他想，昭儿夫妻当然一定是要来的。舅父早就去世了，但有个表弟，是母亲娘家的唯一亲人，虽然远在长安霸陵，也是一定得请他来的。堂兄弟们无人在京，山高水远，不便相邀。自己在京城无亲戚，可以请的，就是自己和弟弟的几位同僚，加在一起也上不了十位。要再多请一些，便该是父亲当年的一些老朋友——如马援等人的后代了。如今，他们是当今朝廷的红人儿，如果请他们来，难免有攀附之嫌。而且，自己官小职微，与人家相差太远，人家会不会不屑于自己的邀请？至于窦融的后代，因其长子窦穆的罪过，皇上已于多年前遣他们返归故里了。但如果不请他们来，就算得上数的十来个人，无论如何是红火、热闹不起来的。

班固说了自己的想法。母亲道：窦融、马援过去与你父亲的交往不浅，他们都已先后过世。虽说他们的后代——有的我是认得的——这么些年与我们家断了来往，但毕竟彼此都是知道的。窦家的后人回了扶风，就不说了。人家马廖，在超儿来京替你申冤的时候，帮了我们的大忙啊！请他来，是你们重新结交的机会，也便于以后互相走动走动啊！多一个朋友多一条路！你们在朝根基浅，多几个朋友，多几个照应的人啊！谁没个三朋四友的？只要你们不是结党营私，心里没有鬼，谁要说是攀附，就让他说去吧！

班固妻、班超妻和班昭都认为母亲说得有理，班超也表示赞同。可班固心里七上八下的总不踏实，唯恐让人戳脊梁骨。

看着丈夫眉宇间的犹豫之色，班固妻又道：怕人家骂攀附，你攀附了没有？人家马廖帮了咱的忙，你怎么谢人家了，送什么贵重的大礼了？世上哪有这样攀附的？依我看呀，不是人家说你攀附，是你清高得不明白什么是攀附了！

班母也接着班固妻的话道：你媳妇说得对，你不去攀附，何必怕别人嚼舌头根说攀附？

妻子和母亲的话说到了班固心头的病根上，他只好表示同意了。

永平十年（公元 67 年）十月二十九日，天气晴朗，火红的太阳照耀着。班固家院子中央的枣树上的红枣儿在阳光照耀下更显得艳红艳红，一颗颗垂垂连枝，红得人心醉、艳得人心颤。旁边的皂角树则巍然而立，端庄地、慈爱地看护着身边的伙伴。

班家厅堂里挂着大红宫灯，正前方张挂着一幅在石榴色隐纹团花绢上写着的金色大篆体"寿"字。一个用大红绫结成的硕大的花朵，高高地缀在"寿"字之上，红绫的两头垂在"寿"字的两边。厅堂两旁围着班超通过贾逵从王府借来的镶玉嵌金的小篆体《诗经》"大雅"屏风，屏风前横竖摆着或红或黑四个漆得锃光透亮的几案——自然也是借来的王府之物，很是气派、风光，可谓光耀陋室，蓬荜生辉！

班昭和丈夫曹世叔早在两天前就来了。他们觉得，帮助哥哥嫂子给母亲办好大寿，是他们的分内之事。班固的舅家，也在先一天来了表弟夫妇二人。压根儿没有想到的是，愣头青穿着一身崭新的衣服，也于昨日从安陵骑了一匹马，用褡裢儿鼓鼓囊囊地驮着什么，远道而来。他说，他记得老夫人十月二十九日生日——该是六十大寿了，正好地里的活儿忙过了，场里也清了，他就想着趁空儿来洛阳，给老夫人拜个寿。左邻右舍听说他要来洛阳，都托他向您老人家、向你们全家人问好呢！

　　班母说：亏你还这么有心，能记得我老婆子的六十岁生日！你这一来，我老婆子就觉得这六十年算没白活！我这生日，过得够舒心、够满足的了！说着说着，班母眼圈儿竟红了。

　　大寿当日，先来到的是班固、班超兄弟的同僚和朋友贾逵、李知慎等。接着，来了一位不速之客。他名叫马严，是伏波将军马援之兄马余的儿子，自然也是皇亲。马严从小好击剑、喜骑射。不幸父亲早丧，在叔父马援的照料下，攻读《坟》《典》①，熟通《左氏春秋》，遍览百家之言。马援在征伐交趾期间写《诫侄书》云："好议论人长短，妄是非正法，此吾所大恶也。"要侄儿效仿龙伯高而不可效杜季良——梁松的好朋友。马严接受了叔父的劝诫。叔父死后，他回到安陵老家，悄无声地过着凡常百姓的日子。他的堂妹——马援的小女儿被今上立为皇后之后，马严唯恐树大招风，更加小心谨慎、足不出户地过日子。后来，仍担心有人会找缝儿生蛆下卵，诽谤构陷，于是，便迁居于遥远偏僻的北地，闭门谢客而居。皇后却没有忘记这位堂兄，于两年前派人接其移居洛阳。马严到京，今上立即召见。马严谈吐温文尔雅，头头是道，今上十分喜爱，下诏留于仁寿闼，与校书郎班固、杜抚一起分工撰写《建武注记》，以记述光武帝时期的朝廷大事。《建武注记》于一年前就完成了，马严已官拜将军长史，将北军五校士，羽林禁兵三千人，屯于西河美稷。班固不便相邀，没想到他竟也闻讯而来。

　　已过巳时，午时将到，忽闻门外鼓乐之声，班固、班超急忙出门去看，却是马廖将军府派人送礼来了。七八位乐师鼓着腮帮儿、抢着鼓槌儿，使劲地吹着打着。站在乐师之前的一位身着官服的人，看见班固走出大门，迎上去躬身道：小人马府掾吏，受命于羽林左监、虎贲中郎将马廖与其弟黄门侍郎防、光，恭贺班

_____

① 《坟》《典》：最早的文化经典。

老夫人六十大寿！班固兄弟邀其入内,掾吏命乐师在门外吹打,一挥手,两个仆役将一个食盒抬进了班家,自己也与班家兄弟进门来到厅堂,向正迎面走来的班母道:这位想必就是班老夫人了！皇后兄弟马廖、马防、马光兄弟,命我前来恭贺班老夫人六十大寿！谨奉送寿桃一对、面果一盒、龙头拐杖一个,祝班老夫人福如东海、寿比南山！说着,深施一礼。

班家兄弟急忙扶住掾吏。班母道:让马家兄弟费心了、破费了！老妪如何担待得起！

不必过谦！晚生告辞了！掾吏转身就走,班固、班超一齐挽留。掾吏道:将军府内规矩,小人焉敢相违？班固、班超也便不好勉强。全家人一齐将其送出了大门。

马廖派人前来贺寿,使班家母子激动无比。少有啊少有,堂堂国舅,不忘乡里之谊！

客人们也深为感动。

贾逵道:向闻马将军有高士之风,官虽高、位虽尊,却与别的皇亲国戚不同,目中所见,不唯达官显贵耳！

李知慎则连声感叹唏嘘:是啊！是啊！如马将军者,罕矣！

看看已到午时,班固兄弟让母亲坐在厅堂内那个大"寿"字之下。班固妻把刚才马家送来的酸枝木龙头拐杖递给婆婆。只见那拐杖雕得栩栩如生,通体盘龙,手柄上是龙头,龙口里噙着金丝绦,上缀一颗硕大的珍珠,灼灼然有光,使偌大的厅堂满室生辉。

班母端详着龙头拐杖,道:马家太破费了,老妪怎配用这种宝物？

班固妻道:马家能送,婆婆就能用！也当用！好自拄着吧！

客人们七嘴八舌道:老夫人拄着这龙头拐杖,正合适。若老夫人不配这拐杖,天下还能有几个人配得？

班家兄妹、妯娌、班昭和女婿,还有孙子班亮、娘家的侄儿侄媳以及愣头青,早在客人到来之前就已一一向班母磕了头、拜了寿。班母招呼客人们入座吃寿宴。有酒有肉有菜,当然少不了寿面。众人端起寿面,纷纷先从自己碗里夹起几根面条来,为班母"添寿"——这是安陵人的讲究。班母喜滋滋地乐得合不拢嘴……

祸福相依

就在班母六十寿辰的当夜,班超妻的腹部剧烈地疼痛起来,身子在被子下不断痛苦地扭动着,就要分娩了。班固妻一边安慰弟妹忍住疼,一边让请来的接生婆洗手,请婆婆洗手,自己也把手洗了一遍又一遍,还烧了一大锅开水,把用来剪孩子脐带的剪子烫了。接着,便熬滋补的鸡汤、下奶的猪蹄汤……班超妻早把孩子的小衣服、小帽子、小被子、尿褥子缝好了,绵软软、平展展的,就放在炕上靠墙的那边。

班超踟蹰在屋外窗下,既兴奋又惊恐。九个月前,当他得知妻子怀了孕,感到天也高了,地也宽了,太阳也更明亮、更耀眼了。妻子感到恶心、肚子疼时,他像热锅上的蚂蚁,急得团团转。请医生、煎药,他要自己亲手做;妻子喝药,他也要小心翼翼地亲自端着,送到妻子嘴边。他就要为人父了,怎么能不兴奋呢?但想起那年妻子的那次难产,他心头又蒙着忧郁的阴云。

孩子哇哇哇地哭着落草了!

胖小子! 是母亲的声音。

班超顿时惊喜得要叫起来、蹦起来了。但是,他控制着自己,没有叫也没有蹦,他等待着母亲喊他进屋去的声音。他想,当着母亲和嫂嫂的面,他一定要稳重一点,只要进屋看儿子一眼,就满足了。妻子经受了太多的痛苦、太多的艰辛,不必说什么,只要我走进屋,我们就能灵犀相通。

然而,母亲迟迟没有喊他进去。听见屋内接生婆与母亲、嫂子惊慌而焦急的说话声以及急促的窸窸窣窣递剪子、拿东西的声音,班超猜测一定是妻子血流不止。他的心狂跳着,捂住胸口耐心地等待着。然而,接生婆用尽了浑身解数,无论怎样也止不住血。她慌乱了! 母亲、嫂子也慌乱了!

求你啦,你姨! 你可得再想办法啊! 止住血,救了命,你要多少,尽管开口! 就是倾家荡产,我一家人也不会亏待你的! 母亲就要哭出声来。

老夫人,不,话不能这么说,不是我贪你们的财! 不是的! 不是我不想办法,不是的! 是实在想不出来办法啊! 我没见过这么出血的!

这可怎么办? 这可怎么办? 站在窗外的班超急得不住脚地绕着圈儿,想不出办法,把一双手直搓得冒火星,不知该如何是好。医生都是男人,不知哪辈儿什么人立的规矩,男人是不能到产妇面前的,更不能为产妇把脉诊病。一家人急得像热锅上的蚂蚁,手足无措。班超忽地一拍大腿,对着班固说了声:我去找医生!便急匆匆地扭头出了家门。

但按风俗,他也去不得别人家。黑漆漆的夜色之中,他只能站在一个医生家的大门之外,向医生求药。医生听了他的述说,把一包止血药从门槛下塞出来。班超拿着药跑回家给了母亲,母亲立即拿进屋给媳妇吃了。然而,血仍流淌不止。班超妻一声声地喘息,班超觉得像钳子夹着自己的心肝肺,使劲儿向外扯。他太痛苦了,也太无助了,只能以大丈夫的刚强、雄毅和钢筋铁骨,紧咬着牙忍受着。

哇,哇,哇!孩子在哭。

让……让他……吃……吃口奶!是班超妻无力的声音。

你还出着血!班固妻道。

让他……吃……吃……吃吧!

孩子是该吃奶了,但班超妻的身子……班固妻不知如何是好,询问地看着婆婆。婆婆也没有主意,却见班超妻的眼神可怜而期待,只好把孩子抱向了母亲的乳头。只见孩子的小脸一贴近母亲的乳头,小嘴儿就吮吸着、嚅动着,班超妻的眼睛里闪动着一缕幸福、欣慰的光。

孩子的哭声止住了,安详地睡着了,班超妻的喘息声却愈来愈低沉,愈来愈微弱,终于在连连呼叫了两声"班超"之后,头软软地偏向了身边的孩子,熄灭了生命之灯。

媳妇!媳妇!醒醒!班母急促地呼叫着。

弟妹!弟妹!醒醒!班固妻急促地呼叫着。

嫂嫂!嫂嫂!我的好嫂嫂!班昭哭出了声。

站在窗外的班超再也忍耐不住,憋在眼圈里的泪水哗地淌了下来,不顾一切地冲进门去,双手抱住妻子,大叫:你不能走,不能走啊!

许久,许久,站在其身后的班固,拍了拍弟弟的后背:起来吧,兄弟!无论什么办法也挽救不了啦!料理后事吧!

班固妻擦了擦泪水蒙眬的眼睛,默默地抱起刚刚出世的孩子:兄弟,放心吧!嫂子无论如何也会把孩子抚养成人的!

班超木然地坐在一边,头脑里一片空白。我班超为何如此不幸啊!那年,我们夫妻成亲八年,妻子头胎临产,我为兄长上京申冤,妻子遭遇难产,保住了妻子的性命,失去了孩子;如今,我已三十六岁,朝盼暮想,妻子怀了二胎,分娩了,却保住了孩子,失去了妻子! 尽管嫂子说她会把孩子抚养成人,我也相信她会,她是一副热心肠,很仁义,但不说别的,孩子要吃奶啊! 嫂子哪儿来的奶呢? ……古有遗训:"不孝有三,无后为大。"无子便无以言孝。孝乃人之根本,无根无本,何言为国尽忠,何言立功建业? 母亲曾经暗示过、妻子曾劝说过,要我纳妾,但我怎么能呢? 虽说如今三妻四妾者比比皆是,但我班超绝不娶第二个! 妻子太贤惠了、太通情达理了,我们太恩爱、太情投意合了! 我不能让别的女人插在我们中间,绝不能让别的女人在我们之间形成一道墙、一条沟,或者一种看不见的隔膜。何况,妻子与我,谁不说是情投意合的天赐良缘啊! 可是,这才十五年啊,我们的路还很长很长啊……

兄弟异志

"西都"十二帝"纪"总算完成了,班固心中却惴惴不安,觉得满腹苦衷难对人言。太史公的悲惨遭遇,不能不令人顾忌啊! 自己毕竟是奉旨撰史,毕竟身在朝班,毕竟意在"宣汉",有一些本可以直录之事,不得不有所隐讳,"赞语"也常常不得不以褒代贬——父亲正是这么做的。父亲在荒淫无道的成帝之"纪"——《成帝纪》的"赞语"中,以"然湛于酒色,赵氏乱内,外家擅朝,言之可为于邑①"之语,对成帝刘骜予以鞭笞,却先违心地写下这么几句:"……善修仪容,升车正立,不内顾,不疾言,不亲指,临朝渊嘿,尊严若神,可谓穆穆天子之容者矣!"他理解父亲的苦衷,全文移用,一字未动。

但不管怎样,"纪"可以暂时搁置案头了。现在,需要开始"传"的谋划了。《史记》记述扶义倜傥之人事迹的人物列传共有七十篇,其中传主为汉代人物的《张耳陈馀列传》《魏豹彭越列传》《黥布列传》《淮阴侯列传》《韩信卢绾列传》《郦生陆贾列传》《刘敬叔孙通列传》《袁盎晁错列传》《张释之冯唐列传》《吴王濞列传》《魏其武安侯列传》《李将军列传》《卫将军骠骑列传》《司马相如列传》等二十余篇,而《屈原贾生列传》《扁鹊仓公列传》则收纳了汉与汉之前的人物。这些人物自然都是武帝刘彻之前的人物。不但武帝刘彻之后的众多人物需要撰写传记,而且,《史记》中记述诸侯史事的"世家",因武帝刘彻之后世代传家

---

① 于邑:气短的样子。

的诸侯已在实际上等同于"衣租食税"的郡国,自然应并入列传。而武帝刘彻以来应该入传的人物太多,在三百人以上,儒林、循吏、酷吏、货殖、游侠、佞幸、外戚人物,可以按类成传,能合而为一传的应尽量多人"合传",事迹繁多不宜合传的,如贾谊、董仲舒、司马迁、萧望之、元后,还有窃取了大汉江山而自立"新"朝的王莽等,则单独立传。父亲在《史记后传》中所撰《韦贤传》《翟方进传》以及《元后传》"赞"等篇,可以全文移用。《史记》中的匈奴、西南夷、南越、东越、朝鲜、大宛等番夷"传"合而为匈奴、西南夷两粤朝鲜、西域三"传"。另外,《史记》将秦末起义将领陈胜、吴广列入"本纪",似不合《汉书》之旨——《汉书》之"纪",自应记述诸汉帝在位时的举国军政大事,陈胜、吴广纵有开国帝王之功,却无汉帝之名实。《汉书》中若有《陈胜、吴广纪》,将牛头不对马嘴,贻笑于大方矣,以入"传"为妥。这样,《汉书》当有传七十篇。

班固正在藏书阁苦思苦虑着,班超走了进来。看见兄长在竹简上写下的列传条目,班超道:嗬,开始写"传"了!

正在筹思。今日忙吗?

忙是一点不忙。班超一边说着,眼睛一亮,看见了案头上的一些关于西域的文书简牍,拿起来,惊喜道:哦,西域!我看看这个。《史记》的《大宛列传》,我倒是读了多遍。

班固很想让弟弟帮帮自己,或抄抄文稿,或撰写一些传记——这些事,他是可以承担的。但父亲曾对自己说过撰史只能靠他,不能靠弟弟、妹妹的话,况且,他知道,兄弟异志,弟弟对此不会乐意,也不会有兴致,即使接受,充其量只是勉强而为之。弟弟自幼颇喜习武艺、讲兵法,讲起孙子三十六计、韩信点兵、张骞通西域来,津津乐道,口若悬河。弟弟每每于闲谈之中,流露出与自己截然不同的志向。他所憧憬的是驰驱沙场、立功封侯。来到京师后,他所以替官府抄书,不过是因为家贫,为了补充衣食之不足,绝非其所愿耳。官拜兰台不久,他便显现出十分不得志的样子。贾逵曾告诉过他班超在为官府抄写公文时发生的一件事:

有一天,贾逵去大鸿胪与一位太学同窗商讨礼仪方面的事,恰遇班超在那儿抄写文书。屋内有点热,班超的额头上滚动着汗珠,后背的衣服被汗水溻湿了一大片。看得出,他很累很累,手指手腕酸麻了,不时地放下笔,摇摇手腕、动动手指。他的字写得很工整、很有力,官衙中的不少文官小吏都围着观看,有人不时地啧啧赞赏。班超却忽地掷笔于地,道:大丈夫如果没有别的宏大志向,活在世上,便应当仿效傅介子、张骞立功于异域,以取封侯,安能长期做这种笔砚之事耶! 在身边围着的那些文官小吏看来:你不过一个微不足道的抄书白衣,焉敢口出此等狂言,自比于傅介子、张骞?

傅介子、张骞,那是什么人物? 傅介子于昭帝刘弗陵元凤四年(公元前77年),奉命持节出使西域,诛斩了背叛大汉的楼兰王安,被朝廷封为义阳侯——那可是一位响当当的侯王啊! 至于张骞,那更了不得啦! 他于武帝刘彻建元中,以郎官应朝廷之募,带着大汉的丝绸瑰宝,出使月氏,途中被匈奴拘留十余年,而手持汉节不失,终于脱逃,经大宛、康居,而至大月氏,凿空了通往西域的丝绸之路。后又二次受武帝刘彻之命,带领百余名使从,交好西域诸国,与他的副使们分别到了乌孙、大夏、身毒、安息、条支、大秦诸国,把大汉的丝绸、瓷器等带给了这些国家,带回了这些国家回赠的大象、犀牛、狮子、鸵鸟、孔雀,以及夜光璧、明月珠、琉璃、琥珀等珍禽异兽、奇珍异宝,还将西域的石榴、西瓜、番瓜、番茄等果木蔬菜引入了中原,被封为博望侯。

众文官小吏无不知道傅介子、张骞曾经震动天下的不凡之举,听到班超口出狂言,一个个忍不住噗地笑出声来。

班超对于文官小吏们的嗤笑,一派漠视、无视、鄙视的神气,横眉怒斥道:小子安知壮士之志哉!

贾逵讲完此事,对班固道:仲升乃尔弟也,却大不同于你。其所怀弘毅之志,恐不在兰台之内也。

班固从弟弟驰马京师,冒险上书阙下,为自己申冤的行动中,早就感觉到弟弟的机智与果敢、胆识与勇略非自己可比,又想起那日请陈宗、尹敏等来家小饮时的话:

陈宗端起酒杯,看着班超,道:你就是班超啊? 久闻大名,胆识过人啊! 今日一见,燕颔虎额,果非凡响。钦佩! 钦佩!

我在长陵之时,屡听人说班氏兄弟乃人杰也。……仲升之风采,今日始得亲见,幸甚,幸甚! 尹敏道。

自古至今,怀才自有得遇时。以汝之胆识才干,必飞黄腾达,为期不远矣! 陈宗道。

既然兄弟异志,班固不愿难为弟弟,道:你愿意看什么就看什么,看后有什么想法,告诉为兄即可。

第十三章

兄文弟武各骋才

班超从戎

　　时值汉明帝刘庄永平十六年（公元73年）春天，大汉皇帝刘庄对匈奴愈来愈肆无忌惮、飞扬跋扈地南下侵扰并向西域扩张，致使西域诸国也劫掠大汉河西郡县之举，忍无可忍，终于审时度势，在朝堂上排斥众议，决定仿效武帝，击匈奴，通西域。

　　原来，早在汉武帝刘彻时，西域三十六国均臣属于大汉。大汉朝廷在西域设置了使者校尉——后称都护，对这些国家进行管护。汉哀帝刘欣、平帝刘衎在位时期，三十六国内产生了动乱，分裂为五十五国。王莽窃取了辅政大权之后，这些国家纷纷叛汉，转而投靠、役属于匈奴。匈奴轻而易举地从西域得到了大块大块的美如肥羊的土地，喜不自禁，对它们敛以重税，敲骨吸髓，使诸国不堪重负。却巧，匈奴内部互相攻伐，逐渐走向衰弱，诸国于是企图趁机从其羁縻下解脱出来。但它们却各有所图，互相攻伐，步调难于一致。到了大汉明帝刘庄永平年间，诸国竟屡屡联手,转而劫掠大汉河西诸郡县,弄得这些郡县人心惶惶,民不聊生,大白天也不敢打开城门。征伐西域,日益成为至为迫切的朝政大计!

当时,大汉经过数十年休养生息,渐渐民富国强,府库充裕,兵力也强盛起来。明帝刘庄断然派出了四路大军——太仆蔡彤出高阙①,奉车都尉窦固出酒泉②,驸马都尉耿秉出居延③,骑都尉来苗出平城④,合击匈奴。

窦固是窦融之弟窦友的儿子。十余年前,因窦融长子窦穆多次扰乱政事,甚至伪造皇太后诏令,图谋窃取六安郡的大权,明帝刘庄一怒之下免去了全部窦家人的官职,遣返扶风平陵故居,独留窦融一人于京师。窦固一向喜好阅读书传,尤喜兵法,曾随伯父窦融驻兵于河西,通晓边关情状,且经历过多次战事。为讨伐匈奴,汉明帝刘庄重新起用窦固——他本来就是受堂兄窦穆的连累而被免官的——拜以奉车都尉。窦固要领兵出征,急于招揽帮手。早在扶风平陵家乡,他就闻知父亲的故交——同郡安陵人班彪次子班超,是个勇谋皆备的征战之才,现正供职兰台令史,便请求朝廷委之以假司马之职,随自己出征。窦固的请求很顺利也很快地得到了朝廷的许可。

自那日去藏书阁在哥哥那儿发现了有关西域的文书,班超一有空就到藏书阁,反复阅读,在心里暗自思虑着、构想着怎样帮兄长完成《西域传》的撰写。得知窦固荐自己随征西域,并已得到朝廷准许,他惊喜万分,久久地萦回于心中的投笔从戎之梦,就要化而为真了!他仰天呼喊:真是天助吾也!然而,想起哥哥对自己的希望,又歉然慨叹:哥哥,弟弟本想帮你撰写《西域传》,现在是爱莫能助了!

不!你此去西域,不但能帮我撰写好《西域传》——以自己的两只脚,还将能帮我写好《匈奴传》!班固却满心高兴地、意味深远地对弟弟道。

不几日,班超便得到诏命,以假司马之职随窦固出击匈奴。

班母知道自己小儿子的心。他从小就与哥哥不同,哥哥喜欢的是书简,他喜爱的是刀剑。丈夫班彪在世时多次给她说过,固儿必为学有成,超儿宜效命疆场。班母明知皇上的诏命遂了超儿的愿,心中却不忍分离。自古儿行千里母

---

① 高阙:今内蒙古乌拉特后旗狼山南麓达巴图沟口。

② 酒泉:今甘肃酒泉。

③ 居延:今内蒙古额济纳旗东南。

④ 平城:今山西大同。

担忧,何况,他是要远去万里之外的大漠深处、刁蛮之地! 据说,那儿常常数百里之内荒无人烟,飞沙走石,头顶蓝天而眠,不尽风霜之苦。长路漫漫,要走好几个月呢! 这倒罢了,年轻力壮,让他经受点磨难也没有多少坏处。但这一去,何日才能相见呢? 自己已六十有三,虽说尚无大病,却自觉精神大不如往年,这把老骨头,还能见到超儿回来吗? 尤其令人忧心的是,贤惠过人的媳妇去世之后,超儿未再娶,曾给他说过好几个,他都断然拒绝。如今他要远走他乡,却是个没有媳妇的单身汉,做母亲的,心中真不知是什么滋味。在这生离死别的时刻,班母心中痛楚不堪,老泪潸然,却不愿让儿子看见。

班超是个孝子,明白母亲心中的痛楚,安慰道:母亲,儿这一去,只能让哥哥代儿在您面前行孝了! 儿心中不会忘记您! 儿到了西域,定然建功立业、报效朝廷、光宗耀祖,为我们班家,也为您老人家争光! 儿一旦完成皇上的诏命,就会回来看您的。您放心!

看着母亲和弟弟不忍分离的惨痛情景,班固也劝慰母亲道:超弟秉承皇上诏命,远赴匈奴,这是为国尽忠,是超弟求之不得的事,我们应该高兴才是啊! 我们弟兄还很小的时候,您和父亲不就多次告诫我们,长大了要效命邦国、建功立业吗? 如今,弟弟得到了效命邦国、建功立业的机会,您却放心不下……又对弟弟道:兄弟,你放心去吧! 不要惦记母亲,不要惦记小侄儿——哦,对了,至今还没有给他起好大名呢! 家里的一切都包在我和你大嫂身上! 我们会代你行孝的,会代你抚养好小侄儿的! 你一定不要担心!

班超却深自歉疚:自己就要驰骋于千里之外,这一家七八口人的生计,都留给了兄长一人负担。兄长,他是一个把继承父志、潜心精研、撰述修史,看得比一切甚至比自己的生命更重要的人。为了修史,他惜时如金,总是从藏书阁出来下朝回家,又进入书房,翻阅家藏的图书,或是挥笔疾书,该吃饭时忘了吃,该睡觉时忘了睡,有时直到沉沉深夜;为了修史,他毫不顾惜自己,常常发着烧,或是连声咳嗽,或是腰背疼痛,仍然在读书、在写作。我这一去,势必影响他的撰述,真令人愧疚啊! 想到此,班超道:兄长,我知道你会代我行孝,会代我抚养好儿子——噢,来不及再思虑了,就给他起名为雄吧!

什么? 雄? 小孙孙叫班雄? 班母问道。

是,儿想叫他雄,希望他将来成为响当当的英雄。母亲、兄长、嫂嫂,你们觉得如何? 班超道。

好！班雄,我觉得好！班母道。

班家未来的英雄！班雄,祖母说父亲起的这名字好,你说好不好？班固妻逗着抱在怀中的孩子问。

母亲,小弟弟叫班雄,这名字真好！小班亮道。

班超转过身爱抚地摸摸侄儿班亮的小脸道:班亮说好,那一定好！又转过身去:兄长、嫂嫂,我没有什么可担心的,真的！我心中不安、愧疚的是,这一去,把一家人的担子都撂给了你们,势必会影响哥哥的《汉书》撰述。

班固道:弟弟,可不能这么说。撰著《汉书》的是我,成败在于我。你在家时我怎样撰著,你去了西域我还怎样撰著。你放心,不会有影响的。再说,我撰著《汉书》是在宣汉,你奔赴西域,或向诸夷晓以大义,引导其竭诚向汉,或征战于疆场,迫其一心归汉,都是为了大汉社稷啊！你我所事之业不同,其诚一也,其冀一也。弟在西域的每一份功劳,都将是对兄的鞭策和激励,何言影响啊！

……

一家人坐在一起,有说不完的心里话。

冬寒未去,春意将临,除旧迎新的年节喜庆、热闹犹在的正月天,班家院子中的皂角树、枣树,虽仍枝上无叶,枝头却朦朦胧胧地暗自孕育、萌生着新芽,蓬勃着一种新的气象,焕发着新的风神。

班超要远赴西域随窦固将军出击匈奴的消息一传出,前来祝贺、送行的亲朋即拥上门来。

班昭夫妻自然是会来的。班昭像是怀了身孕,曹世叔却似乎恹恹病态。他们自然都勉励二兄、劝慰母亲。

意想不到的是,还来了徐干。徐干,平陵人。平陵与长陵都在长安城北,与长陵、阳陵、茂陵同处于宽阔的"五陵原",那里埋葬着大汉西都长安的五位皇帝——高祖(长陵)、惠帝(安陵)、昭帝(平陵)、景帝(阳陵)、武帝(茂陵)。五陵各自为县,彼此相距不过十余里,百姓多互相往来。倜傥风流之人、饱读诗书之儒、志高才俊之士,无不相知相交。徐干,多才善书,常思驰驱异域、征战疆场。班超在为父亲居忧于老家安陵的那八年间,就曾与徐干因对匈奴和西域的共同关注、对张骞凿通西域丝绸之路的共同钦佩和敬仰,而互相敬重,情深义重。徐干曾慨叹道:得与班超相知,不枉此生矣！永平五年(公元62年),班超随兄长与全家人来到洛阳后,因路途遥远,相聚不便,彼此也便逐渐失去了联系。没想到十一年后徐干又登门来访。

那日傍晚，徐干一走进客厅，就扑上前抱住班超的臂膀，久久凝视，大声道：嗬，超兄！比十年前更加英武、更富豪杰气概了！

何风吹来徐兄？从哪儿来？班超问道。

在酒泉郡衙为掾吏，混碗饭吃。俸禄甚微，却被捆定了双腿。知兄到京，为兰台令史，几次欲登门拜访，苦不得行。日前领了一桩差事来京，打听到兄将随窦固将军出征匈奴。今日谨来拜见，祝贺兄得遂平生之愿！

自从来到京师，常常想起徐兄。今日能得一见，实在是三生有幸啊！弟今一去，迢迢万里，只怕重逢无期！班超道。

二人促膝长谈，徐干道出自己如能得到朝廷许可，愿随班超一同前往的心意。班超告诉徐干，这次恐怕已迟，果有此意，不必着急。朝廷向西域用兵，看来不会是一朝一夕之事，日后肯定还要增派援兵。到时，只需向有司申明，不愁不得如愿。窦固将军这次所率吏士中，许多人都出于自愿。

徐干点头称是。

……

这是一个云淡风轻、关山在望、鸟鸣莺啭的霜晨，班超就要出发了。

他长跪于地，向母亲磕头道：母亲，保重吧，儿走了！又转身向班固叩头：兄长，请受弟一拜！班固慌忙扶起。班超又硬是向嫂嫂叩头：嫂嫂，雄儿就拜托你了！

抱着小班雄的固妻慌忙躬身道：兄弟，免礼！免礼！你放心，我会把雄儿当自己的孩子抚养成人的！你不在，他学不会你的英武，也一定会像哥哥一样儒雅的！

班超走到小侄儿班亮面前，拍拍他的头，弯下腰亲了亲侄儿的脸，转身对嫂嫂道：能让小弟抱抱儿子吗？

能，能啊！你是该抱抱的！班固妻急忙将班雄递给丈夫，丈夫又递给了弟弟。

班超抱着儿子，对着儿子的小脸，深情地看着。那神情好像在说：爱妻啊，我要出征了，不能亲自抚养咱们的雄儿了，你在九泉之下，不会怪罪我吧？想来你是不会的！有大哥、大嫂在，特别是大嫂定会好生抚养雄儿，你放心吧！放心吧！他贴着班雄那小脸亲了一口，急忙交给了哥哥，一挥手急匆匆地走出屋去，于院子中央的皂角树、枣树下略一回首，即来到大门外上了马，直视前方，打马而去。他不敢回头，他怕这一回头会泪水潸然……

小试牛刀

永平十六年(公元 73 年)冬，班超以假司马之职，随窦固出击匈奴。窦固率大军出酒泉，直指天山，却分出一小支人马，命班超率领，以郭恂为副，另外取道，进击伊吾①。班超与敌军交战于蒲类海②，一战而胜，小试牛刀，归来禀告窦固。窦固不胜惊喜，确认班超是个征战之才，便差遣他与从事郭恂一起出使西域。

经过短暂而认真的准备之后，次年春天，班超和郭恂率领三十六名随从、兵士到达鄯善③国。鄯善王广，嘘寒问暖，满嘴友善之语，并派多名官吏服侍其饮食起居，以周到的礼仪殷勤、盛情地招待班超一行。过了一些日子，突然，其礼仪之殷勤变得简慢，盛情转而冷淡起来了。

班超敏感地察觉到鄯善王广态度的变化，估摸其中必有缘故，琢磨许久，心中忽有所悟。他问随从道：你们感觉到广的礼仪变化了吗？我揣测，必定是北边的匈奴派使者来了，广一时犹豫不决，不知所从，才变得这样的。三十六名随从、兵士，一个个懵懵懂懂，惶惶惑惑，说不出话来。班超又道：月晕而风，础润而雨，头脑清醒的人，应该能够预见还未发生的事情，何况现在已明摆着！我们必须立即想办法摆脱险境！

众随从、兵士仍将信将疑，班超于是找来一个鄯善王广派来服侍汉使的小吏，诓骗道：北匈奴的使者来这里好多天了吧？他们现在住在哪里？鄯善小吏一下子蒙了，抬头看班超怒目圆睁，心虚了、胆怯了，把上司的叮嘱忘得一干二净，将实情倒了个一干二净。

证实了自己的猜想，班超心中顿时有了主意。于是命人关押了这个小吏，召集三十六名随从、兵士一起喝酒。喝得正酣畅痛快之时，班超忽然铁青着脸，严肃地厉声道：如今，你们与我班超都身处异域，冀望于立功，以报效社稷。然

---

① 伊吾：今新疆哈密西四堡。
② 蒲类海：今新疆巴里坤湖。
③ 鄯善：今新疆鄯善之南。

而,我们到鄯善不多日子,北匈奴的使者也随后而来。还没几天,鄯善王广就对我们不再以礼相待。岂止是不以礼相待,要知道,如今我们已身处危亡关头,一旦被鄯善王广抓住送给北匈奴,只怕我们都会变成北匈奴虎狼口中的食物,连骨头也可能被做了烟袋锅! 还做什么立功报效社稷的美梦? 你们都想想,说说我们有什么办法可以脱离险境?

众人无不惊恐,齐声道:现在我们都性命难保,想不出什么办法来。是生是死,就由司马大人拿主意吧!

班超深沉、凝重、果决地说道:不入虎穴,焉得虎子! 没有什么好办法了,只有乘着今夜火攻匈奴使者大营了! 他们摸不清我们的底细,我们一用火攻,他们必然畏惧,我们便可乘机除灭他们! 只要除灭了匈奴来使,鄯善王广就会吓破肝胆,就不敢对我们轻举妄动了,我们也就能死里逃生、大功告成!

有人提议道:班大人,事情重大,还是和从事郭恂商量一下的好!

班超神情激动,大怒道:是吉是凶,在此一举! 郭恂乃一介文官,优柔而寡断,听到此事后必然惊怕,迟疑不决,说不定会暴露我们的行动计划,我们便将白白地送死,遗臭后世,还算什么壮士?

众人齐声道:大人说得对! 就按你的主意干!

鄯善仲春的初夜,天黑星稀,朔风凛冽,寒意料峭。假司马班超安排兵士十人拿着鼓,其他人分别手持刀枪、弓弩,背着干柴,向匈奴使者住宿的穹庐悄没声地行进。汉使们住在城东的一所庭院内——这是鄯善王广专门招待远道而来的使者的处所,匈奴使者则住在城北的两个相邻的豪华、精美的穹庐之内——招待使者的庭院已为汉使所住,鄯善王特意按照匈奴的风俗,安排搭建了这两个穹庐。两地相距不远,大约不到一个时辰,班超等人便到了。班超让拿鼓者分别藏在那两个穹庐背后,手持刀枪、弓弩者则分别埋伏在两个穹庐门口两边。安排停当,听得穹庐内鼾声如雷,此起彼伏,班超便命兵士顺风纵火。火光一起,鼓声咚咚咚咚地震天大作。三十六人"烧啊!""杀啊!"放声呐喊。匈奴使者一个个从梦中惊醒,不知哪里来的袭兵,慌作一团,来不及穿衣服,光着屁股向门外逃命,却被嗖嗖的弓矢和刀剑挡住了去路,逃遁无门。班超眼疾手快,手起刀落,三个头颅便滚落在地。随从、兵士们奋身而起,挥动手中的武器,或刀砍枪刺,或张弩放箭。从刀锋、枪头、箭丛中侥幸脱逃的,又被熊熊烈火焚烧得鬼哭狼嚎。可怜匈奴使者,一个个懵懵懂懂,未明来者何人,所为何故,就一命呜呼,魂归西天了!

次日清早,班超将此事告诉了郭恂。郭恂自然十分吃惊,脸上显现出几分不平之色。班超明白,他恼恨于自己竟无功于此。班超道:你是文官掾吏,虽未参与此事,但我班超能独得此功吗?郭恂的脸上才露出了一丝欣幸之色。

于是,大汉假司马班超请来鄯善王广,将匈奴使者的首级给他看。广大惊失色。鄯善举国臣民得闻此消息,无不震惊。班超好言劝慰,晓之以理、动之以情,广终于下定决心,归附汉朝,并愿意将自己的儿子送往大汉朝廷为质,以表示自己的真诚。

假司马班超胜利完成了使命,率领着他的三十六名使从和兵士凯旋。

潜心撰著

班超横刀立马于边塞,班固潜心于《汉书》撰著,兄文弟武各骋才。

《汉书》之"纪"已竣稿,班固近日潜心于"传"。他感到用笔之难,在于武帝刘彻之前人物传记的选取和撰写。武帝刘彻之前的史实,已有太史公在《史记》中做了记述。太史公,乃良史之才,一座不可超越的旷世高山。他在《史记》的列传七十篇中,收录、记述人物八十余名,其中汉以来人物近半。而《屈原贾生列传》《扁鹊仓公列传》则收纳了大汉前后不同朝代的人物。还有传主为少数民族人物的《匈奴列传》《南越列传》《东越列传》等八篇,有以相同职业或相近品格人物为传主的《刺客列传》《循吏列传》等十篇。篇篇列传,无不激扬文字,酣畅淋漓,寄寓愤慨幽思,无所顾忌。其哲思,其文采,班固自认远不能及。太史公啊,我不能不移用或改用你的一些文字——想来你是理解的。然而,休怨我刻薄,请恕我直言,尊著《史记》,论术学,则崇黄老而薄《五经》;序货殖,则轻仁义而羞贫穷;道游侠,则贱守节而贵俗功——此其大敝伤道也。① 再说,人非圣贤,孰能无过?你的《史记》中,对武帝刘彻太初以前的一些应该立传的人物,如吴芮,没有立传。吴芮,秦时为番阳②令,秦末率越人起兵,派部下将领率兵随从

---

① 意为:谈论学术时崇尚黄老——道家思想,而鄙薄儒家《五经》;记述货殖——经营商业、工矿业时,轻视仁义而蔑视贫穷;叙述游侠的作为时,则轻贱于恪守节义——王法,而把百姓的眼前利益摆得高高在上。这一切,是很错误、很伤害人生之道的!

② 番阳:今江西波阳东北。

汉高祖刘邦入关，被汉封为长沙王，其事迹关涉到秦汉之际长江中游一带的治乱。吴芮无传，不可谓不是疏漏。汉高祖刘邦有五个儿子封了王，《史记》却只有记述其一子——齐悼惠王刘肥事迹的《齐悼惠王世家》，其他四人无传，仅一人在《楚元王世家》之中略做了交代。为这五人写"合传"——"高五王传"，理所当然啊！汉景帝诸子中，封王者有十三人，《史记》按同母者为一宗，撰有《五宗世家》，何不为十三王立"合传"——"景十三王传"呢？一些十分重要的人物，如贾谊、晁错、董仲舒等人的"列传"，漏掉了一些极为重要的史料。《屈原贾生列传》中，记述贾谊的事迹，不收录他的《治安策》，使他好像只是一位牢骚满腹、怀才不遇的文人，而不见其经纶天下、高才卓识的儒臣风采。《晁错列传》中，没有《削藩策》《贤良对策》《论贵粟疏》，使其激浊扬清、革新弊政的才识如明月之为浮云所遮蔽。《董仲舒列传》中没有《贤良三策》，也难以彰显其罢黜百家、独尊儒术的心胸和人格。再比如，李陵、苏武、张骞这三位在与匈奴的征战或交往中声名赫赫的人物，在《史记》中看不到他们的传记，或只在别人的传记中附上寥寥数语，能说恰当吗？……凡此种种，我在《汉书》撰写中不能不弥补，不能不全盘谋划，有所增益、有所删削、有所润饰啊！说句亮心底的话吧：你是在"成一家之言"，你可以径情直遂，言所欲言，寄兴言外，情韵勃然，奇谲瑰丽。我却不能，我是在奉诏修史，是在"宣汉"，我必须考核详备，斟字酌句，文赡理惬，辞唯温雅啊！班固反复思索，反复琢磨，也将《汉书》中的"传"规划为七十篇，除儒林、循吏、酷吏、货殖、游侠、佞幸、外戚等七篇记载九十八人事迹的"类传"和匈奴、西南夷两粤朝鲜、西域三篇"民族史传"外，六十篇传中，仅贾谊、董仲舒、司马迁、萧望之、元后、王莽六人单独立传，其余大汉西都时期二百余年间的二百三十三人，均以"合传"记述其事迹。而其父班彪《史记后传》中的《韦贤传》《翟方进传》以及《元后传》"赞"，史实详赅，文字简雅，可以移用，使班固为"传"的新撰，可以少费点气力。

主意已定，班固便一篇一篇地开始了"传"的撰写。

第十四章

苦衷压胸答宾戏

再次出使

班超回到了京师洛阳。此前，窦固已向皇上呈上表章，奏明了班超出使西域的经过和功劳，并请求选派使者再度出使西域。皇帝刘庄很欣赏班超的勇武、机智和韬略，认为班超是个难得的使外之才，道：像班超这样有勇有谋的使外之才，何不派遣他再使西域，而要另外选派他人呢？朕意，即拔擢班超为军司马，让他再次出使西域，再立新功！

班超回家来了，班母顾不得挂马廖送她的那根行走不离手的龙头拐杖，急匆匆地出了屋门，来到院子中央，与班超相遇在皂角树、枣树之下。

母亲！班超急趋上前，跪地。

班母俯身抱住儿子道：快起来，让娘看看！

班超站起身，班母拉着儿子的双手，睁着两只昏花的老眼，从头到脚又从脚到头地把儿子看呀看的看个没完，好像不认识了一般。班固妻在一旁打趣道：

看把老太太高兴的！看吧，看吧，看清楚了吗？哪儿风吹着了？哪儿沙打着了？还有，哪儿太阳晒着了？我这眼睛不行，可是看得清清楚楚，他没掉一丁点肉，也没少一根头发！神采飞扬，英气勃发着哩！听他哥哥说，还升了官哩！

升的什么官？班母转身问。

说是军司马，能领三千兵马的官！

哦，三千！那么多！真不少，不少！可他去的时候不就是什么假司马吗？

去的时候是假司马，就是代替司马领兵，如今是正儿八经的司马大将军了！班固对母亲道。

好，你父亲有灵，该多高兴啊！我儿为班家争气了啊！班母喃喃地道。升了官就好，就好！

小班雄听祖母说"升了官就好"，也学说着祖母的话：……就好！逗得班超一弯腰抱他起来。班超将怀里的儿子亲了又亲，小班雄却用小手儿推着父亲的脸：扎！扎！逗得一家人哈哈笑个不住。蓦地，班超觉得自己体味到了天伦之乐的滋味。他想起了亡妻，不禁眼眶湿润了，急忙断了这乍然来到心头的怀念。哦！胡子扎着儿子啦？班超摸着自己的嘴笑道。以前，他总觉得自己还是青年，从未在意过自己的胡子，今天，他平生第一次感到自己已经青春不再，是个长了胡子的中年人了。

是啊！我们都已是建功立业的盛年之人了！班固想赞扬兄弟一出马就大获成功，慨叹自己盛年而少有建树，话到嘴边，却道：兄弟此去，为我们班家光耀门庭，父亲在天之灵当无限欣慰！明天正好是休沐日，为兄陪你祭奠祖坟，告慰列祖列宗在天之灵，如何？

班超一边扶母亲坐在皂角树、枣树下的石凳上，一边回答哥哥道：好的，尽听兄长安排。

那就这么定了。

超儿呀，有件事一直搁在我心上，你回来就好。你走时，徐干来过，娘向他说过你媳妇产后离世的事。他回去之后，就托人来家说亲：他有个望门寡①的妹妹，才貌双全，自从未婚夫死后，一直没有再定亲，多少人上门提亲，她都哭哭啼啼地摇头拒绝了。徐干回去说了你的情况，她居然没有说不，看来是合了她的

---

① 望门寡：没过门成亲就死了丈夫的寡居妇女。

意。我觉得真是千里姻缘一线牵！徐家，我们是了解的，人品没说的。你回来赶紧把婚事定下来，早一天把媳妇娶回来！

母亲！儿又要出使西域了，这一次与上次不同，一去不知何年何月才能回来。娶媳妇回家，让人家活守寡？儿不能，不能这样！不能耽误了人家！儿的婚事，等儿下次回来再说不迟！

婚姻是终身大事！你年纪不小了，都四十三了，可不能再耽搁了！依娘看，徐家姑娘真是上天给你安排的，再合适不过了。早点娶回来好，不能让人家姑娘没个日月长短地等你呀！母亲又道。

儿明白母亲的心。自古忠孝不能两全，儿出使异邦，尽忠社稷，无法听从母亲之命，也顾不得自己的婚姻之事，请母亲原谅儿子，也不要耽误了人家姑娘吧！班超向母亲叩头道。

超儿，你叫娘怎么说！把媳妇娶回家，你出使你的西域，媳妇在家里过日子，这有何不好？你为何这么犟！母亲有点生气了。

永平十七年(公元74年)的春天悄悄地来到了。班家院子的皂角树、枣树，像是大梦初醒，睡眼惺忪，枝头上朦朦胧胧地罩上了黄茸茸的嫩芽。

班超再次出使西域的日子到了！

明帝刘庄召见了班超，亲手将朝廷使臣节杖庄严地授给了他，鼓励他前赴西域，再立新功。窦固要班超多带些兵勇，班超道：我只想仍然带领前次出使的三十余名勇士。有他们，足够了！如果发生了什么意想不到的事，人多了，反而会成为累赘，受到拖累！而前次随班超赴鄯善的那三十余名勇士，无不钦佩、敬仰班超的勇猛和机智，以在班超麾下驰驱奔走为幸运、为荣耀、为快乐。窦固也便不再强求，赞同了班超的意见。

于是，班超手持节杖，率领着他的三十余名勇士，骑着马，英气勃发、雄赳赳气昂昂地出京城西明门而去。

眼看弟弟一行出了西明门，班固仍久久地伫立着……

答宾之戏

相继写完了《张骞传》《李陵传》和《苏武传》，班固心里感到一种少有的欣

144

慰,然头脑里仍久久萦回着张骞、李陵和苏武或壮怀激烈、或慷慨悲壮、或凄楚悲凉的故事。

张骞、李陵、苏武是三位在大汉与邻国交往过程中出现的英雄。他们各自担当了不同的使命,有着迥然不同的遭遇,也各自有着荣辱迥别的最后归宿。然而,他们都有着一颗忠诚于大汉社稷的滚烫的心——尽管李陵迫不得已而最后投降了匈奴,却有着一腔勇往直前、奋不顾身、宁死不屈、时刻沸腾着的绝不冷凝的热血。

匈奴是横亘在大汉北部的强敌。匈奴单于和他的王爷们以及左右大将,都各自掌握着一支长于骑射的草原劲旅,奴役、敲剥着他们的牧民,管护着牧民们逐水草而居的游牧生活。他们也不时地驱遣自己的兵马,南下大汉境内掠夺粮食和财物。在他们看来,汉朝肥沃的土地及土地上出产的丰盛粮食、瑰丽的丝绸织物和奇珍异宝,是他们不竭的衣食之源,只要挥动手中的刀枪弓箭,跃马而南,那些可以饕餮饱腹、奢侈享受之物,便可唾手而得。汉高祖七年(公元前200年),冒顿单于带领四十多万兵马,分头南袭,很快占领了马邑①,直下太原,围困晋阳②。高祖亲自率军北上,夺回了晋阳,追击单于至平城③,却被匈奴埋伏的兵马所围。汉军拼命冲杀,向东退于白登山④上。这便是震惊朝野,也令大汉天子不胜屈辱的"白登之围"。

高祖之后,经过"文景之治"⑤,大汉国力渐强,武帝刘彻觉得有力量对付匈奴了。听说匈奴单于侵占了月氏的土地,砍了月氏王的脑袋当瓢用,月氏人对匈奴怀恨在心,武帝刘彻便打算联络月氏,夹击匈奴。但月氏背离故土,向西远去,不知落足何处,而大汉满朝文武得知皇上之意,一个个谈匈色变。只有郎中张骞自愿承当此任。武帝刘彻即以张骞为使,让他带领百余名勇士,以大汉独有的丝绸等盖世奇珍为礼品,赴西域联络月氏。张骞率领他的使从勇士们过了

---

① 马邑:今山西朔州市朔城区。
② 晋阳:今山西太原市晋源区。
③ 平城:今山西大同。
④ 白登山:今山西大同市东北马铺山。
⑤ 文景之治:汉文帝、汉景帝统治时期的休养生息政策及其所创造的国泰民安、国力强盛的局面。

陇西,不料被匈奴兵马所拘系。张骞等人无衣无食,挖草根、打野兔、抓地鼠糊口,十余年后才得以借机脱逃,越过人迹罕至、鸟儿也难飞过的茫茫大漠,经历难以想象的奇艰大苦,到了大宛①国。大宛国王早听说东方有个汉朝,土地辽阔,物产富庶,金银财宝、丝绸布帛多得用不完,就是路太远,没法儿交往。如今见到大汉使者,盛情招待,派翻译带领他们经过康居到了大月氏——月氏人从故土西来至此,占领了大夏的部分土地,建立了新的大月氏国。大月氏人欣欣然自乐于居住在这块水草丰茂、物产丰富的土地上,报仇雪恨之心已经淡漠、冷凝,对张骞阐述的夹击匈奴之意了无兴趣。张骞在大月氏居住年余,点燃不了大月氏人的复仇之火,不得如愿,只好告辞返回,不幸于归途中再一次被匈奴抓获。后来,匈奴王庭因争夺王位而引发了内乱,张骞才乘机脱逃,回到长安。张骞此行前后达十三年,虽未能实现初衷,却凿通了一条通往西域的"丝绸之路"。而且,得知世界并非自以为居于"中央之国"的汉朝人所知道的那么大,除足迹所至之国外,还有身毒②、安息③等国。

张骞又提出了从蜀④出发联络身毒的主张,被汉武帝所采纳。张骞把人马分为四路,分别寻找通往身毒之路,途中都遇到夷人抢劫、阻挡,无法前进。往南走的一路人马,到昆明遇阻后,改道走到了滇越⑤。其国王是战国时代楚国将军庄蹻的后代,他愿意帮汉使去通身毒,但昆明横亘其间,无法通过。张骞只好郁悒而返。通身毒虽然以失败告终,却意想不到地通了滇越,汉武帝刘彻倒也满意。

汉朝没有找到联手合击匈奴的友邦,匈奴兵马却连连南下汉朝境内大肆劫掠。于是,汉武帝刘彻拜霍去病为骠骑将军,与大将军卫青一起,进击匈奴。张骞也曾在出征匈奴中立功,被封为博望侯,却又在另一次出征中因贻误时机而论罪当死,后以财物赎罪而保得一命。匈奴连打败仗,派使者来长安请求和亲,被汉武帝拒绝。匈奴在西域一带的属国也闻风而纷纷企图摆脱匈奴的奴役。

---

① 大宛:在匈奴西南面。

② 身毒:今印度,也写作天竺。

③ 安息:今伊朗。

④ 蜀:今四川。

⑤ 滇越:在今云南省。

趁着这个时机,汉武帝派张骞再次出使西域。张骞献计说,匈奴西边的乌孙①受匈奴欺压,若送重礼给其国王,并许以和亲,必可归心于汉。如此,则不啻砍断匈奴右臂。乌孙与我交好,则大宛、康居、大夏、月氏等便不难结交了。武帝赞同,以张骞和他的几个副手为使,执节杖,率三百余名勇士,每人两匹马,带牛羊万头以及黄金、钱币、绸缎、布帛、瓷器等价值几千万的重礼,动身赴乌孙。

张骞到了乌孙,乌孙王听了张骞说明来意,犹豫不决,多次举行庭议。大臣们对大汉的财宝垂涎三尺,喜之不尽,却对大汉地域的大小、兵力的强弱疑虑重重,又惧于匈奴的淫威,谁也拿不出个能让大家一致赞同的主意。张骞利用乌孙反复庭议的时机,打发副使们分头去联络大宛、康居、大月氏、大夏、安息、身毒、于阗②等国。久久等待,乌孙王依然犹豫不决,张骞无望,只好决定回朝。乌孙王借着送张骞东归,派数十位使者,带着几十匹高头大马,回访汉朝。汉武帝看到他们,十分高兴。张骞于次年病逝,他的副手们先后带着所通各国各式各样的礼物,回到长安。

苏武的故事迥然不同。那是张骞病逝前后的事。大汉整顿了南越,平定了西南方,打败了楼兰、车师、大宛,跟乌孙和了亲。匈奴看情势不妙,乌维单于即派使者向汉朝求和。于是,汉武帝打发杨信出使匈奴,要求单于:如果诚心向汉朝求和,就请把太子送往长安伴驾。单于很霸道,拒绝以太子做人质,并要求大汉皇帝嫁公主给他,再送绸缎、布帛、食物等礼物。杨信回朝禀报武帝,武帝另派了王乌去见单于。王乌低声下气,接受了对汉朝人来说属于侮辱性的条件,送上了重礼。单于表示要到长安来见皇帝,与其当面结为兄弟,并说汉朝要是诚心与其和好,匈奴将派贵人来联络。汉武帝便在长安为单于修建了豪华的公馆。单于派他的贵人来到汉朝京城长安,贵人却因水土不服得了病,朝廷小心地派御医看病、吃药,不见好转,贵人溘然而逝。武帝不惜花用几千金,派大臣路充国隆重地将其灵柩送回匈奴。单于却翻了脸,一口咬定贵人是被汉朝害死的,扣留了使者路充国。路充国被扣三年后,乌维单于死了,其子做了单于,称儿单于。汉朝派使者去吊丧,儿单于把吊丧的使者也扣留了。此事前后,匈奴扣留汉使多达十几起。儿单于动辄杀人,匈奴人不得安生。左大都尉准备除杀

---

① 乌孙:今新疆温宿县以北、伊宁县以南地区。
② 于阗:今新疆和田县。

儿单于,投奔汉朝,打发心腹报告大汉朝廷,请求发兵接应。武帝即派将军前去迎接,左大都尉却因走漏风声而被儿单于所杀。汉朝正准备进击匈奴,路充国和别的被扣留的使者却意外地回到了长安。原来,儿单于死了,乌维单于的弟弟继位,不到一年也死了,其兄弟且鞮侯被立为单于。且鞮侯单于得知大汉连败楼兰、车师、大宛的消息,深恐自己立足未稳而为之所败,就送还了扣押在匈奴的大汉使者,并谦恭地道:"汉朝是匈奴的丈人之国,我做晚辈的怎么敢得罪长辈呢?"

汉武帝听了路充国转述的单于的话,特意打发郎中令苏武,以张胜和常惠为副手,送回扣留在长安的匈奴使者,还给且鞮侯单于带去许多贵重的礼品。谁知且鞮侯单于之前所为只是缓兵之计,见到苏武后十分傲慢。西北风中降严霜,此时又发生了一件意料不到的事:在苏武之前有个叫卫律的汉使投降了匈奴,其副手虞常不得不跟着投降,却一直在心里谋划着杀卫律,逃回长安。虞常和苏武的副手张胜本来是好朋友,虞常谈了自己杀卫律的想法,张胜即表示愿意相助。谁知虞常没有杀死卫律,反倒被抓。张胜害怕了,把虞常的事告诉了苏武。苏武担心虞常供出原委,使朝廷蒙羞,就要拔刀自尽,亏得张胜和常惠夺了刀,才没有死。虞常受尽酷刑只承认他与张胜是朋友,单于觉得无理由处死苏武,便命卫律劝苏武投降。苏武说:丧失气节,侮辱使命,就算活下去,还有什么脸见人呢?说着,拔出刀来向自己的脖子抹去。卫律慌忙抱住。苏武已受了重伤,昏倒在地,浑身是血,经过匈奴医生精心治疗,才渐渐痊愈。单于钦佩、敬慕苏武,一面派人早晚问候、周详照料,一面命卫律再次劝降。卫律却请苏武在公堂坐定,听他审讯虞常和张胜。虞常态度强硬,当堂被杀,张胜贪生怕死而降。卫律转而软硬兼施,手段用尽,逼苏武投降。苏武理直气壮地怒斥卫律投降变节,寡廉鲜耻,禽兽不如。单于却称赞苏武有骨气,忠耿可佩,愈是铁了心要想尽办法逼他投降。他把苏武下了地窖,不给吃喝。苏武在地窖里捡破羊皮片儿嚼,抓雪块儿吃,几乎被饿死,却拒不投降。单于一计不成又生一计,把苏武充军于北海放羊。苏武在那儿缺少吃穿,饥寒交迫,挖野菜、逮野鼠充饥,却手持节杖,片刻不离。节杖使苏武得到安慰、得到鼓舞,他恍惚从节杖的穗子上看见了白发苍苍的母亲,看见了故国皇帝,看见了中原的麦穗,看见了牵肠挂肚的"中央之国"……

汉武帝刘彻久久不见苏武回来,推测必是被匈奴拘留,又打听到匈奴企图侵犯边疆,便命令贰师将军李广利率领三万骑兵征讨匈奴,又吩咐李陵跟李广利同去。李陵却请求率领一支人马,独当一面,去分散单于的兵力。武帝知他是瞧不起贰师将军李广利,气恼之下,给了李陵五千步兵。后李陵与单于大军艰苦卓绝地搏斗,粮尽弹绝,救兵不至,乃至全军覆没,做了俘虏。李陵投降了匈奴,却犹怀杀敌立功、报主报国之心。然而,紧接着,又发生了满朝怨谤,武帝愤而将李陵母亲、妻子下了监狱的事。太史公司马迁因就此事回答武帝刘彻的诏问时,为李陵讲了几句正直、正义、公道、公正的话,而遭受了宫刑,遂忧愤幽怨,"隐忍苟活,幽于粪土之中而不辞",撰写《史记》,赖文采而自表于后,以"究天人之际,通古今之变,成一家之言"。

后来,武帝处死了李陵的母亲和妻子,李陵在绝望之中,终于死心塌地地接受了单于封给的右校王之爵。单于得知李陵与苏武曾是好朋友,于北海设了酒席,并伴以乐舞,命李陵劝说苏武投降。李陵向苏武表达了单于的敬仰之情,述说了苏武一家的遭遇:令兄令弟因朝廷行将治罪,自杀而死;令堂过世;嫂夫人年轻,已早早改嫁。剩下两个妹妹、两个女儿、一个儿子,不知生死。人生如露,日月无多,何必折磨自己啊?我原也与你一样,报主报国之思甚殷,然一家老小被拘的被拘、被杀的被杀,走投无路,我才不得不如此啊!当今皇上已经老了,昏了,今天杀这个大臣,明天杀那个大臣,竟无缘无故地使几十个大臣遭受灭门之灾。人们早晨起来不知道到晚上还能不能保得住性命。何处青山不埋骨,何必马革裹尸还?苏武回答说:做人臣,为朝廷死而无恨!即使朝廷有对不住我们的地方,难道我们可以对不起祖宗吗?可以对不起父母之邦吗?我早已做好死的准备了。大王你如果逼我投降,我就死在大王面前!李陵听一向亲如同胞的苏武称自己大王,觉得如针刺锥扎,慨叹苏武真乃义士,而自己如同禽兽,洒泪而去。后来,壶衍鞮单于即位,向大汉表示愿意和亲,汉朝廷才借机要回了苏武。苏武四十岁时出使匈奴,归来长安,须发皆白,节杖的穗子也已全脱,成了一根光杆儿。汉昭帝刘弗陵看着那根光杆儿,酸着鼻子直掉眼泪……

张骞、李陵、苏武,你们都是英雄,都在大汉与他国的交往中出生入死,艰苦备尝,建功立业,在历史上留下令世人敬仰、千秋万代难以磨灭的印记。如今,超弟于西域小试牛刀,即震动朝野,官拜司马。而我班固,枉有横溢之才,日日蜷缩于简牍书册之中,低首伏案,或阅览,或书写,咬文嚼字,字斟句酌,苦心孤诣,如临深渊、如履薄冰,惴惴小心,夏日汗流浃背,冬日手足皲裂,甘苦之味,难以备述,却官不过校书郎,禄仅可勉强糊口耳!太史公曾在《报任安书》中,云其先祖"文史星历,近乎卜祝之间,固主上所戏弄,倡优畜之,流俗之所轻也"①。我班固难道不是如此?天哪,难道以著述为业的太史公与我班固,都不过是那种替人消愁解闷、让人玩弄的倡优吗?不!太史公是在"究天人之际,通古今之变,成一家之言",我班固在修志委命,致命遂志,纵览历代盛衰兴替得失,在"宣汉",在嘉惠后世、增人明智啊!

哦,记得那位郎官那日在东观藏书阁对我说道:人生在世,或立德、立功而扬名万代,或守静无为,恬淡终生。明智的古圣先贤总把立德、立功摆在首位,而著书立说只是功德之末流余事罢了。孟坚兄今日有幸处身京华,佩绶带,穿官服,就应以自己的非凡才华、烂漫文章,跨腾风云,扬名九州,使看见的人惊异,听到的人震撼。你却枕藉经书,蜷身于竹简、布帛之中,年年月月,月月天天,兢兢业业,惴惴惶惶,潜神默记,神驰于天地宇宙之外,思入于笔锋毫发之微。自己的才华不能得到展现,本领得不到发挥,徒有辩才如波涛汹涌、文辞如春花烂漫,又有什么用呢?总比不上在皇上面前运筹划策,活着名字响当当、死后美名传八方吧?……

这些话也许有些道理。人皆说我班固才华出众,笔下珠玑。我日日雄鸡未啼即起,夜阑人静未眠,兢兢业业,搜肠刮肚,殚精竭虑,脑汁绞尽,鬓发斑白,仍不过一介校书郎耳!然而,我怎么能这样想呢?难道为了名,为了功,为了高官厚禄,而后悔自己以著述为业吗?我能放弃《汉书》的撰写吗?太史公身受宫刑之奇辱,"肠一日而九回,居则忽忽若有所亡,出则不知其所往",犹"网络天下放矢旧闻,略考其事,综其始终,稽其成败兴坏之纪",以成《史记》,我怎能以官微禄薄,功不获、名不显而放弃撰写《汉书》呢?太史公有灵,当以怎样的眼光蔑视、藐视、鄙视我啊!

忽地,班固怦然心动:我何不写赋以倾胸中苦衷呢?

如有神助,文思泉涌,一篇题为《答宾戏》的赋鬼使神差地在班固头脑中完成了构思。在这篇赋中,他尽情地把自己久久郁积于胸中之言倾泻出来,借着

① 太史公认为自己的祖先作为史官,掌管着天文历算,与朝廷的算卦、祭祀之官差不多,被皇上当作弄臣、当作开心取乐的倡优一类人物畜养着,为凡俗平庸之人瞧不起。

与宾客的对话,表达自己对功名利禄的看法和"专笃志于儒学""以著述为业"的志趣。

有宾客戏言道:据我所知,人们大都认可这样一种意见,古圣先贤、名扬今昔的圣人、志士,都有一个认定了的、不可改变的追求,那就是名。建功立业以获取名利、光宗耀祖,从来就是古圣先贤活在世上的最高要务,而著书立说,不过是人生要务之外的末节余事罢了。如今,你有幸生逢圣明皇帝之世,穿戴着官服在朝廷做官,似乎很有英气,很有德行,但这又能怎么样呢?你纵然才华杰出,文章卓著,但是地位低下,无法像蛟龙一样冲出泥淖,腾空奋起,使看见的人震撼、听到的人惊悸。你纵然满腹学问,尚且孜孜不倦,日夜攻读,思想在宇宙翱翔,笔势像波涛澎湃,也只是在笔尖上显示才能而已,哪比得上为朝廷出谋献策、建功立业呢?

主人回答道:您所说的这些,实在可以说是看见了名利外表上的光华,却不明白人生之真义。就拿战国游士的遭遇来说吧。当时,王室衰微,各国纷争,合纵连横的善辩之士并起,借着时局的风云变化,争着向诸侯国的君主慷慨陈词,奉献计策,为解救诸侯面对的危难而立功。他们常常被国君重用,甚至声名鹊起,平步青云,一举而登丞相之位,尽享人间荣华富贵。可是这些人的命运又怎么样呢?他们早晨像鲜花一般开放,到了晚上便萎蔫凋零,转眼之间,灾祸临头。有教养的士人还能跟着这样做吗?功不可以虚成,名不可以伪立啊!所以,孔丘视富贵如浮云,孟轲养浩然之气,决不死抱迂阔习气,追求不切实际的东西,而是坚守自己的道德和志向。当今,大汉朝廷扫荡、廓除那些污秽的、有害的思想学说,巩固社稷,国家一派兴旺气象,如伏羲氏、神农氏、皇帝、唐尧之时。今日天下之君,光焰如太阳,威严如神明,涵纳万顷如沧海,滋养万物如春天。天地四方之内,莫不同生同长,接受着崇高盛德的沐浴,和谐地、生机勃勃地成长。草木在山林,鸟鱼在川泽,适应于四时变化便繁衍滋长,违逆了季节时令便凋零败落,万物无不遵循天地变化而自我调整。人生在世,或伴驾君侧辅政划策,或驱驰疆场建功立业,或潜思精研著述为业,所求在于自得其宜、自竭其能,何谈官位利禄的高低厚薄呢?

宾客又道:像商鞅、李斯之流,都是周室衰亡之后不得好报的人。我们早就知道他们的可悲命运了。我要问的是,上古那些有作为之士,他们活在世上推行正道,辅佐君主获得了美名,事迹传颂于后代,难道他们也是悄无声息、默默无闻的吗?

主人的回答是对上古以来贤人的赞扬。譬如殷代从事版筑的傅说被提拔，周代在河滨钓鱼的吕尚受到重用，他们都具有过人的智慧，能洞察情势，建树功勋。汉代以来，有陆贾著《新语》，贾谊写政论，刘向总校群书，扬雄撰哲理大作《法言》《太玄》。他们都与当时的君王相亲近，善于体会前代圣哲的精微道理，博览群书，手不释卷，废寝忘食，而具有高深的学识，因此才形成完美的人格，写出杰出的文章，其主见为国君采纳，得以留传美名于后世。伯夷逃到首阳山上，宁愿饿死；柳下惠任士师，三次被黜而不气馁；颜回住在陋巷，过着穷苦生活而不改其乐；孔子慨叹"吾道不行"，著成了《春秋》。他们的声名充盈于天渊，是我们这些人真正的处世师表。……阴阳相合，是天地的规律；文质相辅，是王道的常态；有同也有异，是圣哲的思维。所以说，果真能谨慎地砥砺自己的志向，保守自己的天性，顺应命运的安排，体味、神会大道的指向，你的名——也许是美名、崇高之名——难道会埋没吗？您没有听说价值连城的和氏之璧原本蕴藏于荆石之中，稀世珍宝隋侯之珠原本暗生于蚌蛤之内吗？曾经多少年，它们未曾碰到识货的人，无人知道它们蕴含着耀眼的光辉，呈现着奇异的色彩，是千年万代的珍宝。如同蛟龙游在浅水而为鱼鳖戏弄，无人知它能腾空万里，搏击风云，直上高远无垠的天空！事情总是如此：巨龙先处于泥沼，然后才飞上高空；美玉宝珠先无人理睬，然后贵重无比；德行高卓的读书人，也是先默默无闻，然后扬名于世。人各有所长，俞伯牙、师旷对管弦之乐的高超听觉，离娄分辨毫发之物的超绝视力，逢蒙弯弓射箭百发百中的绝技，班输运用斧斤制作木器的精妙技能，伯乐相马的非凡本领，乌获手举千钧的超人气力，扁鹊以针砭、药石诊除疾病的绝妙医术，计研、桑弘羊至精至高的经商理财之道……无论如何，我都不如他们，也无法跻身于他们才能卓绝的这些职业之中。我别无所求，只能终日读书做文章，自得其乐！

　　班固跃身而起，来到书房，点灯研墨，笔如游龙般飞动于绢帛上，未过多久，即落笔成篇而沉浸于一种少有的舒适和轻松、释怀和欣慰之中……

第十五章

自得其乐写真情

明帝诏问

永平十七年(公元74年)深秋的一天,班固伏案写作时久,只觉头昏眼花,走出东观藏书阁,想去兰台庭院内看花草散心,只见老太监急匆匆地走了过来。

班大人!留步!老太监呼喊道。

哦,公公!

皇上召见。

公公能告诉我所为何事吗?班固一惊,问道。

咱家不知。

何时见驾?

现在。跟着咱家走吧。贾逵、傅毅等都在云龙门等着大人。

好。走吧!班固拍了拍身上的灰尘,整了整衣冠道。

金碧辉煌、香雾缭绕的云龙门东暖阁内,鸦雀无声,皇帝刘庄在低头看着什么。

贾逵、傅毅在门外的廊檐下踱着步子,等着皇上的诏见。

老太监引领着班固来到云龙门外,向贾逵、傅毅一招手,便一同走进殿内。皇上,班固、贾逵、傅毅都来了。

少顷,皇帝刘庄的眼睛离开了面前的简牍,抬起头来。

陛下! 班固、贾逵、傅毅躬身施礼。

三位爱卿,平身说话。

谢陛下!

朕近日阅读太史公书《秦始皇本纪》。几位爱卿乃当今鸿儒,想必都已读过。不知你们觉得其"赞语"有无欠妥之处?

贾逵、傅毅互视一眼,额头上渗出豆粒般的冷汗,不知说什么好。

班固不假思索地对答道:臣固以为,太史公之"赞","向使子婴有庸主之才,仅得中佐,秦未绝也"之语,谬矣!

哦,何以见得? 刘庄没有想到班固会如此直言不讳。

启奏陛下,臣以为,秦始皇吕政残酷暴虐无道;他死后即位的胡亥愚蠢至极,尽情享乐,罪恶深重,长着人头,却像畜生一样鸣叫。始皇父子的肆虐、残暴,使秦之灭亡必矣!继承了帝位的子婴,独能考虑长远,父子运用权谋,在一室之内,就近得手,诛杀了奸臣,为先君而讨伐逆贼。奸贼赵高死后,子婴对宾客、亲戚们来不及一一慰问,饭来不及下咽,酒来不及沾唇,楚军已经屠灭了关中,真命天子——大汉高祖皇帝——已似从天而降来到灞上。子婴素车白马,颈项上系着绶带,手捧着符玺,奉送给了高祖皇帝。如同黄河决口不能重新堵住,鱼腐烂了不能恢复完整,暴秦顿然灭亡。贾谊、司马迁却说:"假使子婴有一般君主的才能,依靠着中等将相辅佐,山东地区虽然叛乱,秦国的本土还可以保全,宗庙的祭祀也不至于断绝。"臣以为,秦朝积久衰弱,天下土崩瓦解,即使周公旦在世,也无法再发挥他的智慧和才能。以秦朝灭亡的罪过,责备继位仅短短几天的子婴,大错而特错矣! 班固侃侃而谈。

皇帝刘庄惊异于班固的滔滔对答,问贾逵、傅毅道:卿以为班固所言,何如?

臣览《秦纪》,未曾留意、琢磨此处,觉班固所言有些道理。贾逵的回答留有余地。

傅毅则更模棱两可:臣以前未推敲太史公之"赞语",或如班固所言,有所纰缪。

刘庄又问班固道：卿之见，本有之乎？触动灵机而生之乎？

臣素知之耳。

皇帝刘庄赞叹道：班爱卿读史，非以目阅其文、览其事耳，乃发之以神，潜思精研，所谓神思之、慎思之、深思之也！

班固道：鄙陋之见，陛下过奖！

次日，班固来到藏书阁，即执笔伏案，将昨日云龙门内的答问，忆写、铺陈、推敲、藻饰为《秦纪论》一篇。班固逐字默诵，内心顿生惶恐：太史公有灵，是否会斥我以非难、诋毁前贤？不会吧！太史公襟怀阔大，朗如日月，其笔墨所向，乃究天人之际、通古今之变，岂拘泥、怪罪于后人之一言一见耶？美玉尚且会有瑕，人非圣贤，孰能无过？太史公皇皇巨著之中，岂无一言之失乎？失之所在，瑕不掩瑜，愈显其贵重无比耳！担心太史公在世，会耿耿于怀，以为自己在非难他、诋毁他，足见自己太小肚鸡肠了啊！于是，班固即将《秦纪论》上呈皇帝御览。之后，又孜孜不倦地继续自己的《汉书》写作。

平抚疏勒

从枝头嫩绿、鲜花含苞的早春出发，班超率领使从、士卒们快马加鞭，晓行夜宿，于烈日炎炎、戈壁喷火的盛夏抵达了西域于阗国。

于阗国国王名广德，前不久，以其兵力攻破了莎车国，正陶醉于自己的胜利，扬扬自得，飞扬跋扈，称雄于天山南道，却慑于匈奴的威势，甘愿匍匐于匈奴单于足下，听任其派遣官员高高在上地监护于阗，向于阗重捐盘剥。班超到了于阗，广德摆出一副凌驾一切的倨傲架势，态度冷漠而简慢。

于阗人很迷信巫，广德虽鄙视一切，却事事问巫，对巫毕恭毕敬。汉使来国，他当然少不了问计于巫。这是一个举国知名、无人不惧怕不尊敬、更为广德敬若神明的"神巫"。神巫看着摆满了珍馐美味、金银珠宝的桌案，看着国王虔诚地向他施礼，心中得意得如同鸡翎儿扫过，别提多舒坦、多滋润了。当下，他手执一柄缀着五颜六色布絮儿、似枪又似刀、镶着金嵌着玉的银质巫具，在空中划着、舞着，口中念念有词地呼喊着，眼珠儿向上翻着，脸儿向上仰着，似与天神相沟通。折腾了大半天，这个神巫才闭上眼睛对广德慢慢说道：天神发怒了！质问你：既已臣属匈奴，何故又想投靠汉朝？你想平安吗？没有别的办法，汉使有一匹好黄马,你必须很快把它索取来祭祀我! ——这是神示!是天神告诉你的化险为夷、转危为安的唯一神方。此外,没有别的任何办法能平息天神之怒。你只等着天罚吧!神巫睁开眼睛,对广德补充道:你必须尊奉神示,切勿违逆,违则大祸!

国王广德哪敢不答应!立即派国相去找汉使索取那匹黄马:来到我于阗的地域,头顶着我于阗的天,脚踏着我于阗的地,事关我于阗的吉凶祸福,他不给也得给!国相不敢也不能不去。国相惴惴不安地来到汉使驻地,向班超说明了来意。其实,早在国相到来之前,班超就派使从刺探到了广德的问巫经过和巫的“神示”。国相原想,班超听了他的话必然惊诧、气恼、发怒、拒斥,他将面临一场艰难的唇枪舌剑。完全没有料到班超竟面色平静,一点不感到意外,也不愠怒、不愤恨,不假思索地、痛痛快快地答应了他索取那匹黄马的要求,只是要那个神巫亲自前来牵马。国相心中窃喜:看来,汉使也是惧怕、慑服于神巫的!

次日一早,神巫趾高气扬、自鸣得意地乜斜着眼来到汉使驻地要马。班超冷冷地道:“好,马在那儿,去牵吧!”神巫刚转过身去,班超一刀砍去。可怜那个上通天神、传达神示的神巫的高贵头颅,便如一颗开了瓤的西瓜,嗵的一声,滚落地下。班超提着神巫的头颅来到王宫,摔在国王广德面前,斥责他无礼,竟敢傲视、藐视、简慢汉使!索取汉使马匹,就是欺辱汉使!是可忍孰不可忍!广德早就听说了班超在鄯善除灭匈奴使者的事,原以为鄯善乃弱小之国,不可与于阗相比,班超来到于阗,未必敢轻举妄动。今日班超杀神巫之事令他心头不胜惊惧、不胜惶恐,相信班超果然是孤胆英雄,豪气冲天,非同凡响,不可对抗。于是,广德立即派出武士,杀死监护于阗的匈奴官员,向班超投诚。

班超重赏了广德及其左右大臣,抚慰他们,劝诫他们:大汉乃礼仪之邦,和合万邦,只要不投靠视大汉为其衣食之源、劫掠不断的虎狼之国——匈奴,大汉定当与之永世和好!但,于阗王室是否会从此诚心诚意地做大汉的藩属之国?于阗举国是否能从此与大汉相安无事?班超仍惴惴不安。他每日带领使从,小心翼翼地、兢兢业业地安抚着王室内外的官员、百姓,与他们相交好、相友善,传播、弘扬着大汉的礼乐文化、仁义道德、诗赋经典……

在班超与其使从、勇士们为安抚于阗朝野上下而奔忙的时候,匈奴征服、废掉了龟兹国王,扶植了一位心甘情愿臣服于匈奴的人为龟兹国王。这位龟兹国王倚仗着匈奴马队的铁蹄及其威势,攻破了疏勒国,杀死了疏勒国王。龟兹国扶植龟兹人兜题做了疏勒国王。龟兹国从此野心勃勃、虎视眈眈地雄踞于天山之北,企图使天山北道诸国都拜倒在龟兹足下,都成为向匈奴纳贡称臣的附庸之国。

班超得知此情,心情十分沉重。西域五十五国,北道居其半,如被龟兹所降服,都成为匈奴的臣属之国,我班超如何完成使命?大汉与西域诸国的和好如何实现?匈奴岂不愈加气焰嚣张?岂不更将凶焰炽烈地劫掠、侵扰我大汉边疆?我班超如何面对皇上、面对祖宗、面对屡遭匈奴欺凌的大汉百姓?班超昼思夜想,坐卧不宁,与心腹使从们屡次磋商,心中渐渐有了主意。他命使从小吏田虑与几名勇士,向当地熟悉疏勒语的人学习疏勒人的日常用语,并暗以重金买通往返于阗与疏勒的龟兹商人,打听疏勒王室的情形。

经过几个月的准备,班超终于下了决心,于次年春天,率领使从勇士们悄悄地从人迹罕至的小道越过天山,来到疏勒,在南距疏勒都城九十里的盘橐城驻扎下来,派遣使从小吏田虑与两名勇士先一步去疏勒都城。

班超对田虑说:你的使命不是别的,就是两个字:降服!降服疏勒王兜题!

身旁使从们都瞪大了眼睛:就田虑一个人?

由田虑自己选两名勇士,一共三个。就三个人!不用怕!兜题原本不是疏勒人,疏勒人恨之入骨,只是惧怕匈奴,不得不在兜题的淫威下受其指拨。他们都不会诚心地听从兜题的命令,关键时刻也不会为兜题的安危而舍身卖命的。你见到他,不必兜圈子,可以直言不讳地要求他背弃匈奴,臣服大汉,他如不从,便伺机捉拿!

田虑慨然应诺,义无反顾,当即选定了两名学会了疏勒语的勇士。三人骑马到达疏勒都城后,便去王宫求见兜题。果然,如为班超打探疏勒情形的龟兹商人所言,疏勒王兜题是个寡廉鲜耻的色迷、淫棍。在穹庐般的圆形殿堂里,大臣们面向国王躬立着。胖得如同待宰的肥猪的国王兜题,头戴镶着金色花边的白色毡帽,穿着白色的、绲着金色花边的长袍,坐在美姬簇拥、武士拱卫的王座上。他一只脚跷得老高老高,毡靴尖儿高高翘起,上缀一朵金色毡花,随着脚的轻轻摇晃而悠悠颤动。兜题一只手抓着一个美姬的手,另一只手摸着身后一位美姬的脸,色眯眯的,对面前的田虑态度十分傲慢、十分冷漠。听田虑说明来意后,兜题转过身抓住了身后那个美姬的手,换只手摸着刚才被他抓着手的那个美姬的脸蛋儿,与其相视微微一笑,斜着眼瞥一眼面前站着的田虑。兜题暗想,他个头中等,体不肥硕,不要说绝无举鼎、拔山之力,恐怕连我兜题的身子压下去,也能压他个半死不活,竟敢出此狂言!兜题倨傲地用鼻子哼出一股不屑之气。说时迟那时快,田虑嗖的一步冲上前去,两名勇士也紧跟而上,只见一根皮绳一扬,兜题已被反剪双手,团团捆定。

啊!美姬们一个个吓得东倒西歪,嘶声叫喊。众大臣、卫士惊慌失措,一个个面如死灰,惶恐惊惧,落荒而逃。

田虑一面派一勇士驰马飞报班超,一面与另一勇士严守王庭,观察形势,防备不测。

午后,班超驱马来到,即找来国相,命他召集疏勒城全部官员、将吏。国相不敢怠慢,召集全体官员、将吏,少时即到了王庭。班超对疏勒官员、将吏道:你们不要害怕!我们不会伤害你们的!我们是汉朝使节,之所以劫缚兜题,是因为他是匈奴的走狗,是仗着匈奴的威势,骑在你们头上欺压你们疏勒人的龟兹国恶狼!大汉是礼仪之邦,以仁义为上,是疏勒人的朋友!你们也许知道当年大汉博望侯张骞通西域的事,是他,把大汉的丝绸、瓷器、铁器和礼乐文化带来疏勒;是他,在疏勒兴修坎儿井,使疏勒摆脱干旱之灾而成为米粮之川;是他,使大汉与疏勒相交好,并成为真正的朋友。可是,你们今天看见了,兜题,这条不辨善恶的狼,竟敢对大汉使者那样无礼,那样桀骜不驯!你们说,他配做疏勒国王吗?

官员们一齐喊道:不配!

对,不配!必须废了他,另立新国王!班超看着一个个脸上渐渐有了活色、暗自嘈嘈着该立谁为国王的疏勒官员,要大家先镇静下来。只要疏勒不再为匈奴所役使,与大汉相交好,我们将帮助你们选立新国王,重建王庭,让疏勒人过上好日子!

老国相战战兢兢地站了出来,一脸凝重,不无真诚地道:大汉使者说得是!兜题他原本就不是我们疏勒人,是龟兹人借着匈奴的威势把他压在我们头上的。他骑在我们疏勒人头上作威作福,把我们疏勒人变成了匈奴和龟兹的奴隶,把疏勒的土地变成了他们的粮仓,把我们的牛羊,一群群赶往匈奴和龟兹,把我们的粮食,车拉马驮,运往匈奴和龟兹,使我们疏勒多少人无衣无食,忍饥挨饿。如今,有大汉使者来为我们做主,我们还会受匈奴和龟兹的摆布、蹂躏吗?

国相说得对,我们听大汉使者的!

对,听大汉使者的!

与大汉交好,不再受匈奴和龟兹的摆布和蹂躏!

……

班超询问国相与众大臣当立何人为王。众人都认为当立前国王哥哥的儿子忠为王。于是,按照疏勒国的礼仪,国王忠的登基大典隆重举行。疏勒举国上下,唢呐与手鼓齐奏,处处欢歌,处处舞蹈,夜光杯中葡萄酒,举杯醉饮夜以继日,多日不绝。忠与不少官员都请求杀死兜题,以谢国人。班超反复思虑,释放兜题返回龟兹,以昭示大汉的仁厚和恕道于西域。

在班超以自己的胆识与果敢于于阗杀神巫、慑服国王广德使其背匈奴而归附大汉的时候,窦固率军出昆仑塞击匈奴,降服了前后车师。班超于疏勒废了国王兜题、立前国王之兄的儿子忠为国王之后,皇帝刘庄下诏,设置了西域都护、戊己校尉。

戳破脓疮

兰台庭院内,花木还是那么葳蕤,月季争妍,修竹摇曳。那绿荫似盖的皂角树上,近紫亦褐的、月牙儿似的皂角儿,迎风摇曳。红枣儿则颗颗似玛瑙般在阳光下闪着透红的光彩,繁星似的缀在枝头,几颗熟透了的,被飒飒秋风摇落在地,与坠落了的皂角儿一起,给金黄色的地面点缀上了夺人眼目的红玛瑙、紫宝石。班固路过兰台,为深秋的这般美不胜收的景象所吸引,不由得自语道:哦,又是一个果实成熟的“秋实”之季了!他的心忽地一跳:可《汉书》的“秋实”之季为时尚远啊!得抓紧撰写,抓紧!想到这里,班固加快了脚步,去往东观藏书阁。

张骞、苏武、李陵三“传”完稿了,现在该开始为诸“王”立传了。

“王”即诸侯,地位仅次于天子。在《史记》中,太史公是以“世家”记述他们的事迹的。由于汉朝的王,已不再是商周开国诸侯,而是皇帝所封予自己子孙的地位和名号。因而班固在《汉书》中,将“王”视作世所关注的“人臣”或声名远播的杰出人物而为之立传。汉朝的“王”——皇帝之子,班固分别撰写了《高五王传》——汉高祖的五个封了王的儿子的传记、《景十三王传》——汉景帝封了王的十三个儿子的传记等。诸“王”中也有人做了一些为国、为民、为后世不无裨益的好事,如河间献王刘德。刘德重视学问,喜爱珍藏古代典籍,且态度特别认真,尤其重视善本、真本的收藏。一旦打听到民间哪里有善本书,他必物色善于书写者工整地誊抄好,然后把正本留给自己,向书主归还抄本,且以黄金、丝帛等贵重礼物对书主予以酬谢。这样一来,各地有学问的士人不远千里来趋附他,帮他收集古籍,或是拿出先祖留下的古籍献上。这样长期收集,刘德所得到的珍贵典籍,几乎与朝廷相差无几。这些珍贵的书帛典籍,大多是儒家之经,如《周礼》《尚书》《礼记》《论语》《孟子》等,还有《老子》《庄子》等一些非儒家经典。刘德推尊儒术,在自己的王国内设置了《毛诗》博士。他的活动起居,也都按儒家的礼乐仪式进行。山东各地的许多儒生,都慕名而纷纷投奔其门下。

然而,诸侯王似刘德者,为数寥寥。班固在《景十三王传》中这样写道:"汉兴,至于孝平,诸侯王以百数,率多骄淫失道。"大多数诸侯王都是骄奢纵欲、荒淫无道之徒,贻害百姓不但时间长久,而且极其惨烈:

广川王刘去,"燔烧烹煮,生割剥人,拒师之谏,杀其父子。凡杀无辜十六人,至一家母子三人,逆节绝理"①。

江都王刘建,凡他认为宫女有过失者,"辄令裸立击鼓,或置树上,久者三十日乃得衣""或纵狼令啮杀之,(刘)建观而大笑;或闭不食,令饿死。凡杀不辜三十五人。(刘)建欲令人与禽兽交而生子,强令宫人裸而四据,与羝羊及狗交"②。

齐王刘终古,令其所爱奴仆与诸侍婢奸,"或白昼使裸伏,犬马交接,终古亲临观"③。

……

其所作所为,似犬狼而残于犬狼,似猪狗而猪狗不如,污秽不堪,卑劣不堪,委实令人毛发倒竖、恶心呕吐、五内翻腾,写来深感玷污笔墨、有辱简帛! 班固

---

① 意为:广川王刘去把活人用火烧烤,剥皮割肉。他的老师劝他不要这样,他不但拒绝不听,还杀了老师和他的儿子。被他所杀的无辜之人,有十六个,有的一家母子三人未得幸免,全然悖逆于大节大礼。

② 意为:江都王刘建对他认为有过失的宫女,常常命令赤裸着身子敲鼓,或者绑在树上,有的长达十天才给衣服穿。有时还放狼去咬,他坐在一旁观看、取笑,或者关起来不给吃饭,让其活活饿死。被他所杀的无辜者多达三十五人。刘建还想让人与禽兽交媾生子,强迫宫女赤裸身体四肢伸开,与羝羊或狗交媾。

③ 意为:齐王刘终古命令他的仆从奸污侍婢,有时大白天命令仆从与侍婢赤裸着身子趴在地上,像狗马一般行奸。刘终古还亲自去观看。

气愤得浑身战栗,难以书写下去。他咬着牙,极力控制着自己的一腔愤激,毫不避讳地直书其事。

尤其是那个昌邑王刘贺,更令人哭笑不得。汉昭帝刘弗陵于元平元年(公元前74年)溘然而逝,因无子嗣,大将军霍光等辅政大臣们商量后请太后下诏,立汉武帝李夫人的孙子昌邑王刘贺继位。他们哪里知道,刘贺是个只知玩乐、不知上进、荒淫无度的浪荡子。迎接刘贺的使者刚到昌邑,太后的诏书还未看完,刘贺即手舞足蹈,喜不自禁,对昭帝的病逝听而不闻,更不用说有什么悲痛之感。次日一早他便独自骑马飞奔京师长安。他不听身边官员的苦口相劝,路过济阳,命令仆从为他购买济阳特产"长鸣鸡""积竹杖",并令仆从头目深入民宅,挑选、强抢十几位有几分姿色的女子上车,关入驿舍,供其淫乐。刘贺抵京即了位,不顾昭帝的丧期,整天与从昌邑带来的一帮车夫、厨师、看马的、养狗的一块儿胡闹,私买鸡、猪,大吃大喝,玩弄宫女,或者去上林苑跑马,去兽园看老虎、豹子,把老虎、豹子关在一起看其相斗相残。送殡回来,刘贺还把乐府的各种乐器都搬出来,分给他的那些昌邑仆役每人一件,乱七八糟地吹吹打打。噪声之大,几乎轰塌了宫墙、震翻了殿脊。瞧着新皇上如此不成器,霍光等几位辅政大臣只得请求太后再颁诏废了他!可怜这个登基二十七天的皇帝,龙袍没有穿热、冕旒没有戴定,即打破了君临天下的美梦,被放逐异地。

……

写完诸侯王传,班固感到一种从未有过的戳破脓疮、撕开黑幕后的痛快!原来泱泱大汉之国,位居庶民之上、宰割一方的皇皇王侯,披金戴银,衣冠楚楚,锦绣黼黻,道貌岸然,在浩浩乾坤之中、朗朗日月之下,竟如此龌龊,如此丑恶,如此禽兽不如!

班固并未就此止步。他要通过名臣传、循吏酷吏传、才士传……彻底揭开被光明、辉煌、国泰民安、海晏河清、四方辐辏、盛世气象掩盖着的丑恶一面。他要告诉世人的是,不仅这些诸侯王,即使那些所谓明君、治世之君、中兴之君、雄才大略之君,也不无龌龊,不无昏昧昏聩昏庸及贻害、罹祸于平民百姓的罪行。

文帝、景帝是颇为勤政俭朴的,是所谓"文景之治"的开创者,然而,当国势刚刚好转之时,文帝便耽于逸乐。班固在《贾山传》中引录贾山所写《至言》对文帝的进谏之语,指出:"从豪俊之臣,方正之士,直与日日射猎,击兔伐狐,以伤大业,绝天下之望。"①景帝时冤狱遍地。在《路温舒传》中,班固引录路温舒所写《尚德缓刑书》,是时,狱吏上下驱使,"专为深刻,残贼而亡极","深者获公名,平者多后患。故治狱之吏皆欲人死,非憎人也,自安之道在人之死。是以死人之血流离于市,被刑之徒比肩而立,大辟之计岁以万数"。当时"天下之患,莫深于狱;败法乱正,离亲塞道,莫甚乎治狱之吏"②。

昭帝、宣帝可谓中兴之君。在史称其职、民安其业的天下表象之下,如《酷吏传·严延年传》中记述的:宣帝时涿郡豪强西高氏、东高氏欺压百姓,为非作歹,包庇一大批地痞恶棍专干坏事。一旦案发,"辄入高氏,吏不敢追。浸浸多日,道路张弓拔刃,然后敢行,其乱如此"③。此其一例,并非绝无仅有。

武帝确富雄才大略,但重用酷吏,滥施刑罚,远过于其祖。《杜周传》中叙述与张汤先后任廷尉、以治狱严酷出名的杜周,专门揣度武帝用心,"上欲挤者,因而陷之;上所欲释,久系待问而微见其冤状"④,找机会从轻发落。当时,监狱里关押的犯人数量多得惊人,仅二千石大官先后被囚禁的就接近百人。州郡上报到廷尉的大案,一年有一千多宗。大宗案件常常牵连几百人,小宗的也牵连几十人。被侦问审讯者,涉及几千里之外的人犯,近的也达几百里。官员在审问时,硬逼犯人招认告发者所说的罪名,如不服罪,就毒打逼供。因此,人们一听到传讯,即赶快逃走隐藏起来。有的案件在赦令下达几年之后还未查清楚。廷尉及京郡衙门,按朝廷公文逮捕监禁的犯人六七万人,官吏另外提拿的则达十余万。

《贡禹传》中记述了贡禹的话:

---

① 意为:跟从着英雄豪俊的臣子、行为端正的文士,整天射猎,打兔子抓狐狸,这就伤害了社稷大业,使天下人失去希望。

② 意为:上下狱吏,互相指使、示意,对罪犯特别严酷,残忍无比。特别严酷的获得了公正的美名,刑罚公平的反倒后患很多。所以,狱吏们大都希望把罪犯整死,并非出于对罪犯的憎恨,只为整死他自己才安全、安宁。所以,被整死的人的鲜血流淌于都市,受到刑罚的人多得比比皆是,而处以死刑(大辟)的每年数以万计。当时,国家的祸患莫过于冤狱;造成国法败坏,正邪不明,亲人离散,正道堵塞,无过于这些倒行逆施的狱吏的了。

③ 意为:常常逃入高家,吏便不再敢追寻了。一连许多日子,路上的行人必张弓、拔刀在手,才敢前行,混乱到了这步田地。

④ 意为:皇上想清除的,他们便陷害;皇上想释放的,他们便长期羁押,等待皇上过问,将其罪行尽量说得轻一点。

武帝始临天下，尊贤用士，辟地广境数千里，自见功大威行，遂从嗜欲，用度不足，乃行一切之变，使犯法者赎罪，入谷者补吏，是以天下奢侈，官乱民贫，盗贼并起，亡命者众。郡国恐伏其诛，则择便巧史书习于计簿能欺上府者，以为右职；奸轨不胜，则取勇猛能操切百姓者，以苛暴威服下者，使居大位。故亡义而有财者显于世，欺谩而善书者尊于朝，悖逆而勇猛者贵于官。故俗皆曰："何以孝悌为？财多而光荣。何以礼义为？史书而仕宦。何以谨慎为？勇猛而临官。"故黥劓而髡钳者犹复攘臂为政于世，行虽犬彘，家富势足，目指气使，是为贤耳。故谓居官而置富者为雄杰，处奸而得利者为壮士，兄劝其弟，父勉其子，俗之败坏，乃至于是！察其所以然者，皆以犯法得赎罪，求士不得真贤，相守崇财利，诛不行之所致也。①

武帝一生沉溺于鬼神迷信，祀神、封禅频频不断，耗费民脂民膏民力无以数计，给予方士的赏赐一次多达十万金。《贡禹传》还进一步揭穿了武帝的纵欲与糜烂："多娶好女至数千人，以填后宫。"其滥刑、奢侈、糜烂竟至如此！好一个雄才大略之君！

至于元、成、哀、平诸帝，其昏庸昏聩昏昧、奢侈糜烂污浊，更令人触目惊心，比之他们的父辈、祖辈，有过之而无不及……

班固借"传"，毫不隐讳地揭露着、直陈着、实录着。

班超在于阗和疏勒的英雄建树很快便传到了洛阳，传到了朝廷。大臣们无

---

① 意为：武帝登基初年，尊重贤明，开拓疆域几千里，自己觉得功高望重，就为所欲为起来。国家财政困难，就随意改变汉初法令，让犯了法的以钱赎罪，让人们用粮食买官，造成天下奢侈成风，官吏违法乱纪，民众贫困，大量逃亡。各郡国恐怕应付不了朝廷检查和征索，便选择擅长在公文、报表上弄虚作假的人担任重要职务；案件频繁发生，便找生性凶暴、对百姓严酷苛刻的人担任高官。于是，社会上出现了品德差而有钱财的人声名远播；说谎话、搞假文书的人受尊敬于朝廷，凶狠不守法度的人得到官员重用……而那些受刑、蹲过大牢的人仍可以神气地回到衙门执掌大权，品行像猪狗一样却有钱有势的人，到处横行，并受到称赞、羡慕。这样一来，做官贪污而暴富的人被认为了不起，违法乱纪、投机发财的人被认为有本事，兄长劝小弟、父亲教儿子，唆使、纵容那样去做。社会风气于是越来越坏。追寻原因，都是由犯了法可以用钱财赎罪，求取贤士而不得真正贤明的人，当官的看重钱财利益，而朝廷大法不能得到正确执行所造成的。

不钦佩、敬服、赞叹之。窦固既惊喜于自己麾下有这样的孤胆英豪,又郁郁然自愧弗如。他开始思谋着如何向皇上为班超请功。

班固听到弟弟在于阗、疏勒连连取胜,使大汉威德得以远播,心中热浪翻滚。社稷之大德,班家之荣耀啊! 他兴冲冲地回到家中,见小班雄在院子中一边叫着,一边走着,腰一弯抱了起来,亲了又亲。小班雄却用小手儿推着伯伯的脸:扎! 扎!

哦! 胡子扎了宝贝啦! 扎了宝贝啦! 班固又抱着小侄儿连连转了几个圈,逗得小班雄哈哈哈地大笑不止。

笑! 笑! 笑!

班固将消息告诉了母亲,告诉了全家人。母亲喜不自胜,道:超儿小时候,有个看面相的说他生得燕颔虎额,长大必飞而食肉,不同凡响,真的应了,应了啊! 快把消息告诉班昭,让她也高兴高兴。好些日子不见他们了,我心里也怪想他们的。

班固不敢怠慢,便吩咐愣头青去曹家通报消息。打发走愣头青,班固压抑不住心中的欣喜、激动,要夫人做菜,陪他喝两杯。班固妻一愣,丈夫从来没有向她要过酒喝。今日太阳从西边出来了! 看他头上那日渐增多的白发和满脸喜庆的神色,妻子暗自心酸:怎么能违逆他呢?

好啊! 等等,就来。班固妻立即挽起袖子,快步走到厨房,三两下便端出两碟菜、一壶酒来。看把你高兴的! 你也该顾惜顾惜自己的身子,看看,四十四岁的人,白发一日比一日多了。

几杯薄酒下肚,班固的思绪潮水般汹涌澎湃。弟弟两番出使,两番马到成功,人称孤胆英豪,朝臣正在商议为之请功,估计皇上会重重赏赐,说不定还会破格拔擢。如今实乃英雄有为之秋也! 而一部《汉书》,我已撰写多年——从永平六年(公元63年)奉诏算起,至今十七年,完成“纪”十二篇,“传”五十六篇——还有十四篇待撰,“表”八篇——《异姓诸侯王表》《诸侯王表》《王子侯表》《高惠高后文功臣表》《景武昭宣元成功臣表》《外戚恩泽侯表》《百官公卿表》。而十“志”撰讫六“志”,尚有四“志”待撰。“志”由太史公《史记》之八“书”改革、扩展而成:合并、补充并重写其《礼书》《乐书》为《礼乐志》;合并、补充并重写其《律书》《历书》为《律历志》;补充、改写其《天官书》《河渠书》《平准书》《封禅书》为《天文志》《沟洫志》《食货志》《郊祀志》;新设《史记》所无的《五行志》《刑法志》和《艺文志》——这也许是太史公的疏漏,也许太史公未及涉笔。

然而,通于古今,这方面的内容太重要了!对后人太有益了!以刑法而言,其源久矣!开天辟地,初民为鸟兽所困,必结群而得生,其群所获饱腹之物却常常甚少,乃相争。为此,高才崇德者被拥戴为君长,制礼以定尊卑,定刑以示威严、以惩罚非礼,从而平息相争。周代的一般刑律条文五百篇,而邦邑施刑各有轻重,多争之邦邑施行趋重。肉体之刑凡五种:刺面涂墨之"黥"、割鼻之"劓"、阉割之"宫"、砍脚之"刖"、杀头之"大辟"。大辟者押赴街市处斩,黥者守门,劓者守边,宫者宫内役使,刖者守护园林。周末,世衰道微,刑罚条文增至三千篇之多。春秋时郑国子产铸刻刑律条文于大鼎以救世。至战国,诸侯纷争,烽火连天,乃有株连三族、投入油鼎之酷刑。秦始皇以刑罚为治国之要术,以精通刑法者为官,夙兴夜寐,躬亲于案件审理,自立准则,每日御览案卷简牍重逾一石①而方寝。然刑律愈繁苛犯罪者愈多,监狱遍布城镇,身穿囚衣者常常堵塞道路。大汉建国,"约法三章",文帝颁诏,废除肉刑。大汉所以兴旺,其由一也。就艺文而言,于今可见古往今来之典籍凡五百九十六家、一万三千二百六十九卷,辨章学术,考镜源流,可分六艺、诸子、诗赋、兵书、术数、方技六大类三十八种。而先秦诸子可分为儒、道、阴阳、法、名、墨、纵横、杂、农、小说等十家。后世文士儒生,明此源流,善莫大焉!

班固深感光阴荏苒,如白驹之过隙,如流水之不回。忽然想起了屈原《离骚》中的诗句:

> 纷吾既有此内美兮,又重之以修能。扈江离与辟芷兮,纫秋兰以为佩,汩余若将不及兮,恐年岁之不吾与。朝搴阰之木兰兮,夕揽洲之宿莽。日月忽其不淹兮,春与秋其代序。惟草木之零落兮,恐美人之迟暮……②

---

① 约合 120 斤。
② 大意为:我既然天赋这么多美质,又十分注重于修养自己的本领、品性。我身披幽香的江蓠和辟芷,把秋兰连缀起来当作佩饰。唯恐追赶不上飞逝的时光,匆促的岁月不允许我施展美好才华。清晨,我迎着晨曦折取山坡上的木兰;傍晚,沐浴夕阳去洲畔采摘宿莽来润身。日月交替从未稍停,春秋更始永无止境。看到草木的凋零枯老,美人啊,我担心你会失去美好的年华!

是啊,屈原说得何其入理啊,日月匆促,"忽其不淹",从不少待。人似草木,转瞬凋零,即使你有一身过人高才、美德奇志,也难逃时不我待,一朝迟暮,悔恨不及! 班固暗下决心:我必须寸阴必争,"及年岁之未宴兮,时亦犹其未央"①,跃马扬鞭,"乘骐骥以驰骋",尽快完成《汉书》全书,也许还能够在有生之年,再撰写好一部大汉东都中兴之史。我在《答宾戏》赋中表达过这样的意思:有人说,写作是末流余事,但我自得其乐! 看来,我当时遣词造句太缺乏推敲了,不能只是悠悠然自得其乐,要自甘其苦,自强不息,只争朝夕啊! 想到这里,班固仰脖呷了一口酒,便匆匆去往书房,点燃灯盏,挥笔濡墨,伏案笔耕……

_____

　　① 出自《离骚》,大意为:趁着年龄还未衰老,尚有时光施展才华。

第十六章

进退维谷白虎观

安定疏勒

之前,窦固带领将士们从敦煌出发,到了车师①,上了个表章,请朝廷再在西域设置都护。皇帝刘庄准其请,任命陈睦为西域都护,耿恭、关宠为校尉,命他们带着一些兵马分别驻扎在车师后王部和车师前王部。窦固安排停当,即带着其余兵马回到京师。

窦固回朝还没有几个月工夫,北匈奴单于即派大将率领两万骑兵进攻车师,杀了车师后王。校尉耿恭招募了几千人马,与北单于打了一仗,杀敌数千。但北单于兵马数倍于己,无法制胜,耿恭便守城不出。匈奴虽然还有一万多兵马,却也无法攻破车师城。匈奴的大将把城外的水道全部堵死,不让一滴水流到城里去。耿恭的兵士们因而恐慌起来。耿恭命兵士们掘地打井,可是打了十

① 车师:西域古国,都城交河在今吐鲁番西北。

五丈深,还是没有水。兵士们渴得嗓子冒烟,实在无法忍受,只好喝马尿。后来连马尿也没有了,他们就把马粪榨出汁来喝。在这种生死关头,耿恭仍命兵士继续往下挖,他自己也像个小卒子一样拿着筐子不停地搬土。兵士们一见他们的大将亲自动手,都打起精神,一定要挖出水来。挖啊,挖啊,泉水忽地哗哗哗地涌了出来!全军高兴得连声高呼万岁。

泉水从井里一桶桶地汲了上来,耿恭却对兵士们道:大家只要再忍一忍,先不喝水,我们就有办法让匈奴兵退走。士兵们就咬着牙,有水也不喝。耿恭命令兵士们把水一桶一桶地运到城头上,大声对城下的匈奴兵说:大汉的将士有天神保佑,你们堵了水道,我们也是渴不死的!说着,他们就把水一桶一桶地往城下倒。匈奴将士一个个傻了眼,耸着肩膀,瞪着眼睛,吐着舌头,又惊又怕,说不出话来。过了一会儿,只见他们突然一齐上马,拼命地往北逃遁而去。

围解了,难关渡过了!可是要守住西域,靠这一点可怜的兵力显然是不够的。果然,就在永平十七年(公元74年)秋天,北匈奴重兵又来了!焉耆王、龟兹王都为拥戴大汉而反悔,跟着北匈奴攻杀了西域都护陈睦。焉耆王、龟兹王的归顺,使北匈奴更加气焰嚣张,接着向校尉关宠发起进攻。车师王慑于北匈奴的声威,也反悔了,跟北匈奴联合起来攻打校尉耿恭。情势危急万分,关宠只得急速上书向朝廷求救。

不料请援书刚到朝廷,永平十八年(公元75年)八月初六,明帝刘庄驾崩。朝廷大丧,十八岁的太子刘炟刚刚即位,大臣们大多不主张发兵救援。司徒鲍昱力排众议:驻扎在西域的将士是朝廷派去的,他们有了危难,若置之不理,将来匈奴再打过来,谁还肯出去抵抗呢?再说,驻扎在西域的兵马才几千,他们能艰难抵抗这么多日子,足见匈奴的兵力并不怎么强。只要吩咐酒泉和敦煌两郡太守,各发两千精兵去救援,就足可对付了。新帝刘炟听了鲍昱的话,拜酒泉太守段彭为大将军,驰援关宠和耿恭。段彭调了张掖、酒泉、敦煌三郡的人马和鄯善的骑兵,一共七千多人,日夜趱行,驰奔车师,救援耿恭、关宠及其麾下将士回朝。只可恨路途遥远,一时无法赶到。

耿恭率兵士们抵抗了好几个月,虽然守住了城,可是粮食已经吃光。他们宰一匹马挨几天,宰一匹马又挨几天,后来可以吃的东西都吃光了。耿恭鼓励兵士们说:上次没有水喝,咱们终于打出水来了,敌兵惊恐得仓皇逃窜。现在,没有了粮食,咱们也一定能坚持下去,战胜敌兵!于是,他们把皮铠甲、弓弦、皮靴等都煮成羹汤喝。北单于知道汉兵已无粮充饥，无法再挨下去，就派使者说服耿恭投降，许诺说单于将封耿恭将军为王，并把自己的女儿嫁给他。耿恭不予理会。使者便吓唬他道：要是不投降，只怕性命就难保了！耿恭勃然大怒，吩咐左右把匈奴使者砍了，把他的头挂在城门楼子上。北单于怒火大发，指挥将士加紧进攻。

万分危急之时，段彭的七千多精兵到了。耿恭与段彭内外夹击，连获大胜，杀敌三千八百多，活捉了三千。北匈奴单于吓得率军亡命而逃。车师王不能抵抗汉兵，也投降了。耿恭救出了关宠，可是没过几天，关宠却溘然病故。耿恭的人马已经不多，他让当地的士兵都回家去，自己只带着二十六名汉兵回朝。这些兵士沿路又死了半数之多，赶到玉门关时，一共只剩下十三个人。有大臣深受感动，向皇帝上表称：耿恭的事迹，只有苏武堪比啊！

不幸的是，天灾频发，皇帝刘炟忧于百姓饥荒难挨，不愿继续驻兵于边塞之外。他下了一道诏书，吩咐驻扎在西域的兵马全部撤回。当时，班超仍据守于疏勒盘橐城，他接到诏书，也只好准备动身。疏勒国都城里的官员和百姓一听到班超要离开他们，急得好像天塌地陷、大祸临头似的。有位将军涕泪横流，道："汉朝撤了我们，我们一定会又被龟兹灭了。与其到了那时死，不如今天就结束性命了吧！"说着，他悲愤欲绝，嗖地拔剑在手，自刎而死。班超看着将军颈间喷涌而出的鲜血和溘然倒地的身躯，心里像刀戳箭穿般疼痛。然而，皇上有诏命，他不能不从，只好忍着心中的剧烈痛苦，与疏勒官员、百姓挥泪而别。

班超一行往南走，来到于阗。于阗国王和大臣们乍然听到班超与其使从们要回中原去，一个个号啕痛哭。他们拦住班超的去路，抱住马腿不放。班超不愿决绝地离去，让于阗人心寒，便留驻下来，上书皇帝，说西域各国受不了匈奴的欺压，把汉朝天子当作救星。如今天子诏令使者回朝，他们失去了依靠，便只好再去投降匈奴，而他们一旦投降匈奴，就必然得跟着单于来侵犯汉朝边疆。皇帝于是收回了成命，让班超继续留在西域。

班超回到疏勒盘橐城的时候，疏勒已经有两个城投降了龟兹，并和尉头国联合起来反抗疏勒王。班超帮着疏勒王擒获了反叛者，打败了尉头，收复了那两个城。疏勒又安定了下来。

升官之忧

班固的《两都赋》《答宾戏》，很快在朝野上下、宫内宫外传开了。人们无不惊异于班固的非凡才华，其鸿词丽句，铺排对仗，骈俪靡丽，流金错彩，云蒸霞蔚；用典之雅、语势之跌宕腾挪，酣畅淋漓，读来朗朗上口，令明帝刘庄啧啧赞赏。而《答宾戏》所透露出的文人的苦衷、屈居低位的幽怨，也为明帝所觉察。这位精明的皇帝，开始思虑该不该拔擢和如何拔擢班固。

然而，一连好些日子，刘庄总觉得头晕晕乎乎。御医为他把了脉，劝他服药静养些日子。药，他是喝了，却压根儿静养不了。他不是那种悠悠闲闲的、穷奢极欲的皇帝。多少大事等着他上朝处置啊！多少奏章等着他批阅啊！他怎么能静卧龙床不管不顾呢？这日午后，下了朝，他便来到御书房批阅表章，一连批阅到黄昏时分。老太监悄悄地走进来，送上一杯银耳羹，点燃了灯烛，道：皇上珍重龙体！辛劳终日，也该歇息歇息了！刘庄已觉双目昏花，头如铅块，沉重且眩晕，但看见案头的表章还有厚厚的一摞——关宠的请援书可能就在其中，摸着额头道：朕再批阅几份！老太监从案头拿起一份，双手呈给皇帝。这份奏章是吏部呈上来的。不知何故，明帝刘庄狠狠地将表章向御案甩去！没想到的是，刘庄自己也跟着他这一甩而倒了下去。

正要转身退出御书房的老太监啊地惊叫一声，一边呼喊"来人哪"，一边上前去扶。殿外太监一个个匆匆进来，手忙脚乱地将皇上搀扶上龙椅。太医上气不接下气地赶来，慌忙把了脉，又翻开眼皮看了看，面色凝重地蹙着眉头，继而惊叫道：快传皇后、太子和三公来！

永平十八年（公元75年）八月初六，明帝刘庄驾崩。九月五日，年方十八岁的太子刘炟即位，是为章帝。这是一位崇尚儒术、忠厚仁义、衣食朴素、励精图治之君。料理完父皇的丧事，于次年改元建初，章帝刘炟即倾心于治国理政。

一向喜爱诗赋文章的太子刘炟，早就对校书郎班固的才华有所耳闻，并吟诵过班固作的《两都赋》等一些诗赋。如今，他登基做了皇帝，读了班固的《答宾戏》，深深为其词采华茂、典雅靡丽、腾挪跌宕、意味深长而暗自感叹，不但激赏其文，也哀怜其地位之低下。登基不久的一个春日，他便下诏拔擢班固为玄武司马。玄武司马，这是守护皇宫的北门——玄武门的宫掖官员，其品级俸禄比照于千石之官。刘炟还常于午后诏班固等一班文人近臣入禁中，通宵达旦地谈文论诗。他看到桓谭献上自己所著的《新论》二十九篇之后,十分赞赏,因《琴道》一篇尚未撰成,便吩咐班固续写完成。班固即奉命而为。刘炟南巡,也要带上班固。班固会知其意,也常作诗献上。如此这般,得到皇上亲幸之事不时发生,对于一般臣下来说,当然求之不得,但对于班固来说,却因屡屡中断《汉书》的撰著,心中不胜窘迫和无奈。

那日,在藏书阁内伏案继续着《汉书》撰著的班固,得到拔擢的诏命,心中自然喜不自胜。然而欣喜之余,却不禁忧心如焚。在自己的构想中,《汉书》一百篇,目今"传"还有六篇待撰;"志"尚有"天文志"等五篇有待搜集、核对资料并构思、撰写。班固自思,如今,他将别有职守,《汉书》撰著将不能像往常那样作为入朝之正事——可以堂而皇之地坐在东观藏书阁内伏案走笔,而成为朝后之余事,只能星夜写作于家中。然而,无论如何,绝不能放下手中的笔,不能!绝对不能使《汉书》的撰著就此辍止!太史公司马迁能在身处逆境、遭受腐刑之后完成《史记》,我班固难道不能在顺境之中,完成《汉书》撰著吗?如果就此辍止,死后魂灵岂不羞对太史公、羞对父亲的遗命?

这日,回到家中,班固正欲去上房向母亲和妻子述说自己升迁之事,在院子里枣树下摘枣子吃的侄儿班雄喊着"伯父!伯父!"又蹦又跳地来到班固身边:这枣儿真甜!

班固望去,暮色下,只见自己亲手栽的那棵皂角树已如魁梧的壮汉巍然挺立,硕大的树冠巨伞般伸向四方。其身旁的那棵枣树,则似窈窕少妇般亭亭玉立,为自己枝头上挂满红艳艳的枣儿而欣然自得。树下,有一小堆枣儿。

是甜!你摘了这么多,能吃完吗?

不,不是雄儿自己吃。

那给谁吃呀?

正好给祖母三个,给伯父三个,伯母三个,哥哥三个。还有四个,给父亲留着。

为什么给父亲留四个,比给大家的都多?

他常年不在家,家里做了好吃的他都吃不着,多可怜!

班固抱起将要十岁的侄儿,亲了一口,坐在枣树旁的石桌边,道:这几日,先生教了你些什么?给伯父背背!

小班雄从伯父怀里挣出来，直挺挺地站着，道：先生教的是《论语·里仁》。要雄儿从头背吗？

班固点了点头。

小班雄黑溜溜的小眼珠转了转，大声背道：子曰："里仁为美，择不处仁，焉得知？"子曰："不仁者，不可以久处约，不可以长处乐。仁者安仁，知者利仁。"子曰："唯仁者能好人，能恶人。"……

小班雄还要背下去，班固摆手制止，满意地连连点头道：很好，很好！能给伯父讲讲是什么意思吗？

能。里仁为美，就是说，人要住在大家都很仁德的地方才好。如果选择了一个地方居住下来，却是个人们都没有仁德的地方，能说他聪明吗？没有仁德的人，是不会安心地长期过贫穷日子的，也不会长期快快乐乐地过日子。而仁德的人不管怎样，都能始终不变地爱人，没有仁德的、要小聪明的人，总想借着一时的仁德捞取点什么利益。只有仁德的人才能正确地、真心实意地爱人或厌恶人。

那么，这话是谁说的？什么是仁德呢？班固问。

是孔子说的。仁就是仁德，就是爱人，不仅爱自己，爱自己的父亲母亲，当然还有伯伯、婶婶，也爱更多更多的人，爱满天下的人。

你觉得父亲是仁人吗？你爱他吗？

当然爱！

你生下来不久父亲就去了西域，你记得他抱过你、亲过你吗？你为什么还爱他？

我不记得他抱过、亲过雄儿，但他心里是爱雄儿的！雄儿爱他，是因为他不仅爱雄儿，更爱更多更多的人，爱满天下的人，不爱那些老想占我们汉朝便宜的匈奴坏蛋！

班固紧紧地抱着班雄，狠狠地亲了一口，眼睛里滚动着激动的泪花：雄儿说得对，你父亲是个真正的仁人，是个最好最好的人！

正当班固与侄儿对话之时，徐干登门拜访。徐干进门来一眼看见站在客堂门口迎候自己的班固，便拱手施礼道：欣闻孟坚兄高升，恭贺，恭贺！班固连忙拱手还礼：固错蒙皇上见爱，擢以玄武司马，深自感愧！兄高情雅意，固感戴不胜！

二人于客堂坐定，徐干又道：我今夜造访，一为恭贺，二为辞行。

辞行？但不知欲往何方？

西域，做仲升助手。

真的？太好了！太好了！超弟有你弼辅相佐,必喜不自胜,如猛虎添翼啊！

仲升在西域疏勒、于阗、康居、拘弥①诸国深得人心。你知道吗？他征集兵马万余,攻打姑墨②,破取了石城,又向今上送呈表章,说他打算趁着连连取胜的声威,联络西域其他国家。

哦,他向皇上又上了表章？我一点也不知道。表章怎么说？

徐干向班固述说了班超表章的内容:我班超与麾下兵士都愿意像张骞、谷吉③那样置生死于度外,为国家宣扬威德。从前的大臣们都说结交西域三十六国就是斩断匈奴的右臂。现在,西域各国中主要有龟兹横行霸道。臣超与使从三十六人奉朝廷之命出使西域,如今已经五年了。我们曾经到过不少地方,当地人都说他们依靠汉朝像依靠上天一样。以此看来,龟兹是必可降服的。皇上最好把以前龟兹送来作抵押的王子白霸立为龟兹王,发几百步兵送他回国。我们在这儿约会各国发兵打过去,一定能够擒拿那个飞扬跋扈的龟兹王。莎车、疏勒土地广大,草木茂盛,粮食可以自给自足。不用我们的兵马,不费我们的粮食,只需我们引领他们,疏勒、于阗、康居、拘弥诸国的兵士就能驰驱沙场,与敌作战,以夷攻夷。再说,姑墨、温宿两国国王都是龟兹国立的,他们都不是本国人,仗着龟兹的势力,欺压别国的百姓。那两个国家的大臣和百姓恨不得宰了他们。因此,我们进军帮他们赶走龟兹人所立的、压在他们头上的国王,他们必然欢迎。姑墨、温宿拉过来了,龟兹就没法抵抗了。西域一旦平安无事,匈奴不敢再来侵犯,便八荒宁静,海晏河清,天下欣幸,皇上也就能安享太平了。

徐干说:今上看了这个表章,相信班超能够成功,便命大臣商议出兵。我便借机毛遂自荐,去助仲升一臂之力。皇上十分高兴,命我以假司马之职,带一千人马走南路前赴西域。三日后,我就要出发,今日特来与孟坚兄告别。

班固与母亲、妻子整日都为班超的婚事不胜担忧,原想促其与徐干之妹成亲,然他整年在外,归来无期。徐干妹久等无望,父母又一再催她早日成婚,无奈之下,她也便另嫁了他人。想到此,班固道:固别无嘱托,只请干兄带一封家书交给超弟。说着,即执笔伏案,写就一封短信,内容大致为:家中老小均好,勿念。希望兄弟如能就地择取可心佳丽,即可从速续弦,以慰老母之念。班固将

---

① 拘弥:在于阗之东,今新疆于阗境内。
② 姑墨:在龟兹西,于阗北,今新疆拜城县内。
③ 谷吉:汉元帝时任卫司马,其人大义凛然,送郅支单于的儿子回匈奴,被单于杀害。

书信交给徐干,道:但烦交超弟一阅。他一直孤身在外,徐兄见了他,烦请劝他早日续弦。

徐干接了书信,道:干自明白。即拜辞而去。

送徐干走出大门,班固即来到书房,点燃灯盏,伏案继续自己的《汉书》的撰著。夫人端着莲子羹推门进来,道:母亲问徐干此来何事。

班固便把徐干的来意对妻子说了。班固妻为丈夫的升迁喜不自禁。道:何不告诉母亲,让全家人高兴高兴?

班固道:此事既让人喜,又让人愁。当了玄武司马,守护宫禁大门,这《汉书》便只能在下朝回家之后撰著。难免夜以继日,辛劳倍增啊!

也是。不过,不必忧愁,从今往后,家里之事,你就全交给为妻。抄抄写写的事,为妻也能帮你,也许,还能帮你润色润色呢!

班固的眼睛里闪着惊喜的光:让夫人操劳,于心不忍啊!

看你说的! 妻子用手指轻轻指着丈夫的额头。

班固只觉得妻子的手指传来无尽的温馨、无尽的爱抚、无尽的柔情蜜意,使他浑身顿时涌出无尽的力量……

进退维谷

班固并非无端担忧。官职高了,管的事多了,不但要为玄武门的安全煞费苦心,而且伴驾君侧、回答诏问的事也增多了。班固陷入无可告人的烦恼和痛苦之中,擢升对于自己到底是幸运还是灾祸,是恩宠还是惩罚? 他常常心底不胜迷惘。

皇帝刘炟却深为身边有班固这样的鸿儒高才而喜幸,不时地予以垂青和恩宠。这位十分关切儒学、儒术,心中牢记着孔子"德之不修,学之不讲,闻义不能徙,不善不能改,是吾忧也"[①]"博学而笃志,切问而近思,仁在其中矣"[②]等教诲的年轻皇帝,于建初四年(公元 79 年),下诏太常、将、大夫、博士、议郎、郎官及诸生、诸儒,会白虎观,讲议《五经》同异,亲自"称制临决"。并命班固以史官兼

[①] 见《论语·述而》。

[②] 见《论语·子张》。

记录的身份参加会议,会后撰集成书。班固深为刘炟这个二十二岁的年轻皇帝对经学儒术的重视而惊异和敬佩,他不能不应诏而为。然而,记录和撰集皇帝亲自"称制临决"的会议的发言,这绝非一件轻而易举的平凡小事,既要准确,更不可违逆圣意,真是如临深渊、如履薄冰,且需要花费大量精力和时间。班固暗自摇头叹息:《汉书》的撰著,又要遭遇搁浅数月的厄运了。

更令班固进退维谷的是,白虎观上的发言,多集中于谶纬之学所宣扬的"君权神授""天人感应"等悖逆圣人经典的邪曲之说。班固脑海里记得清清楚楚、明明白白,他在《汉书·郊祀志》中记录了大量事实,都说明了这些邪说的荒唐、荒诞和荒谬。

开国之君高祖刘邦,于垓下打败项羽,回师关中。当时楚汉将士仍在血战,战火仍在燃烧,他便急不可耐地召集群臣问道:"故秦时,上帝祀何帝也?"有人回答,祭祀白、青、黄、赤四帝。刘邦道:"吾闻天有五帝。"群臣从未听过"五帝"之说,无不茫然相顾。刘邦威严而煞有介事地说:"吾知之矣,乃待我而具五也。"此言之意,白、青、黄、赤与黑而为五,刘邦乃上天黑帝。群臣岂敢不信?于是,急忙为皇帝刘邦建筑"黑帝祠"。真不明白,刘邦何以得知上天秘密,而称自己为黑帝的?

汉文帝刘恒本来是一位谨慎勤俭的皇帝,可是方士新垣平的几句雌黄巧语,就使他飘飘然、昏昏然起来了。新垣平,这个自称能望气通天的大骗子,对文帝说,长安东北有五彩神气,这是上天降的祥瑞,应该尽快立祠祭祀。文帝刘恒听信其言,便下旨于渭阳建了白、青、黄、赤、黑五帝庙。大庙落成,亲去祭祀。在这座非同寻常的五帝庙下,开池灌水,直通渭河,祭祀时庙里举火,沿河点灯,灯光一路倒映水面,遥遥远去,仿佛通达上天。文帝刘恒视其为亘古盛景,以为新垣平之术非同凡响,大功可嘉,授以上大夫,赏赐达千金。这个身怀通天绝技的方术高手,又指使人于约定时间到皇宫前献玉杯,自己则煞有介事地向文帝说他望见皇宫前出现了宝玉之气。文帝刘恒派人出宫去看,果然来了个献玉杯的,杯上刻有"人主延寿"四字。新垣平再次行骗成功,获得皇帝的宠幸和赏赐自不必说。这通天高手几次得逞,再次出了新招,又说望见了汾阳有金宝气,必有宝鼎出现。文帝刘恒即派人去河边建庙祀求。没有想到,有人上书——揭穿了新垣平的欺骗伎俩。文帝刘恒终于恍然大悟。可怜新垣平这个术可望气通天、瞒天过海的大方士，被送上了断头台！悲哉，悲哉！

雄才大略的汉武帝刘彻，尤敬鬼神之祀。登基不久，他就先后被长陵女子、李少君、齐人少翁等人的妖术所骗。李少君伶牙俐齿、巧舌如簧，不但善于装神弄鬼，还扬言他有法术能使老人变得年轻。他对武帝说祠灶能获得神仙法术，有此法术可将丹砂变为黄金，用这些黄金做食器便可长寿，也因此可以见到蓬莱仙人，长生不老，轩辕黄帝就是这样乘龙升天的。李少君还说他曾于蓬莱海上见到仙人安期生，安期生请他吃了像瓜那么大的枣子。天花乱坠的乖言巧语，骗得武帝亲自祀灶，派出多名方士分头去蓬莱寻求仙人，以丹砂炼黄金。日久天长，李少君吾神保不了吾身，溘然病死，武帝却以为"乃仙去也"，非死也，命人继承其法术，由此招引更多方士前来招摇撞骗。齐人少翁的骗术更是花样翻新。武帝所宠爱的李夫人死后，少翁揣摩透武帝的心思，导演了一场"李夫人显灵"的闹剧：让武帝深夜远远地看到帷幕之上若是若非的李夫人模样。武帝刘彻不但未识破那原本是一幕荒唐、滑稽的"皮影戏"，反而对少翁此举十分赏识，即拜为文成将军。少翁于是胆子更壮，对武帝说，如果把宫室的用物弄得像神仙所用之物一样，就可与神仙相通。武帝刘彻下诏，依其言而行。少翁于是在宫中到处画"云气车"，说是驾车可以避恶鬼；又在甘泉宫建台画鬼神，说是可以迎天神。可是招数用尽，却丝毫不见天神之踪影。但海口夸出，覆水难收，少翁岂能罢休？脑袋一拍，自有绝招，在帛上写好字，喂进牛肚，然后佯称发现了这头牛腹有奇物，让人杀了牛掏出来看：原来是帛书，上面写着十分怪异的文字。不料，早被他的高超方术迷了心窍的武帝刘彻，却还有一窍清醒，居然认出了少翁的笔迹。一经盘问，少翁便在惊慌中供认了真情。武帝刘彻怒不可遏，即下令宰了这位神通广大的通天方士、文成将军！

但武帝刘彻并未就此醒悟。有人推荐胶东人栾大。此人相貌俊美，大话满嘴，演起假戏来一点不心虚脸红。他说自己常去蓬莱，仙人安期生是他的老师，曾对他说过如何用丹砂炼黄金、如何堵塞黄河决口、如何获得不死之药、如何与仙人相会——无不是刘彻梦寐以求的事。栾大说：自从陛下杀了我的师兄文成将军之后，方士们都闭嘴不言，还有谁愿意教您求仙的方术呢？武帝听栾大说自己有如此本领，惊喜异常，百般安慰、许诺。栾大觉得时机已到，便道：陛下若要达到目的,第一件事,就是要让前来的神仙使者享受尊荣,成为陛下的皇亲贵戚,享以丰厚待遇,并赐以表示其尊严威望的印章,如此才好为陛下与神仙之间联络通话。这是陛下能够达到目的的关键啊!既然自己最忧心、最关切的事,栾大都能办成,武帝便不惜血本,当即封栾大为"五利将军"。在一个多月之内,又连续封他为"天士将军""地士将军""大通将军",使之一人身带四枚金印。武帝满以为栾大是天帝派来与自己沟通信息的使者,使他交上了腾飞万里的好运,随后又封栾大为"乐通侯",食邑两千户,并赐以华美住宅,奴仆千人,还以十万金作为聘礼,嫁以亲生女儿卫长公主。武帝亲至栾府看望,朝廷派出探问和携物赏赐的使者相望于途。从武帝姑母至公卿将相,都争相设宴款待栾大。武帝刘彻又专门刻了一枚"天道将军"的玉印,特地安排了象征着接待仙间来使的仪式,由身着鸟毛服装的使臣,站在白茅之上,授玉印给同样身着鸟毛服装、站在白茅之上的栾大,以表示栾大将引导皇帝到达天神面前。栾大装模作样地在家中祀拜天神,却始终求不到天神,便回到山东,说是去海边求他的老师。栾大徘徊于海边,仍然见不到安期生。栾大的久无效验,使武帝刘彻对他信心大失,心生怀疑,派人尾随观察究竟,却根本看不到栾大能够通神的一丝迹象。栾大向武帝谎称他已见到老师安期生,却拿不出任何见面的凭证。可怜这位"佩六印、贵震天下"的上天使者、"五利将军",终于黔驴技穷,原形毕露,被砍了脑袋,却压根儿没有天神、大仙前来相救!

心窍为登天成仙所迷的汉武帝刘彻,仍然心存侥幸,又陷于新的骗局之中。在拥向京师的众多方士之中,有一个叫公孙卿的,借着那年汾阳发现古代宝鼎的事,写札子上呈说:今年得宝鼎,与黄帝当年得宝鼎相对应,黄帝得宝鼎三百八十年即成仙登天。武帝刘彻大喜,召公孙卿问话,公孙卿当面把惑骗之言编得茬对茬、卯对卯,严丝合缝。武帝听得心驰神往,感慨地说自己若能像黄帝一样成仙登天,视撇下妻子儿女如同脱掉鞋袜一样毫不可惜。即拜公孙卿为郎官,派往太室①迎候神仙。听任其花样多端地摆布自己:下令郡国各自修整道路、修缮宫馆,于名山之上修建神祠,迎候神仙降临;连续东行到名山封禅求仙,于渤海湾八地祀神;次年晋升公孙卿为中大夫,东巡祷拜万里海沙、祠祭泰山……耗时数十年,耗财无以数计,了无应验。

---

① 太室:中岳嵩山。

还有,王莽凭借玩弄谶纬,篡夺了大汉社稷。这个背靠着姑姑——元帝刘奭皇后王政君进入朝廷的大野心家,以其权术,至哀帝刘欣晏驾、年幼的平帝刘衍继位、王政君以太皇太后身份临朝称制时,已爬上大司马的高位,总揽朝政。王莽先是授意益州郡守,让塞外蛮夷向朝廷进献白雉,散布"白雉之瑞,千载同符"之说,得以头戴尊荣可与古圣周公比并的"安汉公"桂冠。接着,王莽又下毒谋杀了刘衍,选立年仅两岁的刘婴继位,新的谶纬接踵而至。有人上奏说武功长孟通"浚井得白石……有丹书著石,文曰'告安汉公莽为皇帝'",王莽因此而做了假皇帝,群臣称他"摄皇帝"。后,齐郡有个亭长报告说,有神人给他托梦,曰:"吾,天公使也。天公使我告亭长曰:'摄皇帝当为真。'即不信我,此亭中当有新井。"次日一早,果见亭中有一口百尺新井。又,巴郡献来石牛,扶风献来石文。王莽派人去看,刮过一阵狂风后,石牛前留有一幅铜符帛图,上写:"天告帝府……承天命,用神令。"于是,王莽凭借诬罔谶语,"顺应天命",去掉头衔前的"摄"字,群臣直称其为皇帝……随后正式登上天子之位,定国号为新,圆了他的篡汉美梦。

　　王莽利用谶纬实现了篡汉阴谋,借谶纬自欺欺人,也使自己头上的冕旒砰然坠地,摔得粉碎。当农民起义风起云涌,莽"新"皇权摇摇欲坠之时,王莽亲赴京师南郊仿照北斗星座用五石铜铸一"威斗",希望借以镇服义军。然而,此宝毫不灵验,起义军更加壮大。王莽又通过六年一改元,"诓耀百姓",却只能招人一笑。后又听术士的话,大兴土木,为王氏祖先建九庙,企图得到祖先英灵的荫庇而自安。结果花费的钱数百万,起义的烈火却愈烧愈烈。有人献符命,说轩辕黄帝曾建华盖登了仙。王莽不惜钱财珠宝,命人建造了高八丈一尺的九重华盖,期望超凡登仙。百官看其状,窃笑似丧车。王莽犹自沉醉于成仙的迷梦,农民起义军已攻开了长安南大门。王莽束手无策,有人引《周礼》和《春秋左传》之语,建议向天啼哭求救。王莽便率群臣至南郊"搏心大哭",仰面对天:何不殄灭众贼! 还让"诸生小民"白天黑夜不停地哭,由官府供应粥食。如果谁哭得非常悲哀,则封为郎官。于是,宫内宫外,一片号啕大哭之声。短短几天之内,就有五千多人因哭而当上了郎官。然而,啼哭并未引发上天怜悯,王莽连同他的"新"朝灰飞烟灭,其荒唐、滑稽、可笑,实在令人喷饭!

　　……

　　这种种般般,不胜枚举。班固暗想:今上与大臣们难道不知道这些发人深

178

省的史实吗？会议上关于谶纬之学的发言，那么荒唐可笑，那么荒诞不经，正如我在《郊祀志》中引录谷永进谏汉成帝之言："……明天地之性，不可或以神怪；知万物之情，不可罔以非类。诸背仁义之正道，不遵《五经》之法言，而盛称奇怪鬼神，广崇祭祀之方，求报无福之祠，及言世有仙人，服食不终之药……皆奸人惑众，挟左道，怀诈伪，以欺罔世主。听其言，洋洋满耳，若将可遇；求之，荡荡如系风捕影，终不可得……"①白虎观的发言，果值得整理成书，流传后世吗？将这些荒诞不经之言公之于世，岂不是对《汉书》所记桩桩史实的揶揄、嘲讽？然而，能拒绝整理吗？违抗圣命，将是什么下场？恐怕不会比太史公遭遇宫刑更轻吧？难道我真要成为第二个身受宫刑的撰史人吗？太史公，太史公，你能告诉我该如何才好吗？前车之辙，可以重蹈吗？话说回来，今上召集白虎观会议，也许意图并不在谶纬，而在于勉励问学、发扬经学。拒绝整理会议发言，岂不等同于拒绝学术的兴旺吗？也罢，也罢！尽管要耗费大量心血、挤占撰著《汉书》的大量时间，违心归违心，我也不能不遵旨而为了！是非功过，任人评说吧！

就这样，班固既非所愿，又无可奈何，既觉违心，又不无希冀，于尴尬和两难之中，夙兴夜寐，将白虎观会议发言整理成书，名之曰《白虎通义》，简称《白虎通》，上呈御览。

西天风云

当班固为白虎观会议尴尬之时，班超却双喜临门：喜结良缘，又擢升都护。

早在徐干启程之前，莎车国王以为大汉朝廷不会发兵，而班超力量单薄，慑于龟兹的淫威，向其投降。疏勒都尉番辰也反叛了。徐干到了疏勒，成为班超志同道合的得力助手。班超顿然力量大增，与徐干默契配合，一举而击败番辰，打算进击龟兹。因乌孙兵力很强，拥有十万善于骑射的精兵，班超觉得最好能借助其力，以夷攻夷，便向朝廷上表道：乌孙是西域大国，陛下最好派遣使者招

---

① 大意为：要懂得天地万物的本性，不可为神怪和人间并不存在的东西所迷惑。那些悖逆仁义正道、《五经》言论，而大谈什么奇怪鬼神，大兴祭祀之风，以及说什么世上有仙人、可以食用长生不老之药等，都是奸佞之徒迷惑众人的荒诞言谈，以其荒诞的骗人本领，遮掩着内心不可告人的虚伪欺骗目的，迷惑皇帝。听他们的言谈，滔滔不绝，天花乱坠，好像亲历过一般，但是，你要真的去实践，就像是要抓住风、逮住影子一般永远不可实现……

慰,使其与我们合力讨伐龟兹。

表章送出,在徐干的劝说下,班超与疏勒国国相的妹妹喜结连理。此女浓眉大眼,身材高挑,妩媚窈窕,能歌善舞。其歌声清脆而婉转,舞姿轻盈而柔美,正当择婿待嫁妙龄。多少王公大臣公子托媒求婚,她高傲得连瞟都不瞟一眼便拒绝了。班超来到疏勒时,此女暗自翘望,一见钟情,屡屡眉目传情,但班超总是目不旁视,不为所动。见班超不理会自己,国相妹妹便将心事告诉哥哥,求哥哥向班超提亲。疏勒国国相得知班超孤身无妻,便当面提亲,尽力成全此事。班超觉得此女聪慧有如亡妻,且别有风韵,另有一番娇美,心中不无好感,但又深恐不是家乡姑娘,婚后难免龃龉频生,因而思虑不定,一再推诿。看到徐干带来哥哥的书信,又听了徐干的挚心劝说,班超终于心动。疏勒国国相欣喜异常,为班超和妹妹举办了盛大的婚礼。

新婚宴尔,两情相谐,情深意浓。国相妹妹神采飞扬,举步翩跹,可掬笑容整日溢,洞房夜半歌喉啭,当年便生了一子。班超为儿子起名班勇。

班超并未在异域美妻的石榴裙下放弃自己的谋划,日日做着联络乌孙、进击龟兹的准备。建初五年(公元 80 年)暮春,喜讯传来,皇帝刘炟御览班超呈上的表章后十分高兴,拜班超为将兵长史,徐干为军司马,破例赐班超以唯统兵万人的大将才拥有的军乐和旗帜、仪仗,并派卫侯李邑护送乌孙使者回国,还带去不少绸缎、布帛赐给乌孙的两个国王大昆弥和小昆弥。班超精神振奋,即乘机结交乌孙国王。乌孙国王接受了班超合兵征伐龟兹的建议。

但朝廷派来的这个李邑却是个十足的胆小鬼。他从天山南路出发,到了于阗,听到龟兹进攻疏勒的消息,就害怕了,裹足不前了。他滞留在于阗,不敢去疏勒,也到不了乌孙,完不成皇上圣命,便绞尽脑汁想招儿向皇上交差。他听说班超娶了疏勒国国相的妹妹,便上书给皇帝说:西域是没法联络的,班超陪着娇妻,抱着孩子,只知道在外边享福,不愿意回到中原来。圣上不能听信他的话。我们到不了乌孙,还不如让我们早点回朝吧!班超得知李邑捣鬼,不由得叹着气说:我不是圣人,人家说我的坏话,我不能不担心被朝廷见疑啊。于是,他上书给皇帝说明了自己的苦衷。皇帝刘炟倒也相信班超的忠诚,下了一道诏书,很严厉地责备李邑说:即使班超陪着娇妻不想回家,难道跟他在一起的一千多人都不想回家吗?你应该到他那儿去,受他的节制,听他的吩咐。他又下了一道诏书给班超:李邑到了你那里,你可以留下他,让他受你的节制和差遣。

李邑接到诏书，无可奈何，只好硬着头皮到疏勒去见班超。班超不露声色，热情地招待李邑，另外派人护送乌孙的使者回去，并劝乌孙王打发自己的儿子上洛阳去伺候皇帝。乌孙王派他的一个儿子跟着汉朝使者到了班超那儿。班超打算派李邑带着乌孙王子回到洛阳去，徐干劝阻班超道：上次李邑毁谤将军，企图将将军的功劳一笔勾销。如今正可以依照皇上诏书把他扣在这儿，让他尝尝毁谤别人是什么滋味，另外派人护送乌孙王子到京师去。将军怎么反倒放他回去呢？班超道：如果那样做，岂不是太小气了？正因为李邑曾经说过我坏话，所以我才放他回去。只要自己赤胆忠心，一意为朝廷效力，我就不怕别人造谣污蔑。如果为了自己一时痛快，挟嫌报复，把他扣留在这儿，那就算不了忠臣。徐干听了班超的话，既崇敬又自愧。

李邑知道了这件事，十分内疚，不由得打心眼里感激班超。他回到洛阳，再也不敢说、说不出班超的坏话来了。皇帝刘炟见乌孙王送他的儿子来京，更加信任班超，又派了一位将军以假司马之职带领八百精兵去帮助班超。于是，班超征发疏勒、于阗的人马，又联络月氏、康居，施用巧计，顺利地打败了莎车和龟兹的五万多人马，生擒了疏勒王忠。第二年班超又征发于阗诸国二万五千兵马，再次进击莎车。龟兹王闻讯，派遣左将军调动温宿、姑墨、尉头五万兵马救援。班超得知，反复思虑，召集众将校与于阗王计议，道：目下，我方兵马不足敌方一半，以分散为好。于阗兵马从这里向东，我则从这里向西而归，等到晚上鼓声响起程。班超暗中让部下吏士松弛看管，放走捉获的俘虏。逃走的俘虏回营通风报信，龟兹王听了喜不自禁，自己率领一万兵马于西去路上截击班超。温宿王将八千兵马于东去路上截击于阗王。班超得知龟兹王、温宿王已各自带兵出动，即秘密召集各部将领，掉转方向，于鸡鸣时分奔袭莎车军营。敌军大惊，乱作一团。班超及于阗各部兵马乘胜追击，大获其马畜财物。莎车王下马投降，龟兹等国闻风丧胆，溃逃而去。

这次震惊西天风云的大战，皇帝刘炟得知后，深为班超的胜利而高兴，即于西域重设都护，擢班超为都护，徐干为长史，并拜白霸为龟兹王，遣使送白霸赴西域。班超与徐干一起胁迫龟兹王尤利多退位，而立白霸。西域最强悍、最令附近国家怯惧的国家——龟兹，从此与其他西域国家都成为大汉友好的藩属之邦。

然而，朝堂之上，却风波横起……

第十七章

兰台圆梦入歧途

终成《汉书》

震惊西天风云的一场大战,使班超的威名震动了西域。北匈奴也胆战心寒,不敢再来侵犯了,其内部的不和,又使它遭遇了四面楚歌,一败涂地。附属北匈奴的五十八部,大约二十万人、八千精兵,也都分别投靠了汉朝;而南匈奴的兵马却向着北匈奴围攻而来。北单于忧心如焚,思来想去,遣使南赴长安,献以厚礼,请求和亲。皇帝刘炟召群臣商议,大臣们多以为,匈奴是个玩弄诈术的国家,缺乏向汉朝靠拢的真诚,如果答应和亲,恐怕会上当。有的竟主张杀掉来使,借着南匈奴围困北匈奴、北匈奴衰弱困窘之机,发兵一举而剿灭之!

听着大臣们的意见,班固回想起自己在《汉书·西南夷两粤朝鲜传》赞语中的话:"招携以礼,怀远以德。"①文帝刘恒曾向南粤王赵佗写信,语气谦恭,不摆皇帝

---

① 意为:对边疆民族国家,要以礼相待,要帮助他们,以仁德真诚地关心他们。

的架子,词句中充满平等相待的诚意,语重心长地说明战争只会给汉朝和南粤造成祸害,"得一而亡十"——获益甚少而危害极大。从国家安宁的愿望出发,希望南粤与汉通使和好。文帝的诚意,换来了赵佗的真心归向,重新盟誓:南粤永远做汉的藩属之国。而武帝对西南夷、东粤、朝鲜的征战,虽然有所成效,却付出了巨大代价,以致出现了《汉书·食货志》中记载的那种"天下虚耗,人复相食"的可怕情景。文、武二帝的做法一正一反,说明了礼节、恩德是吸引边疆国家、实现长期友好的不二良方。班固在《汉书·萧望之传》中记载了这样的事实:宣帝五凤年间(公元前57年—公元前54年),匈奴国内大乱,有朝臣上表,以为乃"出兵攻灭"以消除宿怨的上好时机。硕儒、御史大夫萧望之认为,单于愿意归附,请求和亲,海内百姓欣然赞同,若出兵攻打,是不讲仁义的行为。应该遣使前往慰问,引导其与汉和好。如此,一定会使之感动,归附汉朝。宣帝采纳了萧望之的建议,派兵帮助呼韩邪单于安定匈奴内部。呼韩邪单于因而决然内附,形成了大汉北部边境六十余年的安宁局面。那时候,边城大门到了太阳落山之后才关闭,牛羊布满山野,三世之中,没有马嘶人喊、鸡飞狗叫的惊恐,没有夷人侵扰的担忧。平民百姓用来防身的枪械锈迹斑斑,变成了屋角的废物。

想到这里,班固力排众议,出班奏道:皇上,此议断不可行! 汉兴以来,虽匈奴对汉反复无常,但朝廷从未关闭通好之门。或发兵而征讨之,或修文而和亲之,或卑下而承事之,或惩罚而臣畜之,其结果虽有差异,但绝之未知其利,通之不闻其害。施以礼义,诚心通好,两相安宁;绝仁断义,出兵征讨,贻祸双方。愚臣之见,北单于遣使和亲,当允诺为好,以示我朝仁义之本,扬恩德于外。

班固此言,引得瞋目者甚众。朝堂如沙场,长枪短剑,刀光剑影。班固自信《史记》《汉书》内桩桩往事,无不为前车之鉴,亦无不为制胜论敌之撒手锏,因而神色泰然,岿然视听。

皇帝刘炟问光禄卿道:卿以为如何才好?

光禄卿满头热汗蒸腾,既觉班固之见妥帖,又觉持"攻灭"之见者人多势众,惧怕遭受他们日后的报复、暗算,左右为难,不知该如何应对,惶急之中,回道:臣以为……以为,攻灭——本打算说"似不可行",窥得持"攻灭"之见的大臣们虎视眈眈,急忙改口——自有道理,然通好亦非不可行。

班固正要出班详述自己力主通好的桩桩历史殷鉴,以驳斥"攻灭"之论,皇帝刘炟却以手制止:众爱卿不必争议,班爱卿所言是矣。朕以为,仁义之君,当友善边邦,以和为上,慎于用兵。侍中、光禄二卿听旨:即选宫女一人,赐予公主之名,置办嫁妆,并锦帛、金银之礼,偕匈奴来使,送往北匈奴,匹配单于,以成万世之好。

班固嘘了一口气。光禄卿暗暗擦了擦额头的热汗。

万岁万万岁! 众大臣齐声道。

一连数月,班固从朝中回来即沉浸于那些贪官污吏和关注民生疾苦、敢于为民请命的"循吏"的"传"的撰写之中。《匡张孔马传》是前者的代表,而《孙宝传》《盖诸葛刘郑孙毋将何传》《赵尹韩张两王传》则是后者的代表。

这日深夜,班固终于结束了《匡张孔马传》的撰写。这篇传勾画了西汉后期至王莽时期,以通晓儒家经典而身挂相印或居大司徒高位的匡衡、张禹、孔光、马宫四人的丑陋形象。他们无不道貌岸然,开口周公、闭口"子曰",却贪得无厌,巧取豪夺,以阿谀奉承为能事,以保守富贵利禄为所求,对百姓毫无怜悯、恻隐之心,对国家毫无忧患、责任之诚。

匡衡是元帝刘奭时的丞相。他多次上书,都是做泛论灾异、无关痛痒的应景文章。他畏惧掌握朝政实权的宦官石显,不问是非,回避退让,唯恐触犯,伤及自身。他被封为乐安侯,封地在淮阳郡僮县乐安乡。原先的郡地图误把乐安乡南界划到南面的平陵乡。他明知其情,却乐得其利,故意隐匿,连续四年多收四百顷田租。当淮阳郡要求改正时,他竟以自己当朝丞相的权势,授意其心腹,指使当权郡吏,将那四百顷田地划入乐安乡自己封地之内,并立即派人到乐安乡多收田租千余石,归入自己家中私仓。

张禹是成帝刘骜时的丞相,外表谨慎诚厚,却占据着关中泾河渭河两岸四百多亩土质肥沃、灌溉便利的上等好田,纵意敛财。他生活奢侈淫靡,身居大宅,后院乐伎舞女成群,常常纸醉金迷于歌舞宴乐之中。他惯于两面之技,无论对朝内政事,或是亲友私谊,无不当面一套、背后一套,"看锅下米"、看人行事。少府戴崇、大司空彭宣都是他的弟子。彭宣为人恭俭守礼,张禹表面器重,而内心疏远。彭宣每来看望他,只在前厅接待,以讲论经文相敷衍。而对迷醉于声色的戴崇,他则打心眼里喜欢。戴崇每次来,必带往后堂饮酒,陪伴以侍女,演戏奏乐,夜阑始休。这个穷奢极欲之徒,病卧榻上之时,尚不忘向前来探视的成帝刘骜请求将女婿从边郡内调,并为小儿子求取官职。满口圣人经义、高居丞相之位的张禹,其内心之龌龊、贪婪、腐朽,于此可见。

班固在其传末赞语中,愤慨地斥责匡衡、张禹之流道:(他们)咸以儒宗居宰相位,服儒衣冠,传先王语,其蕴藉可也,然皆持禄保位,被阿谀之讥。彼以古人之迹见绳,乌能胜其任乎!

掷笔于案,班固开始思索《孙宝传》《盖诸葛刘郑孙毋将何传》《赵尹韩张两王传》的撰写。三传所录孙宝、盖宽饶、何并、尹翁归等人,与匡衡、张禹等相比,完全是另一类官员。

汉成帝刘骜鸿嘉年间,广汉地区①盗贼蜂起。朝廷任命孙宝为益州刺史前去平剿。孙宝到广汉实地查问,得知是太守扈商玩忽职守,使百姓走投无路,不得不揭竿而起,谋取生路。孙宝即亲自深入山林,谕告百姓:你们原本无意为"盗",首领以下,朝廷准许你们悔过归农,不予追究。啸聚山林的百姓闻言,纷纷弃戈归家,事件很快便得到平息。但由于自己的所为有悖于朝廷旨意,孙宝即劾告自己矫称朝廷旨意,愿受惩罚。祸乱的根源在于扈商。扈商乃太后之弟、大权在握的大司马车骑将军王音的外甥,气焰煊赫,谁不怯惧?孙宝却冒着老虎头上拍苍蝇的风险,上奏朝廷,按照《春秋》诛其首恶的经义,对扈商从重治罪。扈商依仗其权势,反过来上告孙宝放走首恶。但因孙宝理由充足,证据确凿,成帝刘骜只好将扈商逮捕入狱。王音却暗中报复,致孙宝被革职为民。益州百姓纷纷上书赞扬孙宝平息事件有功,揭露王音存心排挤良善的险恶用心。成帝刘骜迫于众议,只好收回成命,重新任命孙宝为冀州刺史。后来孙宝调任丞相司直,了解到太后之弟、红阳侯王立勾结南郡太守李尚霸占民众于湖畔开垦的土地,转卖官府,获得巨额钱财的罪恶事实,即派丞相府官员案问,查清了王立、李尚狼狈为奸、以权谋私、敲剥百姓、欺骗贪赃的行为。李尚因而被处死,王立虽因身为帝舅,受到包庇,但从此臭名远扬,道路侧目。

宣帝刘询时,司隶校尉盖宽饶刚直高节,严厉纠举豪强。公卿贵戚、郡国官员到京师后,一个个都自我收敛,不敢违法。人们称赞盖宽饶"京师为清"。看到宣帝刘询晚年重用不法宦官,盖宽饶进谏,说任用宦官是废弃了圣王的治国之道。还引用《韩诗外传》说:"五帝官天下,三王家天下,家以传子,官以传贤,

---

① 广汉地区:今四川金堂、射洪一带。

若四时之运,功成者去,不得其人则不居其位。"①这一旨在劝告皇上任用贤能的奏章,却引起宣帝刘询的强烈不满。朝臣们也纷纷乘机诬陷,说盖宽饶之意在于要皇帝把帝位禅让给他。奸佞之徒群起攻讦,馋谤之言铺天盖地。盖宽饶有口难辩,招架无力。唯谏大夫郑昌挺身而出,上书赞扬盖宽饶的正直,居不求安,食不求饱,进有忧国之心,退有死节之义。赞扬他职在司察,直道而行,敢于讲真话、实话。对郑昌的忠直进谏,宣帝刘询却不加理睬。盖宽饶愤慨难抑,于是自刎于宫门,以热血做最后的抗争……

班固心中明白,汉朝到了成帝刘骜之时,之所以出现了他在《王贡两龚鲍传》中所录贡禹上书指出的"人至相食""生子辄杀"、百姓"手足胼胝,已奉谷租,又出藁税,乡部私求,不可胜供"的情景,出现哀帝刘欣时鲍宣著书疾呼的百姓"九死而无一生"的惨痛景象,都与豪强、贪官对百姓的欺压和巧取豪夺分不开。而孙宝、盖宽饶那样为民请命、敢于抑制豪强的清官、好官实在可谓凤毛麟角!

班固自语道:也许,《孙宝传》《盖诸葛刘郑孙毋将何传》《赵尹韩张两王传》,会使一些人看了如芒刺在背或者勃然大怒,也许,我会因这些篇章引来诬陷、祸患乃至杀身灭族之灾,但无论如何,良心激发我、驱使我、逼迫我不能不写好这些篇章。孙宝、盖宽饶等官员身上,维系着百姓们可怜的希望。连孙宝、盖宽饶这样的人物都杳然无存,这个天下,百姓们还能活下去吗?

汉章帝刘炟建初七年(公元82年),班固终于完成了《汉书》全稿。一场始自明帝刘庄永平元年(公元58年)在安陵家中的撰史之梦,至今二十五年而得圆。这是一场实现父亲遗命的大梦,一场为自己生命所系的大梦,一场曾经被中断而赖兰台得续,也赖兰台和东观而得圆的大梦。简言之,此乃兰台圆梦!

虽然,梦圆之时,因书稿并非按照编目次序一一撰写,先写的一些稿子,经多次翻阅,往往放置得前后交杂、倒置、错乱,需要认真地整理。但是,毕竟已经撰写完成。班固心头不禁荡漾着欣幸和慰藉、兴奋和快意……

---

① 意为:五帝把天下当作自己管理的天下,三王则把天下当作自己一家的天下;家庭传给子孙,官位传给贤能之人,就像春夏秋冬四时的运行一样,完成自己的使命就离去,不是合适的人,就不要占据那样的职位。

天降严霜

风云突变。严霜早早地在洛阳降落,飒飒的秋风中,树叶飘落,百花凋零。城内城外,街道上、庭院中,沙尘、黄叶、枯枝以及细碎的垃圾什物,在阵阵秋风中漫卷着,有气无力地低号着,空气中弥漫着呛人的尘土气味。班家院子里的那两棵已经长了二十六个春秋的枣树和皂角树,茂密的树叶恍然间不知去向,只余树枝光秃秃地在秋风中瑟瑟抖动。仅有的零星几颗枣儿,也被摇落下来,随风而滚,可怜地畏缩于墙旮旯,等待着主人的怜惜。

这天,班固下朝回来一进家门,夫人姬婵便神色慌张、火急火燎地请他快去上房看望母亲。班固未及换衣,匆匆来到母亲身边,只见母亲面色焦黄,呼吸微弱。班固一边招手让儿子叫人去请太医,一边扑向母亲身边,连声呼叫:"母亲!母亲!"

班老夫人微微地睁开眼,伸出了一只手。班固急忙抓住母亲那只枯瘦、无力的手。母亲一声一喘地、断断续续地道:我……没有……没有什么……牵念……牵念的了。你们……你和……超儿……好生……好生……正正……正正派派……做人……做人! 亮儿……雄儿……还有勇儿……都……都要……好生……正正……派派……做人! 亮儿……雄儿!

班亮! 班雄! 奶奶叫你们,快,过来! 姬婵忙对两个孩子喊道。

班亮、班雄走到奶奶身边。老夫人无力地、艰难地伸出那只手,颤颤巍巍地在空中抖动着,摸了摸俯在身边的两个孙儿的脸庞,头便软软地向侧旁垂下。

太医匆匆而来,摸了摸脉,掰开眼皮看了看,声音很低、很沉重:办丧事吧!

班家院子里,立即哭声一片……

班固擦干泪水,向朝廷辞了官,扶柩回乡为母亲守孝居丧。哭祭母亲的泪水未干,又闻皇上刘炟晏驾。班固心中绞痛,惴惴不安。我班固亲眼看到太子刘炟即位,经历了他在位的十五年光阴,如今惊闻他辞世。这是一位儒雅、睿智的好皇帝,他为什么走得这么仓促啊! 大汉朝堂、万里江山将如何迁变啊? 庶民百姓将遭遇怎样的命运啊?

误入歧途

新登基的皇帝是太子刘肇,是为和帝,于次年改年号为永元。

新帝刘肇,乃先帝梁贵人所生。梁贵人为窦皇后诬陷,抑郁而亡,窦皇后亲自抚养刘肇,视如己出。儿子登基,窦皇后自然成了皇太后。这皇太后不是别人,乃窦宪之妹,开国勋臣窦融的重孙女。早在建初二年(公元77年)章帝刘炟立窦宪之妹为皇后时,即拜窦宪为郎,不久迁为侍中、虎贲中郎将。其弟窦笃,亦拜为黄门侍郎。窦宪兄弟所得到的赏赐,累积如金山珠海,宠贵无比。他们飞扬跋扈,气焰煊赫,不可一世,全然不似其叔祖窦固那般敦厚质朴、谦和近人。王公卿相、公主贵戚,莫不畏惧。

这窦宪身材不高,脸大脖子粗,长得威武而凶恶,光是颧骨底下的那一道横肉上下抖动,谁见了都害怕。早在先帝刘炟元和年间(公元84年—公元87年),窦宪就借皇后之兄的威势,以极低廉的价格,威逼、抢占了皇上的姑母——沁水公主的一座上好庄园。沁水公主忍气吞声,自认晦气,不敢和他计较。后来,有一次,皇帝刘炟在窦宪等近臣的陪同下路过那儿,指着那园子道:

这座园子真不错,沁水公主的。她以前请朕观赏过,风景如画,令朕流连忘返啊!

窦宪不知如何回答,支支吾吾道:园子……哦……是……是不错。

皇上刘炟道:可两年了,沁水公主再也没有请朕去观赏观赏。

哦,两年喽。也许……也许这园子……

这园子怎么了?不是还那么风景如画吗?你怎么吞吞吐吐的不把话说清楚呢?

臣是说,这园子,这园子……变得……变得更诱人、更赏心悦目了。

刘炟觉得窦宪的答对总是前言不对后语,其中必有缘故。回宫后一查问,才得知那园子早已江山易主,被窦宪夺为己有。一怒之下,刘炟即招来窦宪,严厉责问道:那日,朕问你沁水公主那块园田,你为何吞吞吐吐?你怎么知道那园子变得更诱人、更赏心悦目了?是不是心中有鬼?哼!以为你做得干净利落,神不知鬼不觉?可朕还是弄清楚了,那园子已被你抢夺了去,是不是?

窦宪跪在皇上刘炟面前,诚惶诚恐,不寒而栗,冷汗从额头上一直流向颧骨下的那道横肉。那道横肉颤动着,将汗水一滴滴地洒落在地面上:臣……臣有……有罪,有罪!

有罪?知道有罪啦?罪大恶极!不可饶恕!你深刻反省自己的罪过!连朕姑母的园子你也敢抢夺,狗胆包天!夺公主田园的时候,你怎么那么肆无忌惮?

是,臣有……有罪,不,无……无罪!窦宪言语错乱。

公主的园子你尚且敢于无端抢夺,其他小人物在你面前能自保吗?告诉你,不要太恣意妄为、横行霸道、无法无天,朝廷抛弃你窦宪,就像扔掉一只臭老鼠罢了!皇上刘炟似乎仍不解气,拍案道。

窦宪恐惧万分,头在地上磕得咚咚响,口中不断地重复着:臭老鼠?是,是,臭老鼠!臣知罪,知罪!

下去!刘炟怒喝道。

窦宪刚要直起身来,又呼地趴在地上"咚咚咚"地连磕了三个响头,才爬起来,弯着腰退了出去。

皇后在后宫得知此事,又气恼又恐惧,思来想去,脱去皇后的盛装,穿着普通嫔妃的服装,向皇上、向沁水公主请罪,并吩咐窦宪向公主赔情道歉,归还园田。如此这般,左右周旋,说合了很久很久,事情才算了结。皇上刘炟虽没有治罪于窦宪,却从此对他冷淡了许多,不再那么宠信他,不让他担负重任。

然而,此一时彼一时也。新帝刘肇登基,皇后成了皇太后,且临朝理政,窦宪也便成了新帝的舅父。皇帝不信任自己的母舅、皇太后不信任自己的同胞兄弟,还信任谁呀?今非昔比的窦宪,不再是一只惧怕被抛弃的臭老鼠,而陡地变得尊贵无比、显耀无比,以侍中的身份主掌朝廷机密,出入于后宫、前朝,向大臣宣布太后的诰命。皇帝刘炟留下遗诏,任窦宪的弟弟窦笃为虎贲中郎将,任其另两个弟弟同任中常侍。于是,他们弟兄四人,全在要害权位。窦家一门真如烈火烹油,气焰熏天,他们的威风谁也比不上。窦宪认为前太尉邓彪谦让、仁厚、顺从,是个好控制、好指挥的角色,便说服太后,任命其为太傅。把太傅——皇上的老师握在手心,百官哪个敢不唯我窦宪之命是听?他要做的事,在外令邓彪上奏,在内由他向太后说明,没有办不成的。窦宪还害怕谁呀?

窦宪掌了大权之后的第一件事,就是把禁止私人煮盐和冶铁的法令废除了。汉武帝刘彻当年费了九牛二虎之力从豪强手里夺过来的利益,又被他轻而易举地还给了豪强,从而换得了豪强们对他的支持。

窦宪为人睚眦必报。当初,谒者韩纾曾受命审理他父亲窦勋扰乱朝政、怨谤朝廷的案子,致其父被诛。如今,窦宪认为报仇的时机已到,便命令府中宾客砍了韩纾的儿子,以其头祭奠于窦勋的坟墓之前。

齐殇王的儿子都乡侯刘畅——先帝刘炟的堂兄,来京吊唁国丧。刘畅与步兵校尉邓叠的母亲有亲戚关系,多次往来京师,凭靠邓叠母亲,出入于太后居住的长乐宫。窦宪看在眼里,担心刘畅会受到太后信任,分去他的权力,便派宾客刺杀了刘畅。太后一听说大伯子被杀,就吩咐窦宪捉拿凶手,追查主使人。窦宪眼珠儿一转,把杀人的大罪推在刘畅远在青州的兄弟刘刚身上,说他们弟兄不和,自相残杀。窦太后就吩咐御史和刘刚封地所在的青州刺史去查办刘刚。有官员上书说:刘畅在京师遇害,而刘刚身在青州,应该先在京师捉拿凶手。近在眼前的不追究,反倒跑到外地去查问,恐怕会让奸臣暗自发笑。窦宪料到这个上书官员已经疑心到自己身上,就立刻请窦太后斥责这个上书官员。这个上书官员闭口不言了,别的人也便不敢开口说什么了。然而,霜雪可掩草木于一时,难绝其迹于永远。窦宪的罪恶终于败露,无法抵赖。窦太后得知事实真相,勃然大怒,关窦宪于内宫。窦宪怕保不住性命,搜索枯肠,寻找着脱困的办法。

正好南匈奴单于上书,说北匈奴遭到了饥荒,又发生内乱,请汉朝发兵去平定。窦宪闻听此消息,心中有了主意,即趁着这个机会,要求窦太后让他去攻打匈奴,以赎死罪。窦宪毕竟是窦太后的亲哥哥,她便同意了,还拜他为车骑将军,发兵北伐。这样一来,窦宪又抖起来了。他一面叫他的兄弟替他在洛阳大兴土木,建造将军府,一面派人拿着书信给尚书仆射郅寿,嘱咐替他照顾好家人。郅寿倒是个硬汉,他不但不愿意为一个飞扬跋扈、恶意杀人而未得惩处的罪犯效劳,而且还上书告发他的罪行。冤家碰着对头,两个人在朝堂上针尖对麦芒地争执起来。郅寿批评窦宪不应该犯了罪还大兴土木,建造府邸大院。窦宪不服气,反咬一口,说郅寿自己私买公田,毁谤朝廷。郅寿气得高声大骂。恰巧窦太后到来,看在眼里,责备郅寿傲慢无礼,把他革了职,并交给廷尉去查办他私买公田的案子。廷尉一味地奉承窦家,把郅寿定了死罪。幸亏何敞上书,竭力替郅寿辩护,才免了其死罪。可是死罪可免,活罪难逃,郅寿还得充军。郅寿气愤不过,但胳膊扭不过大腿,他没法跟窦宪辩理,可也不愿意去充军,就愤然自杀了。郅寿一死,三公九卿愤愤不平。他们联名上书,请求窦太后不可让窦宪带兵。窦太后把他们的奏章撇在一边,压根儿不去理睬,还是让哥哥耀武扬威地发兵去攻打匈奴。

窦宪要出征,没几个好帮手,尤其是文官帮手,更是不行。他倒也读过《诗经》《尚书》《论语》《孟子》,但常常看不懂朝廷诏命,更别说提笔行文了。出征在外,给朝廷的表章、奏议,是断断少不了的,必得物色个文墨好手。这么着,他想起班固来了:这可是个大儒、文墨魁星啊!连先帝都十分赏识,多次召入禁中,谈文论史。班固之父班彪与曾祖父窦融是故交。如今班固弃官居丧在家,若请他做帮手,想必他求之不得,不会不乐意的。

想到这儿,窦宪即招来门客,如此这般地叮嘱一番,差遣他前赴扶风安陵,去会见在老家居丧的班固。

班固扶灵柩回到安陵,安葬了母亲,按照古来之礼,日日守孝在母亲灵前。亲朋邻居时来吊唁祭奠、契阔寒暄。送客出门,院子中央的那两棵树——皂角树和枣树,总会映入眼帘。秋风中,皂角树显得很憔悴,黑褐色的树干上密布着条条干燥的裂纹。虽然树梢已高过墙头、屋顶,然而,树冠上的枝条,有不少已经干枯。枣树低矮一些,细细的、折曲而多刺的枝条伸展着,零零星星几颗枣儿,艳红艳红地挂在高高的枝头,似乎在叹息,又似乎在庆幸自己的幸运。两棵树的苍凉,使班固心头荡起了说不清道不明的凄凉和痛楚、不无苦涩和无奈的伤感。

他想起了三十四年前自己扶着父亲的灵柩回到安陵居忧时的情景。那时,自己年仅二十三岁,之前一直无忧无虑地读书于太学,忽然之间,全家人的衣食生计都要由自己去承担,而父亲临终的嘱托,又似千钧重担命令着自己、鞭策着自己。不能完成父亲的嘱托,接续父亲未竟之业,撰讫汉史,自己将沦为不孝,灵魂便将负罪,遭责打、被耻笑、被唾骂,永不得安宁。夜寐之时,班固常常梦见太史公司马迁向自己走来,真诚地对自己道:"废明圣盛德不载,灭功臣、贤大夫之业不述,堕先人所言,罪莫大焉。"①太史公的话使班固的灵魂在痛切惨怛之中,隐隐地焕发着力量,增添着信心。他曾作了一篇《幽通赋》,表达自己当时纷

---

① 意为:如果舍弃圣人的伟大德行不去记载,磨灭功臣、贤明的士大夫的哲理名言而不叙述,罪过是再大没有的了。

乱忧愁的心境：

> ……
>
> 咨孤蒙之眇眇兮，将圮绝而罔阶。
>
> 岂余身之足殉兮，悼世业之可怀。
>
> 靖潜处以永思兮，经日月而弥远。
>
> 匪党人之敢拾兮，庶斯言之不玷。
>
> 魂茕茕与神交兮，精诚发于宵寐。①

是的，那时，自己真是茕茕孑立、无依无靠，然而，耿耿心魂，常常梦睹父亲殷切的面容；与太史公邂逅，顿生潜心精研、誓成汉史的精诚。如今，《汉书》已经撰讫——虽然书稿还需整理，父亲的嘱托已经实现，可以免于不孝的斥责，然而祖业的辉煌却远没有重现。超弟胆略高远，驰驱异域，通番夷，战沙场，建伟业，为国尽忠，光耀门庭，可谓大孝。而我，官不过司马，职不过守卫宫禁，无尺寸之功。古人有云："孝为人生之本，始于事亲，中于事君，终于立身。扬名于后世，以显父母，此孝之大也。"②如今，我已父母双亡，一一归葬，只能说是有了孝的开端，还远远不能说已经达到了"中于事君"的要求。更何况年龄已五十七岁，而名不显、德不修、功不立，何以谈"立身"？即以历史记述而言，一部"太史公书"，彪炳古今，不愧司马迁立身之作也。而《汉书》则难以为我立身。太史公司马迁年二十而南游江、淮，登会稽山探访禹穴，赴九嶷山考察舜的遗迹，泛舟沅水、湘水、北渡汶水、泗水，在齐、鲁之都探讨学问，观察孔子教化遗风，在邹峄学习乡射礼节。当游历于蕃、薛、彭城等地之时，司马迁一度遭到困厄，后经梁、楚之地回到长安，得拜郎中，奉朝廷之命而西征巴蜀以南，平定了邛、筰、昆明之后，回朝复命。其间，司马迁收集天下散失的旧闻故事，追溯帝王兴起的业绩，

---

① 意为：可叹啊，我力量孤弱，面临毁绝祖业而无路可走的困境。难道我缺乏承继祖业的信心？实在是先人的业绩辉煌显耀，使自己深感望尘莫及。要冷静思考肩头重担的分量和挑起这重担要付出的艰辛，倾尽毕生精力，以求实现。不敢像同乡儒生那样趋赴仕途，就是要说话算话，绝不自食其言！昼思夜寐啊，我的心魂与古圣先贤常常交会，精诚一片，哪怕在睡梦之中，也不忘肩头的重担！

② 意为：孝是人生的根本，从侍奉好父母开始，扩展到尽忠于君主，再扩展，造就自己的高尚人品、不朽功业。如此，才能扬名后世，为祖宗、父母增辉。这才是最大的孝。

探究朝代兴衰的原因,考证论述,遂得以记述黄帝以来至汉武帝获麟为止的历史,而成皇皇巨著《太史公书》。如此探究始终的《太史公书》,旷古未有。我班固父子所为,不过依据文书、史料以及耆老记忆,接续之而已,乃泰山之与小邶丘,不可伦比啊! 想到此,班固不禁仰天长叹,跪于父母灵位之前,暗自伤心流泪。

这日,母亲亡故百天,班固在母亲坟前献上了猪、牛、羊三牲和面果、菜蔬,虔诚地连叩了三个头,哭告道:父亲、母亲,请恕儿不孝,庸碌此生。不是儿无心于为双亲英灵增辉,实在是不得其时、不得其用啊! 如上天赐儿以时运,儿将以余生,或接续《汉书》,再记光武中兴、东迁京都于洛阳至今之历史盛事;或舍生忘死,驰骋疆场,建功立业以立身,重现班氏往昔之辉煌!

忽见老用人赶来通报:京师窦府差人来吊唁伯母,找班固说话。

窦府非比凡常,乃是父亲的故交之家,何况如今乃皇室贵戚,宠幸至隆,荣耀举国,派人远道来吊唁,实在是母亲的荣幸、班家的荣幸荣耀啊!

贵客! 贵客! 班固擦掉泪水,激动得连声道,快,快带我去见!

班固匆匆从陵园回到家中,只见客堂中坐着一个人,锦衣长靴,微显肥硕的脸上一对狡黠的黄眼珠闪动着。

看见班固匆匆来见,"黄眼珠"道:我奉侍中、车骑将军、京师窦府大人之命,特地前来吊唁老夫人。

侍中? 车骑将军? 哦,是现今窦家四兄弟的长兄大人吗?

正是。

他如今执掌枢密,出入内宫朝房,日理万机,还能顾及家母之丧,鄙人不胜感激啊! 班固心头不禁涌出一股暖流。

大人说了:窦班两家乃世代故交,老夫人大丧,不去吊唁,有失大礼! 黄眼珠信口编造道。

如此,班固感谢大人厚意了!

我出行之前,大人说,班大人乃忠孝两全之人,行走于先帝左右,著《汉书》,论秦亡,议北伐,献诗赋,忠心耿耿。今扶枢居丧,尽人伦之孝,可钦可赞。

黄眼珠滔滔不绝的颂赞之词,令班固惴惴不安。早听人说,窦宪强悍而少文,此语会出自其口吗? 班固暗暗自问,又道:孔子曾经说过,孝者,"生,事之以礼;死,葬之以礼,祭之以礼""夫三年之丧,天下之通丧也"。固当行圣人之言以尽孝。先生可钦可敬之语,班固愧不敢当!

然而,大人岂知孝有大者乎? 黄眼珠的眼里,闪动着诡谲的光。

班固一庸碌之儒,自知侍奉、送葬、三年服丧。今固所行者,仅乃孝之始也,不敢言尽孝,更不敢言大孝也。

班大人果然虔诚过人,见识非同凡响。窦大人有言,今有立功、立身、扬名、光祖以尽大孝之机运,不知班大人可愿顺应? 黄眼珠口若悬河。

如能尽大孝,班固缘何而不顺应? 但不知尽大孝之机运何在?

班大人不知,南匈奴请兵北伐,朝廷拜窦大人为车骑将军,金印紫绶,发北军五校、黎阳、雍营、缘边十二郡骑士及羌胡兵出塞。此行必旗开得胜,功莫大焉。窦大人心念故交之谊,知大人辞官居丧在家,欲请大人出山。

固一介儒生,只知弄笔书案,从未弯过弓、使过枪,更不懂兵戎战阵,不知窦大人欲班固何为?

要的正是弄笔书案、运筹帷幄,此弯弓射箭之将校所不可为也,其功非驰马弯弓将校所可夺也。

如此,班固从命了!

好,一言为定!

次日,班固哭祭于父母坟头:自古尽忠不能尽孝,儿将于车骑窦将军麾下应事,随之出师北伐,不能在母亲坟前守孝,万望母亲恕儿不孝之罪! 此去如能有尺寸之功,班师回来,当祭奠于父母坟头,光耀班家门庭!

祭奠后,班固草草安排了家事,即与黄眼珠骑马而去。他哪里知道,他已误入歧途……

第十八章

遵命撰铭燕然山

化险为夷

汉使、行军长史班超的营帐设在盘橐城北的一座林木茂盛的山包上。山包前一条小河蜿蜒流过,淙淙的流水声如琴声般,时时回荡在营帐的上空。班超坐在营帐的前厅,可以清晰地俯瞰盘橐城。

这是暮春的一天,天空湛蓝,万里无云,盘橐城沐浴在灿烂而和煦的阳光之下。那豪华的王宫,那鳞次栉比的国相、将军、都尉以及其他官员的府邸,那人来人往的街衢,那贫民们破旧的毡包,那骑着毛驴、哼着歌儿或敲着手鼓、弹着五弦琴的人们……都那么静谧,那么安闲。

父亲! 父亲! 班超回过头去,只见儿子小班勇向着自己跑来,妻子紧紧地跟在身后。

勇儿! 班超抱起儿子,亲了一口。你知道自己几岁了?

阿妈告诉我了,整十岁了! 对不对? 班超妻看着儿子,会心地微笑着。

哦,对,很对,是整十岁了!真聪明!班超夸着儿子。

阿妈说我长大了一定能像父亲一样,成为英雄!班超妻听着儿子稚气的话语,转头注视丈夫,目光中充满快慰和舒心。

英雄!勇儿会成为大英雄、最了不起的英雄的,一定会!班超说着,却又摇了摇头,道:但不能只像父亲,父亲可够不上英雄。勇儿要比父亲强,远远比父亲强,成为我们班家最最有出息、最最有功劳的大英雄!

父亲是英雄!真正的英雄!勇儿会像父亲一样,成为最最有出息的、最最有……

最最有功劳。班超妻提示儿子。

是,最最有……有功劳的大英雄!

勇儿真是好样的!可要说话算话啊!

班超又在儿子的额头上亲了一口。

勇儿说到做到!小班勇一本正经地道。

噢!说到做到!哈哈哈哈!班超欣慰地大笑道。

哈哈哈哈!班超妻前仰后合地大笑不止。

你们不信?班勇眨巴着眼睛仰起头问。

信!信!能信不过我们勇儿吗?班超的眼神里充满赞赏和期望。

这时,有军吏进来,班超妻带着儿子进了内室。

哦,是一封家书。班超急忙打开,是兄长班固的来信。大意说,母亲溘然而逝,班固已辞官扶柩回乡,安葬了母亲。本打算按照古礼守孝三年,然先帝刘炟驾崩,新帝刘肇即位,窦宪拜为车骑将军,将率军出征匈奴,招班固于麾下做事。

班超即命府中役人设立灵堂,欲携妻子和儿子班勇哭祭母亲。却又有军吏禀报,前疏勒王忠的使者有要事求见。

请他来见。班超道。

没有料想到,疏勒王忠竟是个忘掉自己怎么登上王位、见风使舵、趋炎附势的货色!当初,班超来到西域之前,疏勒为龟兹降伏,龟兹人杀了疏勒国王——忠的叔父,而立龟兹人兜题为疏勒国王。是班超率领他的兵士们,暗自走小路进入疏勒,派使从田虑进入疏勒都城盘橐城出其不意地劫持了兜题,是班超与疏勒官员、将吏几番商议才立他为王的。那时候,忠千恩万谢,信誓旦旦地说自己永远与汉使班超同心,永远听汉使班超差遣,疏勒永远做大汉朝最忠实的藩属之国! 永平十八年(公元 75 年),汉明帝刘庄辞世,刚刚登基的汉章帝刘炟担心班超在疏勒孤立无援,下诏命班超回朝。班超欲行,疏勒举国忧心忡忡,惶惶不可终日。有位都尉洒泪道:汉使此去,疏勒又必为龟兹所灭! 说着,即拔刀在手,自刎而死。大臣们也一个个悲伤哭号,纷纷扑倒在地,抱住班超坐骑四腿,使班超无法登程。那时,忠也涕泪滂沱,苦苦挽留,甚至说自己若失去汉使相助,便将成为亡国之君,遗臭万年。然而,因为莎车反复无常,在龟兹、匈奴与大汉朝之间摇摇摆摆,降而叛、叛而降。章和二年(公元 88 年),汉章帝刘炟派遣假司马何恭等将兵八百来到将兵长史班超麾下,班超便决定征调疏勒、于阗兵士,进击莎车。莎车王闻讯,暗自派出使者,带着厚重的金银财宝、珍珠玉器,来到疏勒,以一番天花乱坠的诡诈之言,劝说忠反汉。忠见财眼开,答应了莎车的要求,带兵西赴莎车,帮莎车守护都城乌即。两军阵前,忠倒戈反叛,逼班超不得不掉头回盘橐城,废去忠的王位,立疏勒府丞成大为疏勒国王,征发不愿反叛汉朝的将士进攻忠。忠陷入困境之中,许以厚利,乞求康居救助。面对康居的数万精兵,班超认为只能智取,不可强攻。得知月氏国王新近与康居国王结亲,相互友善,班超派遣使者,携带厚重的锦帛等礼物送给月氏王,让他劝说康居王。康居王听了月氏王的劝告,退了兵,并抓住忠送回了疏勒。于是,班超攻破了莎车乌即城。班超出于一片宽厚仁心,恕忠不死,忠虽叩头谢恩,却并不死心于失去国王之位。过了三年,忠再次说服康居王借兵,回疏勒占据了损中城,又与龟兹暗中谋划,派出使者,以痛悔过错前来诈降,引班超入陷阱。

忠的使者向班超行了大礼,送上了毛毯、毛毡、玉器等礼物后道:前疏勒王忠,遣小人向长史大人问安! 忠悔恨自己两番迷误,惹长史恼恨,事后深深自思,实乃一时失足,误入歧途,堕入忘恩负义之泥沼,遗恨千古,无可挽救。今愿效古人之负荆,亲向长史大人请罪。从今以后,诚心诚意归附汉朝,不敢违长史大人之意。不知长史大人能否海涵?

人非圣贤,孰能无过? 知过必改,善莫大焉。前王忠若真心改过,班超能不欣然? 不必负荆,只要亲自前来认错悔过,立誓忠于汉朝,不再背叛,大汉乃礼乐之邦,以仁义为本,我将设宴奏乐,以礼相迎。班超显得很豁达、很坦诚。

使者窃喜,看来,班超中计了:长史如此宽宏大度,令人感动。小人即回去禀告前王,前来请罪! 告辞了!

忠得知班超应诺,喜不自禁,立即命令兵分三路,悄悄向盘橐城围拢,自己则带着少数随身骑兵来见班超。只见班超帐外旗幡飞扬,帐内酒宴井然,乐伎弹奏着悠扬的音乐。忠跪着连连磕了几个响头,向班超献上投降书和表示忠诚的礼物,班超即邀忠赴宴。饮酒之间,班超忽地厉声拍案,埋伏在帐后的兵士似从天而降,将忠捆绑了个四脚朝天,押出帐去,斩了首级。忠被斩,其所率兵士一个个惊慌失措,四散逃命,包围而来的三路大军也早被班超暗设的伏兵一一击溃。这个名忠而实不忠的蠢货,自作聪明,心机用尽,企图以诈降之计,一举剿灭汉使,挽回自己的失败,重新登上国王宝座。岂料班超将计就计,轻而易举地便使他弄了个枉费心机,还贴赔了自家性命!

班超携夫人与儿子跪倒在灵堂之前,以粉碎了一场险恶阴谋、化险为夷的经过,告慰母亲……

撰铭燕然

车骑将军窦宪全身金甲,挂着金印紫绶,坐着铁甲战车,以执金吾耿秉为副将,率领北军五校、黎阳、雍营、缘边十二郡骑士以及南单于等所率羌胡军,浩浩荡荡、威风凛凛地向北挺进。免去儒冠、换了戎装的班固、傅毅,作为中护军,骑马随行于窦宪的车驾之后。大军所过之处,旌旗如云,金甲映日,马蹄声如山崩,烟尘滚滚,十里山川颤抖,漫天风云变色。

不知是窦宪的声威过大,还是其得逢天赐良机,所率万余精骑,北出朔方,经过高阙、鸡寨,与北单于战于稽落山①,一举而大获全胜。北匈奴将士溃不成军,作鸟兽散,唯恐逃之不及;北单于左阻右挡,呵斥咆哮,然而无人惧、无人听、无人理会。北单于无可奈何,也便随着溃逃的兵士扬鞭催马,掉头逃遁。窦宪挥师追击,经碱滩,过大漠,斩了温禺鞮王、尸逐王,灭了冒顿单于当年的部落,焚毁了老上单于当年的龙庭,如秋风扫落叶,如巨流下高原,浩浩乎无可抵挡,直至巍巍燕然山②下、碧波粼粼的私渠比鞮海岸,沿途斩杀无数,获马、牛、羊、骆驼一百多万头。而匈奴将领多率军投降,总人数多达二十余万人。汉军呼喊万

---

① 稽落山:在今蒙古国西南部。
② 燕然山:今蒙古国境内的杭爱山。

岁的声音直如山呼海啸,千里草原震荡,九天星月寒战。

窦宪好不自豪,好不得意,好不威风! 在副将耿秉与各路将领众星捧月般的陪侍下,一步一步,气焰熏天地登上了燕然山,雄视天际,睥睨万物。在塞北的飒飒秋风中,阴云密布的天空下,广袤的草原不见牛羊,更不见牧人,死气沉沉,阒寂而冷凝。虽然还是一片暗绿,暗绿中偶有纵横僵卧的尸体,但草木似乎已经干枯,一动不动地僵直着、木然着,时而可见飞旋的苍鹰猛地扑将下来,去啄那草丛中的尸体。面对眼前景象,班固心头凛凛然涌动着苍凉之感,却被窦宪傲然的放声大笑所打断。

燕然山上,早已布置好干柴,干柴前设有香案,案上陈列着猪、牛、羊三牲和各种献果。巫祝一声高呼:封燕然大典开始! 干柴即被点燃。在干柴的毕毕剥剥的燃烧声中,在直冲云天的熊熊光焰之中,窦宪将香点燃,插于香炉,带领身边将校,长跪于地,默默地祷告上天。

许久,窦宪站起身来,以胸藏宇内、指点江山的气势,问左右道:此去边塞多少里?

三千里。傅毅答道。

原来荡平匈奴三千里,其易如此! 窦宪而今小试牛刀,所获之功,武帝年间威震八荒的骁将卫青、霍去病连年驰驱而终未得。许是天助吾也! 窦宪的唾沫星儿直溅在众将领的脸上。

车骑将军的神威天下无二! 身边有人阿谀道。

是,将军的神威天下无二! 众人附和道。

班固,起草铭文,刻石志功! 窦宪下令道。

是! 班固道。

班固从窦宪"原来荡平匈奴,其易如此! 窦宪而今小试牛刀,所获之功,武帝年间威震八荒的骁将卫青、霍去病连年驰驱而终未得。许是天助吾也!"的话语中,感觉到一种侥幸得胜的自鸣得意,一种睥睨一切的桀骜,一时有一种吃着了苍蝇般的反胃之感。卫青、霍去病连年征伐匈奴,国力消耗大半,终未获得如此大胜,其缘由恐不在于将才不高、谋略缺欠、勇武匮乏,乃此一时彼一时也,时势异也。他们无愧一代名将之誉,其功不可没也。但窦宪此行,一举而荡平匈奴,却是铁铸的事实。勒石志功,以纪大汉威德,亦无不可。班固遂取熔经典,

骚赋兼用,自铸伟辞,撰《封燕然山铭》:

永元元年秋七月,崇奉皇上、辅佐王室,于宫禁大内总摄万机的大汉朝国舅、车骑将军窦宪,与执金吾耿秉,述职出巡,治兵于朔方。如苍鹰般飞扬的将校、如螭虎般凶猛的士兵,整备六师,同南单于、东乌桓、西戎氏羌的侯王君长等辈,率骁勇骑兵三万,主将前驰,战车四出,如云般的车辆遮满道路,有一万三千多乘。排列如八阵之图,俨然神威降临,黑甲闪耀如同日光,赤色旗帜染红天空。于是,登高阙、下鸡鹿、经盐滩、渡大漠,斩温禺而以其血涂鼓,杀尸逐而以其血染剑。然后四校横行,荡清万里,使茫茫旷野,一无遗寇。于是,荡平了匈奴疆域,全军凯旋回师,考察传记,验证地图,穷览西域山川,翻越濯邪山,跨过安侯河,登上燕然山,追击于冒顿当年占有的部落,焚毁老上单于聚会的龙庭。上以泄高祖、文帝的旧恨,光耀祖宗之灵;下以安定巩固后嗣,开拓疆域,振大汉朝的雷霆之威。此所谓一劳而永逸,暂耗费而永宁。①

于是祭天于山,刊石立碑,铭记至德。文辞为:

赞美王师啊征伐荒域,剿灭凶恶啊海外安宁。远之又远啊抵达天际,祭于燕然啊建立碑碣,广布汉皇圣业啊名扬万世!

窦宪让班固将铭文念了两遍,又逐句解释了一遍。窦宪的眼珠滴溜溜地连转了几转,脸上的那道横肉上下绷了几绷,道:只说我窦宪是国舅,是车骑将军,在大内总摄万机,莫非我治政有过失?

将军弼辅幼主,圣……不,清明高标,功德盖古,何言过失?有人立即恭维道。

可以用"维清缉熙"一语。傅毅道。

什么什么?维……什么"稀"?窦宪反问。

_____

① 铭文为作者译文。汉高祖曾为冒顿单于困于平城七日,文帝时匈奴寇边,残杀边郡守令,朝廷多次用兵而不胜。文中所谓高祖、文帝旧恨,即指此。

维清缉熙。《诗经》"周颂"之"维清"中的语句。治政清明的意思。傅毅做了解释，又转身问班固：对吧？

班固点了点头。

那为何不写上"治政清明"这个意思？窦宪向班固投去不满的目光，班固像遭受了锥子戳刺一般。

卑职疏忽了，添上就是。班固道。

于是，铭文的开头便成了——"永元元年秋七月，崇奉皇上、辅佐王室，于宫禁大内总摄万机、维清缉熙的大汉朝国舅、车骑将军窦宪……"窦宪命匠工选取上等石料，精心镌刻铭文，立之于燕然山头。看着眼前巍然耸立的碑碣，窦宪暗自欣喜：天不塌、山不崩，我窦宪的功勋将千古流芳！

窦宪觉得自己建立了旷古奇功，趾高气扬、不可一世地班师回朝，屯兵于五原①。朝廷诏命中郎将持节至五原，拜窦宪为大将军，封武阳侯，食邑二万户。窦宪故作姿态，辞谢封侯。其实，与其说是辞谢，不如说是在讨价还价，心想：我窦宪的旷古奇功，岂一个武阳侯打发得了？却没有想到皇帝刘肇顺水推舟，赐书同意。

窦宪心里暗自骂道：这个乳臭未干的小昏君，竟然逗娘舅玩！……

惴惴不安

初冬的太阳，没精打采地散射着土黄色的、淡淡的光，没有多少热气儿。田野里大片大片的麦苗，蜷缩在垄沟里躲避着风寒。大路旁、田头地畔的树木，都脱去了春夏的绿装，灰褐色的枝干，光秃秃地在阵阵西北风中瑟瑟摇曳，萧条、沉郁而苍凉。愣头青赶着一辆木轮牛车，吱扭吱扭地向前缓缓行进着。牛脖子上的铃铛发出不忙不乱的叮咚叮咚的声音，像是挂着拐杖趔趔趄趄、踽踽而行的老头儿，在无可奈何地叹息。

车篷内挤坐着班固妻和班亮的媳妇，缓缓地向洛阳行进着。本来，班昭也是该坐这辆车的，但她丈夫曹世叔卧病在床，没能来安陵为丈母娘送葬。几天前，曹家来了人，说曹世叔病重，匆匆忙忙地接班昭回了洛阳。班固妻她们为班

---

① 五原：今内蒙古巴彦淖尔市辖县。

老夫人守孝过了百天,日前在老夫人坟前做了百日祭奠,班亮、班雄弟兄二人又给院子中央那两棵皂角树和枣树浇了水、施了肥,默默地站在树前看了又看,一家人这才告别了老家安陵。

班亮、班雄没有坐车,弟兄二人轮换着骑那匹大白马。这会儿,班雄骑着马走在前头,班亮默默地跟着牛车一边走一边想心事。叔父去西域已经十几个年头了,父亲又随窦宪去征伐匈奴,这一家人的生活重担全落到了自己身上。班家世代书香,祖父、父亲的博学远近闻名,他们接续太史公马迁撰著了汉史,而自己年过而立,虽在太学熟读"五经",却至今了无建树。父亲曾说过,他可以在自己的有生之年帮助我续写《汉书》。《汉书》所记仅仅是西都时的事,光武中兴以来的东都之事尚待记述。虽然说父亲与尹敏、孟异等人曾于东观奉旨撰写了《世祖本纪》,后来又撰功臣及平林、新市、公孙述事,作列传、载记二十八篇,但那只是世祖光武帝刘秀登基前后诸事中的小小部分。光武以来,又经明帝刘庄、章帝刘炟,如今在位的已是和帝刘肇。光武帝在位三十三年,其后至今又是三十三年,前后六十六年间,有多少应记可记之事、应传可传之人? 而况,此后还将有几帝几朝? 我明白,父亲所以接受窦宪之邀,出征匈奴,必有亲历匈奴之事以续写好东都《汉书》之《匈奴传》的意思。父亲曾说过,边境诸夷,自己只能依宫中文书所载作传,而文书往往疏略而不详,故所记难如人意。然而,父亲已年五十有八,近于花甲,身处域外,过草原,越大漠,踏雪霜,受风寒,忍饥饿,渴难以饮,倦难得眠,餐风饮露,鞍马劳顿,奔驰于刀丛箭雨、刁斗战鼓声中,能受得了吗? 何况,他本为文官,整年于书房之中阅文卷、写文章,乍然跻身行伍。父亲比不得叔父,叔父身入异域,与兵伍相伴,已……

班亮一时想不起叔父去西域是多少年了,便问母亲道:母亲,叔父去西域十几年了?

班固妻这会儿正想着丈夫,听说匈奴之地十分寒冷,住帐篷,吃牛羊,他受得了那个苦吗? 他有气喘的病根,不会犯吧? 真让她操心啊! 更让她放心不下的是,班固此行跟着窦宪。听说,窦宪可不比窦固。同姓窦,同是一条根,可为人大不相同啊! 安陵的乡亲们听说班固跟了窦宪,许多人都眉梢一挑,忽地哑口无言了。有个老婆婆,女婿在洛阳跟着个掌柜学做生意,趁着四下无人,凑到她耳边说:听我女婿说,咱扶风窦家那个窦宪,如今可了不得! 他说石头是铁就是铁,他说太阳从西边出来就从西边出来,他要叫谁今天死,谁就别想活到明天！连皇帝见了他也有三分怕呢。朝里朝外，人们躲都难躲过他，谁敢和他搅和啊？听了老婆婆的话，班固妻心里更不安宁。她想提醒丈夫，对窦宪得提防点，但是见不到他的面啊！他不会被窦宪算计了吧？他心眼儿太死，太老实，我得给他说，千万要活泛一点、机灵一点，连后背、脚底都要长眼睛！儿子的问话打断了她的思绪，她回答道：想你叔父了吗？一转眼，他去西域已十六年了，你说快不快！是永平十六年（公元73年）去的。

哦！也不知叔父、父亲何时才能回来。班亮忧心忡忡地道。

快了，快了，该快了。到时候，大哥、二哥回来，都封个侯呀相呀什么的，好好地治治那些贪官、赃官！赶车的愣头青插言道。

咱可不敢说封侯拜相，人只要平平安安地回来就好！都快六十的人了，到了该告老还乡——回咱安陵过几天舒心日子的时候了。

告老还乡？把那些贪官、赃官好好地整一整，杀他几十个，再告老还乡不迟！我这次回去，听乡党们说了许多贪官、赃官昧良心糟践百姓的事，恨得我的胸膛都快爆了，牙齿直痒痒，恨不得一口一口地啃了狗日的肉、喝了狗日的血！就说窦家吧，窦景——是老三吧？是条大叫驴，谁家有好姑娘、俊媳妇，只要被他瞄上了，没有能逃过他手心的。姑娘到了他家里，合心的、顺从的，做他的小老婆、丫鬟、侍女什么的——听说他的老婆多得没数；不合心的、不顺从的，一脚踢出门，管你讨饭、喝西北风！周村有个姑娘长得俊，十里八乡都说是"人梢子"，就硬是被他派的几个狗腿子给抢走了。那姑娘是个烈性子，死活就是不从，被打成了瘫子，拉出门，扔到了野地里，被一个无儿无女的老汉救回家。老汉把姑娘当成自己的亲闺女，卖房子卖地，给姑娘看腿，看得能拄着拐拐走路了，就到县衙门去喊冤。县老爷一听是告窦景，两只驴眼睛一瞪，桌子一拍：哪里来的刁民，赶出去！你说，这天下还有王法吗？愣头青气咻咻地道。

这是真的？班雄捏着一双拳头，气鼓鼓地问道。

这后生，你叔我活了五十多岁，红口白牙的，能胡编吗？事情是真真的！愣头青道。

接着说，说完。班固妻对愣头青道。

窦景要是看上了谁家哪块地，给县令打个招呼，就归他了，谁得罪得起他！听说已给扶风郡打了招呼，说是要在洛阳修大将军府，要扶风郡派去一百工匠、三百民夫。这些工匠、民夫给他干了活，他能给工钱吗？说不定哪里不合他的意,少不了挨鞭子抽。以前,长陵就有个木匠,被打发去给什么梁驸马府做工……

是梁松吧? 他是光武帝的女婿。班固妻道。

是,可能是他! 长陵那个木匠给他做了两年工,天天吃的是出了虫的、发了霉的麦面。梁家不但没有给木匠一个工钱,还说那木匠损坏了他的木料,木匠被活活地打得皮开肉绽,回家没几天就断气儿了。可人死了,眼睛一直瞪着,死不瞑目啊! 愣头青发现自己说得远了,看我这嘴,说窦家,怎么说到梁家去了。我敢说,窦景是那样,窦家四兄弟也好不到哪里去! 要不然,他们怎么不管管窦景呢?

那窦宪也坏吗? 他还关心伯伯,让伯伯跟他去打匈奴立功呢! 班雄道。

车篷内外,人们忽然沉默不语,只有牛脖子上的铃铛寂寞地发着叮咚叮咚的声响,证明着牛车的行进。

班固妻忽觉浑身凉森森的,惴惴不安,不由自主地紧了紧衣服,缩了缩身子,问身边的班亮媳妇道:冷吗? 要不要添衣服?

婆婆,怕是你该添一件衣服,我们年轻。班亮媳妇道。

你们弟兄两个觉得冷就说。班固妻又对骑马的班雄和走路的班亮道。

我们不怕冷。伯母,你照顾好自己! 班雄道。

新任京兆尹种兢真是春风得意! 真是踌躇自得! 真是心花怒放! 穿着一袭新官服、戴着新官帽,坐着装饰一新、锃光鲜亮的八抬大轿,前面有衙役鸣锣开道,后面有衙役持刀护卫,威风八面地行走在洛阳城内。透过轿窗,种兢看到街上的人们或惊异地或木然地或怯惧地看着自己,真如喝了蜜般满心甜、满身舒坦。听人说,京兆尹可不是个好当的官,身在天子脚下,左右都是皇亲国戚、侯王卿相,他们都压在自己头上,一口气能把你吹过嵩山,摔得粉身碎骨,实在得罪不起啊! 可皇上让你办的许多事,到了他们那儿就是行不通,更不要说他们自己常常贪赃枉法,他们的家人常常横行霸道、无法无天。他们还会指使你替他们做欺压百姓、瞒天过海的事,真叫你无可奈何,左右为难。种兢却在心里说:事在人为,就看能不能见风使舵、看季节下种、顺风儿扬场! 皇亲国戚、侯王卿相固然多,但得时得势的并不多,只要瞅准得时得势的,攀着他做靠山,就不怕那些下了山的老虎、落了架的凤凰,就能稳稳当当地当好这个京兆尹!

种竞正在心里盘算着，却听见前面闹哄哄的一片混乱。只听有衙役厉声斥责：长眼睛没有？还不滚得远远的！

你小子别张牙舞爪的！你怎么说话的？你叫谁滚？愣头青手里举着赶牛车的鞭子，眼睛瞪得滚圆滚圆。

就叫你滚！叫你吆着你的破牛车滚！你吃了豹子胆，敢挡这八抬大轿！领头的衙役骂道。

你是谁？皇亲国戚？哪一路诸侯？你长着眼睛也不看看，不是我不让路，这车实在回不开。再说，你鼻子下面有嘴，也不问问这是谁的车！你快给我滚开！愣头青毫不相让。

哼，你反了！这是谁的破牛车？太傅的？三公的？大将军的？先让你小子尝尝开道水火棍的厉害，我再回答你！几个衙役闻声提着棍、拿着刀就要朝愣头青动手。

班亮一看衙役要朝愣头青动手，扑上前，大喊一声：谁敢打？

班雄也咚地跳下马来，一蹦三尺高，喊道：老子跟你们拼了！

不得无礼！站住！住手！班亮、班雄，给我站住！青弟，住手！班固妻掀起车篷帘儿，厉声呵斥，一边下了车，转向衙役赔礼，官爷，家人不懂规矩，多有得罪，我给你们赔礼了！你们大人不记小人过，请包涵些！包涵些！青弟，还不回车！

种竞听见了班亮、班雄的名字，顿时明白了他所遇见的是谁，暗自骂道：哼，班固，不过是个小小的兰台令史、玄武司马，那是个什么官？而且，他辞官了，又在大将军麾下当了个中护军。中护军算是个什么官？能与京兆尹比吗？他弟弟班超，出使西域十多年了，才不过当了个行军长史，撑死了一千石！何况十多年去而无返，人们谁还记得个班超？我种竞再没本事，他们在我面前得称"大人"！今日真他妈晦气！但又何必与这帮混蛋、扫帚星较量？君子报仇，十年不晚，何必眼下计较？想到这儿，种竞呼唤领头衙役道：掉头，走！快！

第十九章

窦国舅奉诏"入瓮"

官升都护

    月氏王做着美梦,满以为凭着自己多年来归顺汉朝,年年朝贡,就该得到汉朝天子的信任、宠幸,嫁公主于自己。匈奴有几代单于——冒顿单于、老上单于、军臣单于……都曾迎娶过汉朝公主为阏氏,我月氏王就不该娶一位汉朝公主吗?听说,汉朝的公主,那可都是天仙啊!她们知书达理,温柔娴雅,文质彬彬,善解人意,全然不像月氏姑娘那般土气,那般粗野剽悍、纵情肆欲,缺乏女人味儿!在我的妻妾之中,能够增添一位汉朝公主,那将多么甜蜜、多么体面、多么荣耀,可谓葡萄美酒佐羔肉,可谓锦上添花啊!那时,我可以东去京都洛阳,朝见大汉天子,接受"国亲"的礼遇,一观礼乐之邦的繁华和风情,也不枉我当月氏王一场!

    于是,月氏王便派遣使者,东去洛阳,向汉天子求娶公主,并让使者途经盘橐城,先向班超征询意见。说是征询意见,不过是请他向大汉朝廷说几句好话,促成这桩美事而已,他能不给我面子?使者遵照国王的嘱托,于盘橐城见到班超,说明了此去洛阳的意图。班超凝眉寻思:西域五十余国,若开此先例,汉朝将需多少公主外嫁?于是,断然阻挡月氏使者东去。使者沮丧地回到月氏,向国王禀明了自己返回的缘由。月氏王顿时勃然大怒:好一个不知高低深浅的班超,我乃堂堂一国之王,你一个小小长史,一个在大汉无足轻重的小官儿,竟然不给我面子,拒绝我的请求,阻挡我的使者东去!我若不给你点颜色看看,此恨怎消?我还算月氏王吗?于是,派遣其副王谢,倾其七万兵士,浩浩荡荡、气势汹汹地攻伐班超。

那几日,班超在军营帐中,总觉得恍恍惚惚的,眼前晃动着洛阳家中的人影,有母亲,有大哥,有大嫂,有亡妻,有妹妹班昭,有侄儿班亮和长子班雄。奇怪,还有一位妇人——很可能是徐干的妹妹——虽然我从没有见过她。她似乎双眉紧蹙,眼噙泪水,满脸愁云,凄苦而阴郁,悲愁而无奈,对我似有满腹话说,却颤动着双唇,欲言又止……她想说什么呢?是诉说自己的错嫁和丈夫的无情、无礼、不仁和不义?还是恨我的无情,恨我们此生无缘?忽地,她破唇而泣,道:"您好自为之吧,我要走啦,走啦……我们来生……"哦,什么什么?你说什么?什么"来生"?你去哪里?眼前的一切太朦胧,太模糊,班超不禁摇了摇头,希望能看清她的脸庞和表情,却一晃眼就不见了。班超不由得心头怅惘,涌出一股难以说清楚的滋味。

正在这时,有小校进来,禀报月氏副王谢率领七万兵马前来讨伐的消息。班超从心头的怅惘中清醒过来,心想,自己的兵力不过数千,即使征调藩属国的兵马,一来一时难以聚集,二来也难以达到如此之众。班超凝眉踱步,暗自思虑,忽愁眉大展,心中欣喜,即召集诸将领前来议事。诸将领得知消息,无不忧心如焚,惶恐不安。班超却未语先笑,坦然无忧地开导大家,道:月氏兵马虽多,然而他们从遥遥几千里之外,逾越葱岭而来,粮草必然无法接济,我们有什么可忧虑、可惶恐的呢?只要我们把粮食统统收起来藏好,坚守城池,以逸待劳,他们无以饱腹,饿急了,自然就会投降。依我看,不过几十天,胜负必决!大家回去,第一,收藏好粮草;第二,劝告牧民把牛羊赶得远远的,去百里之外放牧,最好到深山之中不易被发现的地方去。然后,安安心心地该睡觉睡觉,该干什么还干什么。哈哈哈哈!等着立功吧!

月氏副王谢来到盘橐城下,挥兵攻城,班超坚守不出。谢连攻多日,无法破城,粮草又行将断绝,军心慌乱,不得不转而四处劫掠粮食、牛羊。然而,所到之处,皆无粮无牛羊可抢,了无收获——粮食早被汉兵收藏,牧人们连同他们的牛羊也不见了踪影。班超站在城头,看到月氏兵士个个饥饿乏力,走路摇摇晃晃、没精打采,知道他们粮食已经断绝,必定会向龟兹求助。于是,暗暗派遣数百兵士,埋伏在龟兹边界一个居高临下的险要之地。谢果然派遣使者,率骑兵数百,带着金银珠宝去贿赂龟兹,渐渐来到汉军伏兵足下。将领一声号令,汉军伏兵们奋身而起,似从天而降一般。月氏兵士惊慌失措,无力招架,使者被斩首,其余无不举手投降。班超站于城头,让兵士出示月氏副王谢派往龟兹使者的头颅,给城下的月氏兵众看。谢大惊失色,大失所望,险些跌倒在地;身边将士看见谢突地满脸苍白,张皇四顾,站不稳身子,顿时乱作一团。

谢思前想后,只好派出使者,向班超谢罪,希望汉军手下留情,好歹让他们活着返回故土。班超没有为难他们,以大汉的气度,让他们缴了手中的刀枪和弓箭,美美地饱餐了一顿,放他们回了月氏。月氏王看到副王谢丢盔弃甲,狼狈而归,大受震动,从此规规矩矩,年年朝贡,不敢再胡思乱想,生事作乱。

挫败月氏之后,龟兹、姑墨、温宿等国闻风而相继投降汉朝。西域除焉耆等个别国家,由于以前杀害了都护陈睦,担心汉军报复,暗藏二心外,其余国家都一心归顺大汉。朝廷得知,遂恢复设置西域都护府,以班超为都护,居龟兹它乾城①;以徐干为长史,屯于疏勒。都护者,督导卫护一方之封疆大吏、皇朝要员,官秩中二千石,非同小可。然班超却更加如履薄冰,恪尽职守,不敢稍有闪失,自知大任有重责,官高必势险……

请君入瓮

窦宪回到洛阳,威权震动朝廷。公卿大臣们一个个争着讨好、献媚、邀宠。他们联名上表说,昔日大将军的地位仅次于三公,手下属官的设置仿照太尉。窦宪功高盖世,位次应在太傅之下、三公之上,其府中属官长史、司马的官秩应

---

① 龟兹它乾城:今新疆库车大望库木。

与中二千石官员相等同……朝廷于是打开仓库、府库,奖励、赏赐窦宪所率将士。旗幡飞扬,鼓乐齐鸣,连日盛宴,红火热闹,盛况空前。将士们各有所获,笑逐颜开,窦宪更是志得意满,吐气生风,满面生辉。

当时,窦宪的大将军私邸仍在修建之中。窦景身为侍中,为兄长修建大将军私邸可谓尽心竭力。修着修着,怦然心动,自己的私宅也开始筹划、动工。卫尉窦笃、侍中窦瓌一看,也不禁眼红心热:同是兄弟,他们都在修私宅,我为何不能修?难道甘心让人仰头看他们的辉煌,下眼看我的寒酸?于是,竞相仿效其兄窦宪,大兴土木。千里内外的能工巧匠、上好的椽檩原木、上好的砖瓦,几乎被他们洗劫一空。洛阳城东北,几乎被窦家全部占去。不管是什么街衢、哪家商号、何人房舍,虫蛀了、发霉了的五谷给你几袋,或是铜钱给你几缗,你得限期搬迁,谁敢违抗,休怪缇骑踩踏、皮鞭加身!可怜无数贫苦百姓,不敢违抗,依依不舍,踉跄而去,却不知哪儿是落足之处,只好露宿街头,或出城入山,以岩洞为家……而窦家兄弟个个高墙重门,前厅后堂,亭台楼阁,曲槛回廊,飞檐走兽,雕梁画栋,金碧辉煌,恢宏阔绰,穷极奢华。其富丽堪比皇宫,其恢宏尘世罕有。真是鲜花看锦,烈火烹油!

和帝刘肇永元三年(公元 91 年),天子有诏:大将军窦宪,去年率师出塞,攻克了北狄,对朝廷的封赏坚决辞让,不予接受。遵循前朝之规,帝舅皆封侯,敕封窦宪为冠军侯,赏邑二万户,封窦笃郾侯,窦景汝阳侯,窦瓌夏阳侯,各赏六千户。窦笃、窦景、窦瓌欣然领受。窦宪却耿耿于怀,脸上那道横肉又连连跳了两跳:上次收取燕然山回来,封我武阳侯,我辞谢,你马上就准许了,为何不加几千户赏邑再敕封?这次只不过换了个名堂,叫冠军侯,封邑还是那么多,这岂非作践我、耍弄我、吊我的胃口?我就这么贱?我能接受吗?哼,我岂是脖子上套链子的猴儿让人耍?馒头不吃,还得给我在笼屉里放着!我窦宪还害怕没有馒头吃?他便再次故作姿态地上了辞谢表,帽翅儿一晃,袖儿一甩,以其向来信赖的亲属、侍中邓叠为副,美其名曰履行征西将军职责,浩浩荡荡地率兵去镇守凉州了。

北单于虽然兵败燕然山,却仍然认为汉朝皇帝能够以兄弟之谊待他——多少年来,汉朝与匈奴不就一直是输输赢赢、打打和和吗?我输了,向你求和,你不把我当兄弟看,我就叫你永无宁日!和帝刘肇永元二年(公元90年),北单于命令将来准备接替自己当单于的儿子——储王——坐车去居延塞①居住下来,找机会到洛阳朝拜大汉皇帝。窦宪得知此事,便派遣中护军班固,以"行中郎将事"——即以中郎将的名义去迎接储王。班固奉命北行,却遇北匈奴被南匈奴打得一败涂地,北单于受了重伤,仓皇而逃。迎接不到北单于储王,班固只好返回凉州交差。窦宪以为北匈奴已经十分衰弱,可以一举而歼灭之,次年二月,又派将领带兵进击,再次大败北匈奴单于于金微山②,获其母阏氏。北单于掉头狼狈逃走,不知去向。

窦宪再次凯旋,更加声名大振,气焰煊赫,不可一世。便凭借其权力,网罗党羽,凡朝廷要职,一一安插其心腹、亲信,却仍让班固、傅毅在他的幕府掌管文书。各地的刺史、太守、县令,也大都出自他的门下。继上次逼死揭露他罪行的尚书郅寿之后,窦宪又接连逼死了不愿折服的乐恢、任尚等大臣。朝臣们于是更加诚惶诚恐,一个个见风使舵,在仰承鼻息和屈从中,吞咽着泪水,惴惴不安地、战战兢兢地度日月。而窦宪的几个弟弟,也都升了官,晋了级,同列卿位,手握重权,显赫京师。窦宪的叔父窦霸、窦褒、窦嘉,也都担任了朝廷要职。窦氏门中其他人,担任侍中、将、大夫、郎官的多达数十人。他们骄狂放纵,无法无天。尤其是窦景,门下奴仆、缇骑飞扬跋扈,光天化日之下欺凌百姓,暴取钱财,抢掠妇女,劫救官府擒拿的罪犯,无所不为。一听到他们出门的消息,商铺关门,行人逃遁,如同逃避强盗一般,连官府差吏也噤若寒蝉。

窦氏一门如此为所欲为,京兆尹种竞却视而不见、听而不闻,既不缉捕查办,也不向朝廷上表呈报,还企图寻找机会为窦景们遮掩,以便取得宠信,攀上个可以依靠的大树。倒是窦太后听说后,觉得太伤皇朝纲纪,也太失窦家尊严,派谒者太监传旨,免去窦景官职,只留了个特进的身份。

窦景被免官,窦宪认为令出于太后——妹妹,不以为是打草,也未觉蛇惊,反安慰弟弟窦景:不必忧伤,有大哥我窦宪在,过不了多少时日,自会让你官复原位。至于窦宪自己,不但不收敛,反倒更加放纵:把持朝政,挟天子以令诸侯,

---

① 居延塞:在今内蒙古额济纳旗金斯图淖北额济纳河畔。时属(今甘肃)张掖郡。
② 金微山:今阿尔泰山。

已难以满足他的胃口。他心知肚明，当今皇帝刘肇并非妹妹窦太后所生，他的亲生母亲是梁贵人。当年，窦太后采纳了兄长窦宪和其他几位兄弟的合谋之计，为了确保自己的皇后之位，收养刘肇自己抚养，后来设计害死了梁贵人。当时，先帝刘炟已立宋贵人所生刘庆为太子，窦太后又劝唆先帝废了刘庆，而立刘肇为太子，害死了宋贵人。刘肇就这样在懵懂之中，以自己的生母和兄长刘庆生母的两条人命为代价，在父皇刘炟晏驾之后继位登基，做了今朝天子。窦宪怀疑，刘肇可能已经知道了自己的身世，对窦太后、对窦家兄弟，虽然表面恭顺、尊敬，却暗怀芥蒂和隐恨。窦宪转念又想：你有芥蒂、隐恨也好，无芥蒂、隐恨也好，反正你的帝位是我们窦家人为你争来的，没有窦太后，没有我们窦家兄弟，你能当皇帝吗？那帝位上坐的早就是太子刘庆了。我是你舅舅，是为你夺得太子之位、又扶你做了天子的舅舅！你不听我的听谁的？

永元四年（公元92年），窦宪向天子建言，封他的亲信邓叠为穰侯。大将军、帝舅的话，天子刘肇哪敢不从？邓叠顺顺当当地封了侯，对窦宪感恩戴德，与他的弟弟步兵校尉邓磊以及窦宪的女婿射声校尉郭举、郭举的父亲长乐少府郭璜，围绕在窦宪周围，互相勾结得更紧密了，铁板一块。他们都千方百计地讨好窦宪，恭维窦宪的才干远超于古今名臣。窦宪听了只是微微一笑，似乎欣然赞同。窦宪觉得，而今，虽然他所要封的官、所要办的事、所要得的名利，天子不敢不从、不许、不给，但毕竟屈居天子之下，毕竟刘肇是君，他是臣。邓叠、邓磊、郭璜、郭举们察觉了窦宪的心意，便开始考虑下一步棋了。郭举出入于长乐宫，得到太后的宠幸，从太后的口中，他感觉到了太后对刘肇的不满。他们掌握了皇帝身边的宦官和各个宫门把守将领的情况，以为有空可钻、有机可乘。于是，他们紧锣密鼓地暗自谋划于密室，准备伺机杀害天子，扶窦宪登基。

窦宪们以为，当今天子刘肇还是个乳臭未干的傻小子，既看不出圣明，也不见天聪，似乎还有点迷糊，有点茶茶呆呆、唯唯诺诺。私下里见到窦宪，他总是那么怯怯的、畏畏葸葸的。有时刘肇与太后一起，窦宪走进来，太后说声免礼，窦宪便对太后笑笑，开始谈他要谈的事情——多半是要拜谁谁为什么官，把刘肇这个当今天子不放在眼里，理都不理。太后临朝两年，至永元三年（公元91年）春，还政于帝——刘肇亲政了。说是亲政，只要太后说了话，他刘肇能不听吗？敢不听吗？窦宪有事还是找太后，让太后做主，让你个娃娃——当今皇上——干晾着,陪桩儿、当摆设吧!

　　刘肇却把一切都看在眼里,明白自己面临着被架空的危险,对这个舅舅也就渐渐地产生了戒心,心头的愤恨和恼怒日益增长着。特别是当窦宪公然派遣门客杀害了当今天子的堂叔、齐殇王之子都乡侯刘畅的事水落石出之后,刘肇对这个舅舅的愤恨和恼怒,不但如狂澜拍岸般陡地暴涨起来,而且兔死狐悲,开始感到了自己帝位面对的威胁,不由得浑身战栗。伴随着畏惧和不安,刘肇心头蹦出了这样的念头:绝不可让窦宪这个藐视我当今天子的大奸雄、大凶顽留在朝堂之上,留在自己身边!但窦宪是皇太后的哥哥呀,他不敢对太后透漏自己的这个想法。后来,他又目睹了窦宪逼死郅寿、乐恢的事,除掉窦宪这个念头便愈来愈强烈,在心头左冲右撞,难以抑制。然而,刘肇发现,窦宪绝非庸常之辈,绝非挥刀可除的一棵茅草。他不但有窦笃、窦景、窦瑰三个弟弟,有他的叔父、堂弟、堂侄等几十个身担重任的可以信赖的帮手——不,帮凶!而且,他还有一帮亲信、一帮死党,都通过他,掌握了举足轻重的朝廷大权,或以郡县守令之职宰制一方。他们投靠他,围拢着他,替他当吹鼓手,给他抬轿子,甚至两肋插刀地替他出力卖命。他们还常常一起密谋着什么。刘肇不禁心神悸动,毛骨悚然:长此以往,我这个皇上还能在朝堂下旨执政吗?如果我的什么圣旨诏命不合他的意,他与太后一唱一和,加上他的那些羽翼在朝野鼓噪、号叫,还不逼死我?刘肇更觉后怕,开始暗自在心里谋划着如何铲除这个大奸雄、大凶顽。皇帝做事,是不能不通过身边的太监、中常侍的。刘肇将身边的太监、中常侍,一个个地仔细观察、琢磨了一遍又一遍:有几个明显是被窦宪买通了的,他们常常开口闭口国舅怎么怎么的,如果有去窦府的差事,他们准抢着去;有几个是太后以侍候他的名义派来监视他的。有一个叫郑众的,四十岁上下,整天蔫蔫乎乎、迷迷瞪瞪的,像是没有睡醒,说话颠三倒四,语无伦次。别人夸窦宪,他要么沉默不语,要么颠来倒去地说一通谁也听不明白的话。窦宪怎么能瞧得起他,肯在他身上花气力、下功夫呢?后来,发生了一件事——尚书郅寿上表斥责窦宪不该在杀害都乡侯刘畅之后、戴罪出击匈奴之际,大兴土木,修建大将军府邸。太监、中常侍们也议论纷纷,大都向着窦宪说话:修建不修建大将军府邸,干你郅寿屁事!身犯何法?郑众却对国舅该不该大兴土木,修建大将军府邸的事避而不谈,口里嗫嗫嚅嚅、咕咕哝哝地只夸郅寿敢于直谏。刘肇暗自将他们的谈话听得明白,即秘密于书房找来郑众,问他窦宪修将军府的事。

郑众低着头,道:奴才不敢说。

只要从实说,不管说得对与不对,恕你无罪!

郑众暗暗窥视皇上的脸色,似乎是平静的、期待的,于是将自己所知道的窦家四兄弟如何驱赶住户、如何抢占民宅、如何暗自仿照北宫互相攀比着修筑深宅大院的情形,细细地述说了一遍。那神态,那语气,全然不像往常那样蔫蔫乎乎、迷迷瞪瞪、颠三倒四、语无伦次。

朕相信你说的都是实情。你原从太后身边来,今后要多去长乐宫太后那边走走,窦宪他们去太后那边谈些什么事,你要若无其事地多听听。有关窦家的事,你也要多留意,他们有什么不法的、越轨的行为,你要立即回来禀告朕。刘肇的语气中充满了信任和信赖。

奴才从命! 禀皇上,窦大将军和他的副将邓叠、邓叠的弟弟步兵校尉邓磊以及窦大将军的女婿射声校尉郭举,常常一起密谈。依奴才看,邓叠他们对窦大将军俯首听命,常常超过对皇上的尊重。奴才怀疑他们心怀不轨。

朕也有此感。公公以为,朕该如何应对?

这个嘛,奴才还未曾想过。不过……奴才想,现在还不可惊动,得稳住他们!

你说得很对。朕打算一如既往……不,还要借机给他们赏赐,给他们加官晋爵!

皇上圣明! 奴才以为要稳住他们,也要防备他们。奴才以为,禁军头目、各宫门司马都要可靠人担当。

刘肇赞许地点了点头。

然后,瞅准时机,先除了邓叠、邓磊、郭举等。至于窦大将军弟兄几个,有太后护着,就看皇上……

公公的主意很好,很好! 到时候朕会下诏……祸国奸雄,能不能除,尽在公公了! 功成之后,朕当封公公为侯!

奴才只想为国除奸,不敢心存非分之想! 郑众跪在地上连连磕了两个头道。

公公忠心,朕心明白! 有功当奖,有过当惩,朕自会处置!

皇上圣明！

刘肇有了郑众做心腹，觉得放心多了、安稳多了。他又以讲解经书为名，召清河王刘庆进宫密谈。刘庆被废了太子之位，丢了做皇帝的机会，却口无怨言。刘肇登基后，封他做了清河王，常居京师。刘肇一提除灭窦氏的事，刘庆与其心照不宣，同仇敌忾。于是，暗中联络其他忠心正直朝臣的事，便交给了刘庆。

窦宪荡平匈奴，大破北单于于金微山之后，皇帝封他以侯，赏以两万户食邑——他假意辞谢，没有接受——并封其兄弟窦笃、窦景、窦瓌同为侯。其后，又应他所求，封他的心腹邓叠为侯……窦宪当然没有想到，这一切，原都是乳臭未干、茶茶呆呆的"小昏君"刘肇，为铲除自己及党羽，而先"稳住"自己的谋略、陷阱。

窦宪们当然更没有想到，"小昏君"刘肇以匈奴归顺为由，召他班师回朝辅政，实际是"请君入瓮"。当他与党羽、爪牙们也准备动手的时候，他们的坟墓已经掘好……

罪有应得

永元四年（公元92年）初冬，惨淡的阳光照射着邙山南北，西北风呜呜地呼叫着，掠过土黄的原野和原野上暗黄的村庄、枯黄的树木，掠过洛阳城灰黄的城墙和城墙上同样灰黄的箭楼。京师内外，显得那么阴冷，那么灰暗，那么凄清，那么苍凉。

窦宪乘坐着车篷四周张挂紫色锦帏、上有金顶、四角垂着流苏的驷马大车，前有骑着高头大马、举着旌旗的仪仗兵士引导，后有骑着高头大马、执戟荷刀的武士们护卫和簇拥，率领着他的将士们浩浩荡荡、耀武扬威地班师回朝。窦宪也许并未感受到扑面而来的阴冷、灰暗、凄清和苍凉。此刻，他正在思量：我此番所立，可谓盖世之功，又身为国舅，那个小昏君，如果还清醒，总该亲自迎接吧？小昏君如果亲自来迎接，我该怎样面对？下轿叩头谢恩，岂不太委屈自己了？从朝廷而言，他为君我为臣，但我是班师回朝呀，有道是军务在身，不便下马——当然也不便下车喽——就在车上行个礼吧，看他小昏君能把我怎样！我是你舅，是长辈，哪有长辈见晚辈下车的道理？如果那个小昏君不亲自来迎接，

214

也好,回去再算账,休怪我窦宪睁眼不认亲! ……

窦宪坐在驷马大车上,心里打着算盘,远远看见洛阳城北大约十里外,黑压压地搭起了一片帐篷,帐篷前插着龙旗,两行笙箫鼓乐吹奏着凯旋之曲。他脸上的那道横肉不禁上下舞动,微微地舒心一笑:看来那个小昏君来迎接我了!

然而,当窦宪走近那一片帐篷的时候,大鸿胪站在帐篷前,拦住大路,向着驷马大车拱手施礼,道:皇上有诏,大将军窦宪下车接诏! 窦宪一时觉得十分扫兴。下车不? 不下吧,大鸿胪明明高喊着让我下车接诏,如不下车,便是在众目睽睽之下违抗圣命,鄙薄天子,罪不容赦。不能! 不能! 我窦宪不能做这种傻事,授人以柄,当忍耐时且忍耐! 于是,窦宪吩咐人马停步,慢慢腾腾地下了车,跪倒在大鸿胪高举的诏书前。

大鸿胪展开诏书,高声念道:

奉天承运,皇帝诏曰:大将军窦宪亲率三军,踏草原,越大漠,远征匈奴,克灭北狄,劳苦功高。今班师回朝,敕命大鸿胪赏赐将士、犒劳三军。钦此!

皇帝万岁万万岁! 窦宪不情愿地呼喊道。

于是,大鸿胪请窦宪平身,开始一一宣布对众将校的赏赐,请他们分别到执事官员那儿领取。赏赐甫定,即请众人到帐篷入席,接受朝廷盛宴款待。大宴一直到傍晚才告结束。

当窦宪将要抵达洛阳的时候,刘肇来到北宫,命郑众召来执金吾、五校尉——刘庆早与他们暗自取得联系,当面口谕其率全部将士屯卫南、北宫,待窦宪及其将校进城后即关闭城门;诏命执金吾率兵收捕邓叠、邓磊、郭璜、郭举,将其下狱处死,流放其家属于合浦;诏命五校尉各领三百兵士,包围窦宪、窦笃、窦景、窦瓌府邸,由谒者仆射带领一百兵士入窦宪宅邸,宣读诏书,收缴其大将军印绶,改封为冠军侯;遣送窦宪、窦笃、窦景、窦瓌离开洛阳,返回其封地。

窦宪哪里料到事情会是如此。大将军,这是太后诏封的,没有太后懿旨,谁也休想让我交出印绶!他嘶声大喊:我要见太后! 我要见太后!

谒者仆射冷冷地道:冠军侯莫非要违抗圣命?你应该明白违抗圣命会是怎样的下场!冠军侯好自为之!

窦宪扫了一眼站在一旁的手握利剑、虎视眈眈的校尉和铁甲长戟、严阵以待、环立四周的兵士,立即蔫了下来。心想:迟啦,迟啦!跌在刘肇这个小昏君手里啦!天哪!也罢,好汉不吃眼前亏,交了吧!交了吧!于是,取出大将军印绶,抛给了谒者仆射。

谒者仆射收了印绶,又冷冷地道:迅速准备,明日五更,送你们回封地去!告辞!

窦宪呆呆地、失魂落魄地望着谒者仆射扬长而去,回过头来,只见妻妾们、子女们,还有一些仆从,一个个无可奈何地、怅惘地望着自己。

站着做甚?还不快收拾行李!窦宪圆瞪双眼,脸上的横肉跳动着,大发雷霆。

家人和仆从一个个不敢吭声,分头忙自己的去了。

窦宪忽地想到了窦笃、窦景和窦瓌,想到了邓叠、邓磊、郭璜和郭举:不知他们怎样,也许不会像我这样陷于罗网之中吧?只要他们还在,我窦宪到了封地,就还能回洛阳来,还能东山再起!想到此,窦宪眼前似乎又有了一线光明。天无绝人之路!历来创江山者,哪个不九死一生!

来人!窦宪像往日一样呼喊着仆从,你出去看看二老爷、三老爷、四老爷的情形。

是!一个长得五大三粗的仆从慢腾腾地应着,转身而去。

你去看看邓府、郭府的情形。

是!另一个面相十分凶悍的仆从应着,很不情愿地转身而去。

然而,"面相凶悍"刚刚向前走了几步,"五大三粗"便返回来了:禀老爷,门口有兵士把守,出不去!

好你个刘肇!老子与你不共戴天!窦宪狠狠地一跺脚,厉声骂道。

五大三粗和面相凶悍都惊疑地瞪大了眼睛,不知如何是好。

尿包!老子养了一群尿包!窦宪气急败坏地骂面前的仆从道,滚!

窦府度过了一个紧张的不眠之夜。次日四更刚过,便有校尉带着兵士进入窦府,催促其出门上车。窦家老小,便不得不在无边的黑暗之中,顶着凛冽的寒风,带着大包小包的金银珠宝和服饰细软出了大门。由于车里放不下,校尉威逼他们扔掉了一些。窦宪走出大门,远远望去,只见灯火亮处,三个弟弟也与自己一样,家门前停着几辆大车,家人被驱赶着一个个上了大车,大门被贴上了封条。窦宪不禁仰天长啸:完了,窦家完了!

随着校尉一声号令:走!赶车兵士长鞭一扬,啪的一声,马车走动了。

可怜窦家兄弟,新修的府邸内,亭台楼榭的门窗梁柱还正在油漆彩绘,尚未最后竣工,窦宪甚至连居室的门楣、顶棚的图案尚未细看,便从此远去他方。恢宏堂皇的新宅,风清月明。玉阶画堂,重帷椒房,知为何人建,将为何人眠?

更让他们没有想到的是,窦宪、窦笃、窦景一到封地,等待他们的,是校尉和兵士如狼似虎地逼迫他们立即自杀——皇上只是念在他们是太后的兄弟,不愿在京城处斩他们。他们的家眷被统统流放于合浦。窦家兄弟只留了一个还算安分守己的窦瓌。

第二十章

史魂绝命何凄惨

凄惨绝命

在邓家兄弟、郭家父子被处斩,窦家兄弟被遣送封国之后,京兆尹种兢接到一项差事:协助执金吾抓捕窦宪党羽。种兢从来没有像今天这么兴奋、心花怒放,这么分外来劲、精神振奋过:这可是一个获得皇帝青睐的好时机啊!看来,我种兢的青云之梯就在面前啊!自从当了京兆尹之后出门必坐的八抬大轿,他也不坐了,骑了马,亲自去上门抓捕。特别令他莫名惊诧的是,班固在被抓捕的人之列。他是窦宪看中了的、做了窦宪的中护军并曾"行中郎将事"的人物啊!种兢不由得心中暗喜:班固呀班固,你终于有了今天!你养了那么个扫帚星愣头青,那么个侄儿,那么个儿子,让他们在光天化日之下、在大庭广众之中——不,就在人来人往的大街上,有意嘲弄、羞辱、詈骂我堂堂京兆尹!今天可以出出这口恶气了!你以为你是谁呀?还是皇上宠幸的兰台令史、玄武司马吗?人怕狗,是因为怕主人!我种兢不是土地爷——大神小神都可欺负的!也许,他还这么想:我曾得到过当年的驸马爷梁松的青睐,而梁松被诛,不能说与你班固没有关系。如今,也到了我一吐久久郁积胸中恶气、为驸马爷报仇的时候了!

种竞这么想着,来到了班固家门口。

班固昨夜回来,总觉得心里空荡荡的,怅然若失。妻子向他述说了他们从安陵回来青弟在路上所说的窦家的那些事和在街头与京兆尹的轿子相遇的情形。班固听了心里十分不安。窦家的事,他听傅毅暗地里给他说过一些传言,他怀疑是否属实:传言传言,传着传着就把葫芦说成了瓢、把瓜蔓儿说成了绳,走了样儿,这是可以理解的。不过,他也觉得一定事出有因,不会是空穴来风、干沟里起浪。从他的观察来看,窦宪的确眼睛长在头顶上,口大气粗,十分骄横,目空一切。他觉得在其麾下做事,不可时日过长。窦宪要他撰写《封燕然山铭》的时候,他心头就有此感。他曾思索过离开窦宪,回京恢复玄武司马之职的事,但转念一想,自己原想实地考察匈奴,为再写《匈奴传》获取实际材料——民间传说也好。当年太史公就曾南游江淮、上会稽、探禹穴、窥九嶷、浮沅湘、北涉汶泗、讲业齐鲁之都、观夫子遗风、乡射邹峄、厄困蕃薛彭城,过梁楚而归长安,又曾西征巴蜀以南,略邛筰、昆明。所以,他的《太史公书》涉猎广博,驰骋古今,善叙事理,辩而不华,质而不俚,其文直,其事赅,不虚美,不隐恶。而我班固仅凭文书记载撰史,自然难比于太史公之广博。然而,自随窦宪出征匈奴以来,戎马倥偬,匈奴史事逸闻所获甚微,未能遂意。就这么回去,岂非得不偿失? 此心何甘呢? 所以,班固迟疑未决,没有断然离开。

清早起来,冷风凛冽,严寒刺骨。班固站在院子当中看着那棵皂角树和那棵枣树。这两棵树是他亲手所栽,像家人一般,总牵着他的心,即使驰骋在匈奴草原、大漠之中,一旦静下心来,他都会想到它们。而今,站在久违的两棵树前,看着它们主干上黑褐色的、干燥的、纵横交织的裂纹,看着以自己的绿叶、皂角和红枣给这个小院增添了绿锦浓荫、春华秋实的无限欢乐和情趣的枝条,倔强地斜伸向四方,在寒风中瑟瑟抖动,班固心头油然涌出一种苍凉,一种世态炎凉、上苍冷酷之感。

正在这时,门外响起了杂沓的脚步声和急促的敲门声。"开门! 开门!"没有等青儿转动门闩,大门已被砸开。种竞走进门来,背后是一群手执明晃晃钢刀的兵士。

班固，没有想到吧？本京兆尹奉皇上之命，抓捕窦宪党羽。你是乖乖地戴了刑枷跟我走呢，还是让差役们先教训教训再走呢？种竞以一种倨傲的、冷嘲的口吻道。

　　你说是奉了皇上之命，可有圣旨？种竞进入班家院子后，衙役、兵卒立即把守了院子中的各个屋门，不让家人近前。愣头青却不知怎么从兵士的缝隙中挤上前来，冲向种竞气咻咻地问道。

　　呵呵，马圈里跳出个驴子，你算什么东西，敢在这儿吵闹！那天在街头撒野，本官原就该教训教训你，今日你倒怕本官忘了你，自己又跳了出来。如何容得！来呀，给我先抽四十皮鞭！

　　京兆尹大人，何必在一个平头百姓面前逞威风呢？我跟你去就是！班固气愤地对种竞道。

　　你不跟我去行吗？来呀，戴上刑枷！给我打那个"平头百姓"，狠狠地打！我就要把威风逞在这个"平头百姓"身上！当然，还要逞在你班固这样的窦宪党羽身上！跳蚤戴串铃——也敢在本官面前逞英豪！种竞又下令道：给我搜！一切竹帛、公文、书札，统统带走！

　　什么都可以带走，但有一套《太史公书》是先父手抄，留给我的，还有皇上诏命我撰写的《汉书》。这两样东西，你们不能动！不能动啊！

　　哼哼，你说不能动我们就不动了？谁知那里面有没有窦宪的书信，有没有你们一起谋划作乱的文书？给我搜！统统带走！种竞凶神恶煞地吼叫道。

　　你们不能啊！不能啊！……苍天哪！苍天哪！公理何在，正义何存啊？班固看着差役、兵士们将《汉书》《太史公书》，左撕右扯、前翻后倒，乱七八糟、散散乱乱、七零八落地抱出了大门，心中痛怆惨怛，肝肠寸断，五内俱裂，悲愤欲绝。他趔趔趄趄、踉踉跄跄地挣扎着想阻挡，却被差役一把推开，几乎摔倒在地。

　　种竞看着差役用皮鞭痛打愣头青。愣头青不住地破口大骂：种竞，你个驴日的货！心肝掉进了屎尿坑，栽赃害人！老子犯了什么法你这样打老子？你不会有好下场的，天理难容！

　　把狗嘴给塞上！种竞对着差役喊。

　　差役从那两棵树下抓了一把树叶塞进了愣头青嘴里。他们一边塞，愣头青一边嘟嘟囔囔地骂。种竞无可奈何，看着差役打完四十皮鞭，一挥手：走！

一股猛烈的西北风吹来,班固只看见枣树在摇晃,皂角树的枝条在摇晃,呜呜地嘶鸣着,怒吼着,啸叫着,像是愤怒地抗议,像是痛苦地呼喊,像是悲戚地告别。未能见到妻子一面,未能看见儿子班亮、侄儿班雄一眼,更未能向他们说一句安慰、嘱托的话,班固便被押着出了门。此刻,他心中深为一家人(包括青儿弟)的安危担心,更为《汉书》的命运担心。他想,自己是无辜的,也许不会株连家人,他们的安危也许无须过分牵挂。但《汉书》会被种竞弄到哪儿去呢?他担心的当然不是种竞从中找到什么与窦宪勾结、合谋作乱的证据,他担心的只是它的下落。会交给朝廷吗?皇上能看到吗?会藏在东观藏书阁吗?如能那样还罢了,反正它原本就是奉诏之作。也许,它还会被抄录、流传——这是求之不得的。它是父亲和自己多少年的心血啊!它实录着大汉西都时期的兴衰际遇,君臣政事、贤否得失,百业盛枯、百姓血泪,事涉军国,语关祸福,明君贤相阅之可为镜鉴,儒生士人读之可知治国平天下之道,后人读之更当有所裨益。然而,它被差役、兵士那么颠倒着、乱抱着,必然前后错乱。何况它原本就有错乱,需要整理而未及整理啊!种竞们会不会把它付之一炬呢?想到此,班固的一颗心紧缩成一团,几乎停止了跳动。他不敢想下去了。他恨自己没有像太史公司马迁那样,把《史记》的正本藏之名山,只把副本留在京师。而今,迟了,迟了!父亲在临终前嘱咐自己续写《史记》,而我连嘱咐儿子续写东都以来"汉史"的话都未能正儿八经地说出口!迟了,迟了!天哪!天哪!……

班固被押着走出大门许久,仍听见青儿弟在嘟嘟嚷嚷地骂:驴日的,你们的心掉到猪粪坑啦,伤天害理,不会有好下场的!

京兆大牢的狱吏是靠巴结种竞得到这个差事的"跟屁虫"。种竞给了他这个差事,官虽不大,可是个难得的肥差,油水儿多得出人意料。这个大牢关押的犯人,不少都是朝廷大官,乃至皇亲国戚。他们被关在大牢里,家里人为了让他们少受折磨,都少不了找各种关节,想方设法地打点,暗塞"低头钱""孝敬钱""顺从钱""情意钱""小小意思"……他们毕竟是富贵人家,往往不在乎花这种钱,出手都大方得惊人,"小小意思"也常常少不了几千、几万,甚至十多万钱。狱吏因而有了深宅大院,有了田产家业,娶了妻、纳了妾,优哉游哉、不亦乐乎地过着丰衣足食、自在逍遥的甜蜜日子,无尽金银滚滚来!

这日,狱吏坐在京兆大牢的厅堂内,一边喝着仆役递上的香茶,一边微闭双目,优哉游哉地回味着、品咂着自己的春风得意、万事亨通,扬扬自得地庆幸着自己日子的顺心、舒心和快乐。忽见门卒进来禀报:京兆尹大人亲自押送着人犯进了大院。狱吏不敢再优哉游哉,倏然站起身来,快步迎上前去。

这是朝廷钦命抓捕的窦宪党羽班固,你要认真审问、追查他如何与窦宪勾结,谋划作乱。一定要认真! 审问、追查的情况,要一一向本官及时禀报。京兆尹种竞向狱吏吩咐道。

本……小人明白。狱吏在案犯、案犯家属以及狱卒面前,总是自称"本官"。然而,今天一个"本"字刚出口,他就觉察到有失妥当,急忙改口,自称小人——

这真叫他难堪! 他一听案犯是班固,而且是窦宪党羽,不觉浑身一震,精神抖擞,来了劲儿,举手一挥:押往甲号!

班固又被关押在了京兆大牢内那间最折磨人、最令人不堪忍受的"甲号"。二十多年前,自己就曾被关押在这间牢房里。一股刺鼻的尿臊味、恶臭味、霉腐味、阴湿味混在一起,扑面而来,熏得人不敢呼吸。号子里又黑又冷,时值寒冬,冷得人连连筛糠般打着寒战。班固摸索着,摸索着,一步步向前走,想找一个可以坐下来的地方,不知过了多久,才逐渐看清了地面和四壁。地上满是垃圾和一堆潮湿的麦草,墙上沾染着缕缕血迹——想是罪犯被殴打得鲜血淋漓身子挨着墙壁或手扶墙壁留下的痕迹。这"甲号"是京兆大牢狱吏的钱柜——犯人进了这间牢房,家属不暗送点"孝敬钱""低头钱""顺从钱""情意钱""小小意思"……休想转到少受折磨的"乙号""丙号"。狱吏发家致富,多半靠的就是这个甲号!

班固在麦草上坐下来,想到了妻子,想到了儿子亮儿和侄儿雄儿。他们没有被软禁吧? 他们有本事打通关节吗? 家中虽有点积蓄,但能填饱狱吏、狱卒的胃口吗? 罢了,罢了! 挺着吧! 反正不管窦宪怎么罪大恶极,我班固与窦宪之间清清白白,只是随他出征了匈奴而已。哦,还替他写了一篇《封燕然山铭》,算是为他歌功颂德了。但我凭良心说,我是以赋的形式实录其事,没有夸大也没有渲染他的功劳。这也有罪吗? 要有罪,罪就是这个了……就这个,能定我个什么罪,能怎么处置我? 料他不过三五天就会放我出去的! 亮儿,你和你母亲,还有雄儿,你们可不能糊涂,不能花那个钱低三下四地去打点、疏通,为我换牢房啊! 不要说咱们家没有多余的钱,即使有,也不能割自己的肉去喂狼! 也许,你们把钱还没有喂进狼口,我就出狱了! 你们不能做那种蠢事啊!

班固正在思索如何承受这个甲号牢房的折磨,思索这场灾难来得为何如此猝不及防,伴随着打开铁锁的声音,传来狱卒的喊声:班固,出来!

班固被带到一间空荡荡的房间内。房间正中靠窗户的地方有一个高台,旁边有一个高脚凳子。对面地上放着、墙上挂着各种刑具。这是审讯室!班固辨认出来了。

一个方面大耳、三角眼、肚皮肥硕的人——狱吏走了进来。

你知道,就因为你私撰国史,让梁松梁大人掉了脑袋——当然也不全是因为你私撰国史。你可能看不起我这个小小狱吏,但我告诉你,哪怕他是皇亲国戚、侯王三公,只要进了我这屋子,就得乖乖地听我的!就说你吧,目下我就可以审问你,何况我是接受了圣命的。怎么样?老老实实地把你怎样与窦宪勾结、怎样一起谋划作乱的事都供出来,少尝一点刑具的滋味儿吧!狱吏转动着一双讥诮、诡谲、凶狠的眼珠道。

我与窦宪打交道,开始于我为母亲居忧之时,他派人说他要出征匈奴,军伍中缺少执掌文书的文吏,要我去充任。我答应了,随他去了。在他率军横扫匈奴至燕然山时,我奉命为他起草了《封燕然山铭》。就是这些。班固对答道。

就这些?你们一起谋划作乱,怎么一字不谈?狱吏眼睛里射出恶狼般凶狠的光。

我没有参与过谋划作乱。班固道。

真的吗?狱吏道。

班固生来只会说真话。

好,说得好,不愧是写史的。不过,今天,我倒要检验检验,看看你这句话到底真不真。来呀,给我先打三十大板!

慢着!你说我班固与窦宪勾结作乱,有何证据?没有证据,如此动刑,符合大汉律条吗?班固愤怒地诘问。

哼,还嘴硬!是你审问我还是我审问你?还说什么大汉律条,打你就是大汉律条!错不了!扒了皮,给我结结实实地打!

班固被两名如狼似虎的狱卒三两下扯掉了衣服,压倒在刑床上。另一手执大板的狱卒高高抡起大板,对着班固的后背、下臀狠狠地打了下来。第一板砸在背上,班固只觉得剧烈疼痛;第二板打下来,不但疼痛难忍,还火辣辣地灼烧;第三板、第四板之后,班固便渐渐失去了知觉……

狱吏发现班固已昏迷,嘿嘿一笑:还嘴硬,经不住几板子嘛!他头一扬:装死? 来呀,用冷水泼!

狱吏奉命提起桶,装满水,一桶桶泼在班固身上。

哦,像是掉入冰窟窿了吧? 冰碴儿刺得浑身剧烈地疼,痛入心肺,痛入脑颅,痛入骨髓! 班固不禁连连倒吸几口冷气。

像是有气了! 活过来了! 狱吏的一只手伸向班固的鼻孔之下,感觉到了一丝气息,喊道:还装死吗? 老老实实说,你们怎么勾结,怎么谋划作乱的? 实话告诉你,在我手里,不管你骨头有多硬,不招供,休想活着出去! 你说了,少挨板子,咱们彼此都好。京兆尹大人也好,京兆尹大人就能得到朝廷的赏赐! 狱吏有一句话没有说出来:京兆尹大人得到了朝廷的赏赐,能忘记了我的一份功劳?

幽幽孤魂,像是听到有谁在说什么……是声色俱厉的阎王? 是恶毒阴狠的小鬼? 是……

还装死? 招不招? 狱吏咆哮起来。不信你不供,来呀,再打! 狠狠地打!

班固又被两名狱卒压在——毋宁说是扶在——刑床上。他早已没有力气反抗,连爬到刑床上的力气也没有了。不是刚才那个抢大板的狱卒——他仍然在汗流浃背地喘着气,而是另一个彪形大汉,举起了大板,一板、两板、三板……

哦,我怎么飘起来了? 越过了一座座青山、一条条江河,踏着团团云朵,在高空中轻盈地跳跃着,飞翔着,翻着筋斗。

父亲,父亲! 你怎么在这儿? 儿不孝,虽然谨遵父命,写完了《汉书》,却不料落于种竞之手,谁知他会……班固肝肠寸断,欲哭无泪。

父亲摇着手:不,固儿,不必说了,你尽力了! 尽力了! 你没有辜负为父之望!

父亲,父亲! 你去了哪里? 怎么不见了?

哦! 飘过了一团黑云,又是一团青云。太史公,你怎么在这儿?

太史公微微点了点头:班固,你接续了我的断魂,继承了我的未竟之业,如今,也同我一样,断魂无归! 可怜! 可悲! 实录史事者命如此,立志为学者命如此!

太史公,太史公! 我不如你,我愧对你! 我不该投笔从戎,不该不明真相地跟着一个腹藏祸心的奸雄从戎。其实,原想从戎归来再秉笔叙写目之所见、耳之所闻,再续《汉书》而撰春秋的——悔不该! 悔不该! 文人清苦、低下,何必奢

想富华、心慕高贵？伟业成于清心,毁身多由滥欲! 我想起你在狱中的《悲士不遇赋》来了:

> 士生之不辰,愧顾影而独存。恒克己而复礼,惧志行而无闻。谅才韪而世戾,将逮死而长勤。虽有形而不彰,徒有能而不陈。何穷达之易惑,信美恶之难分。时悠悠而荡荡,将遂屈而不伸……①

太史公,你说得很对,我们这些读书人,这些矢志做学问、撰春秋的人,虽一世勤奋,满腹经纶,却有形而不彰,有能而不陈,自愧于身影可见而事业、声名无存。也许是时运吧,是宿命吧!

哦,云团载着我又在飘呀,飘呀。看见了,那是洛阳家中的院子,那棵枣树、那棵皂角树! 不,不是洛阳家中的院子,是安陵家中的院子,那棵枣树、那棵皂角树! 哦,它们怎么在一起? 洛阳的枣树、安陵的枣树,洛阳的皂角树、安陵的皂角树! 不,不仅如此,不仅仅是两个院子里的枣树和皂角树,那么多枣树! 那么多皂角树! 枣树林! 皂角树林! 枣树上挂着青枣儿,那么多青枣儿! 皂角树上有那么繁密的皂角儿! 唔! 青枣儿在一个个坠落。哦,坠落的怎么是枣儿大的泪珠? 泪珠汇成了溪流。皂角儿也在坠落——不,竟然是飘落? 唔,枣儿、皂角儿,怎么落着落着变成了纸钱儿? 纸钱儿堆了满地,像山一样,像被谁点着了,青烟袅袅……

啊,怎么眼前漆黑一片,什么也看不见,什么也听不见啦? 黑洞洞的深渊,向下飘落,飘落……

大人,人犯断气了! 狱卒向狱吏禀报。

明明还圆睁双眼,怎么就这样断气了? 狱吏伸手到班固鼻下,感觉不到一点气息,只听见墙外的西北风怒吼着,嘶鸣着,咆哮着,像是抗议,像是控诉,像是怒斥。

---

① 意为:士生不遇时,惭愧地回身自视,看见的只有自己的影子,而事业、声名杳然无存。自己一直在严格要求自己,恢复古礼,担心着自己的壮志未酬、活在世上而无闻其名。料想自己虽才能不错但时世乖逆,却至死也要奋斗不休。虽然身躯有形却无人知晓,徒有一身本领却不能施展出来。为何穷困与富贵易于混淆,美好与丑恶难以分辨? 时间悠悠流逝、浩荡涌进,却将随着时间的推进屈居人下而不得伸展……

狱吏不禁打起了寒战：他，他竟死不瞑目啊……

史魂缥缈

兰台圆梦、欲再续当代"春秋"却一时误入歧途的一代良史班固，于京兆大牢遭受摧残，凄惨绝命而死不瞑目，永远地离开了他已竣笔的《汉书》和将要撰写的当代"春秋"，离开了与他的生命血肉一体的撰史事业，离开了他身处其中的大汉朝，离开了他的亲人和朋友，离开了这个正邪淆乱、善恶交混、美丑并存的世界！

消息不胫而走，朝野内外一片哗然。太学博士、儒生们联名上书天子，备言班固之冤、《汉书》之贵，为天下失一良史而不胜悲愤；正直大臣也于朝堂之上，为班固之冤死而鸣不平。

种兢自那日拘捕班固之后，即找来一群儒生、文士，命他们仔细翻阅从班固家中抄得的全部简策、绢帛、书卷。儒生、文士们翻来翻去，检阅来检阅去，发现《汉书》按"目次"当有"本纪"十二篇、"表"八篇、"志"十篇、"传"七十篇，共计一百篇，却不见了八篇"表"、一篇"志"——"天文志"。他们搜肠刮肚地思索，甚至穿凿附会地想象，怎么也从中找不到一字与窦宪有关，更无班固与窦宪谋划作乱的蛛丝马迹。种兢了无所获，只好写了表章，子虚乌有地为班固罗织了几条罪名，连同这些简策、绢帛、书卷，呈送朝廷。皇上刘肇看到种兢的表章，一面命将《汉书》暂存于东观藏书阁内，征询何人可以整理、续写；一面传种兢来见。

种兢得知皇上召见，不知是祸是福，是斥责是赏赐，是治罪是拔擢，心中惴惴不安。他觉得，无论如何，自己是忠于皇上诏命的，是为抓捕班固、为发现班固与窦宪合谋作乱的证据尽了心力的。对忠于自己的、竭尽心力的臣下，皇上当然应当予以赏赐，乃至拔擢。退一步说，不管怎样，班固是窦宪看得上的人物，虽然没有找到他与窦宪谋划作乱的证据，但审讯他没有错，打死他也不是什么大错，是不应该治罪的。然而，他又想，班固以前在朝廷颇受先皇器重、宠爱，今上会不会因为他的死而翻了脸？难说，难说！何况，听说太学博士、儒生们，还有一班朝臣，愤愤不平，上书鼓噪……种兢不禁连连倒吸几口冷气。这么思来想去，种兢神思瞀乱地、忐忑不安地进了宫。

你是京兆尹种兢？皇帝刘肇正襟危坐。

是微臣。种竞伏地道。

班固是怎样死在大牢的?

禀皇上,班固死在大牢,是他身子太虚弱,狱吏审……不,提问了一下,他,他就死了。种竞压根儿没有想到皇上一见面劈头就这么问,心里没有一点底,慌乱中答道。

班固能随窦宪北征匈奴,驰骋大漠,足见身子并不虚弱,怎么提问了一下,就那么死了呢?

这……这……种竞张口结舌了。

是不是动了大刑?

没……没动……不可能动……但狱吏……也可能……动……种竞前言不对后语地道。

谁让动刑的?

微臣没有……微臣没有……没有让动刑! 种竞冷汗淋漓,舌头颤抖着,咕咕哝哝、含含糊糊。

刑部问过京兆大牢狱吏,说是你亲自把班固押往大牢,叮嘱他审问、追查班固与窦宪如何勾结谋划作乱,还强调一定要严审。是谁告诉你班固与窦宪勾结谋划作乱的?

微臣是送……送班固到大牢。但没有说……没有说……审问,是让……让狱吏……查问……不,是弄清班固与窦宪……是否……是否……没有想到……想到……他动了刑……不,不是动刑,是打了几……几大板……种竞的心快要跳到喉咙口儿了,舌头颤抖得更厉害了,说话更加咕咕哝哝、含含糊糊。

前言不对后语! 和帝刘肇冷冷一笑,转头对吏部尚书、刑部尚书道:京兆尹种竞,贬黜为民! 将京兆大牢狱吏斩首示众!

可怜种竞和狱吏,只说能够痛痛快快地发抒私愤,器宇轩昂地炫耀威风,心满意足地邀功请赏,到头来却丢掉了荣耀,赔了性命!

史魂何依

兰台令史们为一颗巨星的陨落而悲伤,怀着敬仰之情,打听到班固的妹妹、曹世叔之妻班昭乃熟读诗书,博通古今,著有赋、颂、铭、诔、书、论等多篇的旷世才女,幼年曾同兄长班固一起受业于其父班彪。曹世叔已故,班昭寡居在家,此人必可完成整理、补写兄长班固所撰《汉书》之事。恰好皇帝刘肇正思考一事:皇后阴氏自幼颇喜读书,跟随本家兄弟学习经传,自进入后宫,苦于无人为师。于是,诏命班昭于东观藏书阁内接续其兄整理、补成《汉书》,并入后宫,为皇后以及诸贵人诵读诗书、经传。班昭入宫讲述,深为后妃们敬佩,被誉称"曹大家"。班昭整理好兄长班固的全部手稿,补撰了"八表",尚余《天文志》未撰。然年事已高,双目昏花。

班超先后收到侄儿班亮、儿子班雄和妹妹班昭的来信,得知兄长班固死于京兆大牢的消息,一时悲痛欲绝,瞋目按剑,厉声怒斥:奸佞可杀!

在此之前,西域独有焉耆仍投靠匈奴,匈奴派王子腱支担任焉耆左将军,操纵国王广,屡屡与汉朝——当然也与班超——作对,而尉犁、危须两国国王也受焉耆影响,时而摇摆于大汉与匈奴之间。在班超的心目中,焉耆如同陷害兄长的奸佞,必征服以为兄长申冤雪恨!于是,他昼夜策划,于和帝刘肇永元六年(公元 94 年)征发西域八国七万兵马,进军焉耆。兵至尉犁地界,班超派遣使者晓谕焉耆、尉犁、危须三国国王:都护此番前来安抚三国,你们想改过向善,就应该派遣大人物迎接,都护将赏赐诸位王侯。使者还向三国国王各赐赠了彩锦五百匹。尉犁、危须的国王都亲自前来迎接,焉耆国王广却派腱支携带着牛酒迎接。班超诘问腱支道:你是匈奴人,却掌握着焉耆大权,焉耆国王广不亲自来,是不是你的罪过?不少官员建议杀掉腱支。班超道:这个人不可等闲视之,他的权力比国王还大。如今我们还没有到达都城,若先杀掉他,焉耆必然加强防备,扼守险要,我们怎么可能顺利到达其城下呢?于是赏赐了腱支,放他回去。焉耆国王广与众贵族在尉犁迎接班超,献上了珍贵的礼物。

然而,焉耆国王广一方面亲临尉犁迎接班超,并献以厚礼,另一方面却设法阻挠班超入境。从尉犁入焉耆须经一座极其险要的桥梁——苇桥,广派遣兵士严加封锁。班超得知,暗自率军绕道而行,出其不意地进入了焉耆,在离都城二十里处扎营。焉耆王广闻讯大为惊恐,企图把焉耆全国百姓都驱赶至山中城堡躲藏。班超派使通告焉耆国王,于约定之日大会国王与王公贵族,并放出话去,将重加赏赐。约定当日广等三十一人来见班超,焉耆国相腹久等十七人却惧怕被杀,遁逃入海。坐定后,班超大怒,拍案责问焉耆王广道:国相腹久因何逃亡?即喝令部下拿下广等人,押往过去陈睦驻守的城址外斩首。班超仰天长啸:先都护陈睦大人，班超为你报仇雪恨了！兄长在天之灵亦可以瞑目矣！

西域五十余国，从此无不归顺大汉。班超以其累累功勋，于次年被朝廷封为定远侯。

后来，安息使者来到班超所驻龟兹它乾城，欲以所携带狮子和条支驼鸟作为礼物，献汉天子。班超便派儿子班勇陪着使者东赴洛阳，并趁机上表给皇上，请求回朝。他在西域三十年，已经七十岁了，不敢奢望东到酒泉郡，但愿生入玉门关。班超让儿子陪着安息使者奉献珍宝，希望能够趁自己活着的时候，看见父母之邦。可是表章上去，杳然无声。

皇帝诏命补撰《汉书》并任后妃学习经传之师的"曹大家"——班超的妹妹班昭得知此事，上书苦苦央告皇帝：妾兄班超，辗转于绝域三十载，已衰老多病，满头白发，牙齿尽落，两手不听使唤，耳不聪、目不明，扶杖踽踽而行。虽然仍想继续报答朝廷大恩，怎奈力不从心！西域乃蛮夷之地，惯于欺负老人。班超若旦夕之间撒手人寰而无人替代其职，蛮夷必生邪恶之心，爆发逆乱。到那时，班超抵御无力，朝廷多年的功业便会付诸东流，也毁了忠臣舍生忘死所获取的成果，将令人痛惜不已！皇帝刘肇看了班昭情辞激切的表章，这才下了诏书，召班超还朝。

班超于次年——永元十四年（公元102年）八月回到洛阳，以七十高龄，拜为射声校尉。朝见了天子后，班超所做的第一件事便是偕同嫂嫂、妹妹班昭、妻子以及侄儿班亮、儿子班雄、班勇，回扶风祭扫兄长班固坟茔。十年前，当班亮扶着父亲的灵柩回到安陵的时候，扶风郡百姓认为，班固不仅是安陵县人，更是扶风郡人，纷纷请求郡守将班固安葬于扶风，并自愿捐资为班固卜测、修建坟茔。班亮接受了扶风郡守传达的百姓们的隆情盛意，遂葬其父于扶风。

班超偕同全家老小来到兄长班固墓前，只见墓碑上不知何人张挂了白绢，上面写着这样的哀悼诗句：

> 继承父志兮写春秋，
> 魂续史迁撰汉书。
> 耿耿忠心兮昭日月，
> 正道直行宣汉德。
> 何故兰芷兮遇寒霜？

两番遭诬陷囹圄。

世道多舛兮奸佞肆，

幽魂缥缈何所归？

苍天怀愤兮星云怒，

神州万民哭史魂！

史记汉书兮两丰碑，

永矗华夏壮国魂。

欲知今日兮兴衰事，

但请问鉴迁与固！

幽幽史魂兮何所依、何人续？

班超将诗句连连阅读两遍。嫂嫂与子侄班亮、班雄、班勇在旁听着,泪如泉涌。

班超仰天长啸:固兄,安息吧! 你死得太早、太冤屈了啊! 我和昭妹不会忘掉你,家人不会忘掉你,神州士人、学子不会忘掉你,百姓也不会忘掉你!

班昭深沉地哀悼:固兄安息吧! 你是班家的荣耀,你是士人的骄傲! 自古高士不遇,满腹衷曲,前程维艰。然幽幽史魂,岂无续乎?

幽幽——史魂——何所——依乎? 呼呼的山风,这样发问。

幽幽——史魂——岂无——续乎? 哗哗的大河,这样发问。

幽幽——史魂——何所——依乎? 阴沉的高天,锁着眉头,这样发问。

幽幽——史魂——岂无——续乎? 枣树坠落着青泪,皂角树飘落着纸钱,也在这样发问……

元兴元年(公元105年),和帝刘肇驾崩,其出生仅百余日的小儿子刘隆继位,是为殇帝。邓太后临朝理政,改年号延平。其时,《汉书》开始流传,而学者多有不能通解之处。学者马融得邓太后懿旨,伏于阁下,师从班昭通读《汉书》;邓太后又命马融之兄马续,接续班昭,撰《天文志》。《汉书》全稿的整理、补缀,终于告竣。

然而,夜阑更深,班亮、班雄、班勇似乎还能听到缥缈的幽幽史魂血泪潜然的嘱告:"伟业成于清身,毁身多由滥欲!"

也还能听到其沉痛的发问:

幽幽——史魂——何所——依乎？
幽幽——史魂——岂无——续乎？

2017 年 9 月—11 月
西安暮耘居

后 记

自花甲之年退休后，我即断然放弃"苦航"于评论的"文海"，改弦更张。但并未放弃文学，也绝不愿放下手中之笔。文学是我的立身之本，我从中学时代起就深深地爱上了她，与她结下了不解之缘。我在大学学的是文学，毕业后的工作也与文学这样那样地密不可分。我爱文学，也爱历史、爱哲学，从学校到社会，从毛头小子到"不逾矩"之龄，虽无"功名"可言，却也有了些文史哲的素养和积淀。于是我为自己划定了一块以历史文化名人事迹为题材，创作系列性叙事作品的笔耕园地。自认为与创造了辉煌历史文化的名人对话，为其传神写照，以自勉并激励青年，将赋予自己聊度余年的无穷乐趣和生命的充实感、欣慰感。

有了这块园地，笔耕于暮年，从花甲而逾古稀，我已出版了小说《颜真卿》、传记《忠魂正气——颜真卿传》、传记《忧魂悠悠——杜牧传》、小说《魂续史迁——班固传奇》，还有几部传记有待付梓。我得感谢太白文艺出版社，该社出版了我的小说《颜真卿》后，引起了较大社会反响和关注。中国作协为国家重点文艺创作工程——《中国百位文化名人传》丛书选定首批作家之时，便将我列入其中。我于是创作了《忠魂正气——颜真卿传》。这部作品，得到了已故文艺理论家、文史学者何西来先生，已故文学专家刘茵女士和著名文化学者肖云儒先生的好评，深深地鼓舞了我，这便催生了其他几部作品的出版。小说《魂续史迁——班固传奇》出版后，太白文艺出版社征询我的意见：可否就班固题材，创作另外的版本？有感于该社出版小说《颜真卿》对我的"名人系列"创作所产生的正效应，虽然我手头正在创作着别的作品，但我欣然答应，立即搁置创作中的文稿，而以"兰台圆梦"为题，构思、创作"班固传"。这便使《魂续史迁——班固传奇》出版之后，《兰台圆梦——班固传》很快得以面世。

小说与传记，是两种迥然不同的艺术生命，也是各有立意和追求的审美形式。传记绝不是小说删削虚构、还原真实的压缩本或改写本。我在《忠魂正气——颜真卿传》的"后记"中曾这样写道："传记创作是还原传主其人生命历程、精神风貌的文学活动，既需学者治史的才能和谨严，也要有作家的审美思维和文采;文本则不但须符合历史真实,也应富有文学的可读性。难点不在于穿越历史,记述传主生活的生平事迹,而在于洞悉其精神、灵魂。因此,必须回溯传主生活的时代,以认识其深邃幽微的心灵世界;又要回归中国蓬勃崛起的当代,以理解其精神境界的崇高。"

从小说到传记的班固题材创作,使我又一次经历了这种"回溯"传主生活时代和"回归"当代、认识传主心灵世界和理解其崇高精神的过程。我没有亲眼看见过本真的班固其人,不敢说自己了解班固一生的每一刻、每件事,更不敢说自己洞悉其心理的每一幽微之处——那样的传记作家,在世界上是绝对不存在的。但我可以自信地说,我和我的这本传记,是班固真正的后世"知我者"!班固是一位传统儒士,一位自守清贫与寂寞、忠于史实,将生命尽付于史"业"的伟大史学家。其所著《汉书》,虽不及《史记》之激情奔放、纵横驰骋、汪洋恣肆,但体例之严整、史实之详赅、文笔之典雅,为中国史学树起了一座巍巍丰碑。他的一生,彰显了中国传统知识分子的人格正气与使命感、酸楚与事业心。他生于乱世,历经坎坷,为修史而两遭牢狱之灾,终被屈打而致死。笔者竭力以文学手法,再现班固生命轨迹中的内心波澜和凄楚、不平和辛酸,使这部传记富于文学性、可读性,成为名副其实的文学性人物传记。欲在文学欣赏中了解班固者,但请一阅拙作。

辍止键盘敲击之时,谨向垂青和关怀拙著的太白文艺出版社总编辑韩霁虹女士,送上由衷的感谢!

2017 年 11 月 19 日

班固生平大事记

汉高祖建武八年(公元32年)

班固,字孟坚,出生于陕西扶风安陵(今陕西咸阳渭城区)。

其弟班超,字仲升,亦出生于该年。

其父班彪,字叔皮,是年29岁,为河西大将军窦融从事。

[是年,光武帝刘秀会合窦融等击败割据天水的隗嚣。]

建武九年—建武十一年(公元33年—35年)2岁—4岁

随父在河西大将军窦融军中。

建武十二年(公元36年)5岁

光武帝刘秀征召班彪入京。班固随父东赴洛阳。

建武十三年(公元37年)6岁

随父居洛阳。

其父班彪举司隶茂才,官拜徐县令,班固随父至徐县。

建武十四年(公元38年)7岁

在家诵读。

其父以病免官。

建武十五年—建武二十年(公元39年—44年)8岁—13岁

在家诵读。

年九岁,能属文诵诗赋。

年十三,"王充见之,抚其背谓彪曰:'此儿必记汉事'"。

建武二十一年(公元 45 年)14 岁

在家诵读。

其妹班昭出生。

其父班彪"数应三公之命,辄去"。

建武二十二年(公元 46 年)15 岁

在家诵读。

其父班彪撰著《史记后传》。

建武二十三年—建武二十八年(公元 47 年—52 年)16 岁—21 岁

在洛阳太学读书。

建武二十九年(公元 53 年)22 岁

在洛阳太学读书。

其父彪为望都长,吏民爱之。

建武三十年(公元 54 年)23 岁

其父彪年 52,撰成《史记后传》数十篇,卒于官。

自洛阳扶柩返归扶风安陵。

建武三十一年—中元元年(公元 55 年—56 年)24 岁—25 岁

在家居忧。

中元二年(公元 57 年)26 岁

在家居忧。

[二月,光武帝刘秀卒,太子刘庄即位,是为明帝。]

汉明帝永平元年—永平四年(公元 58 年—61 年)27 岁—30 岁

继父业,在家撰《汉书》。

于永平元年(公元 58 年),上书东平王苍,举荐李育等人。

永平五年(公元62年)31岁

因撰《史记后传》,被捕,囚于洛阳京兆大狱。

弟超驰赴洛阳,伏阙上书鸣冤。

出狱,召诣校书郎,任为兰台令史,与前睢阳令陈宗、长陵令尹敏、司隶从事孟异等共撰《世祖本纪》。

弟超与母遂至洛阳,为官佣书以奉养其母。

永平六年(公元63年)32岁

迁为郎,与傅毅、贾逵等典校秘书,"又撰功臣、平林、新市、公孙述事,作列传、载记二十八篇"。

明帝诏命其于兰台继续撰写《汉书》。

永平七年(公元64年)33岁

于兰台撰《汉书》,撰《两都赋》。

永平八年(公元65年)34岁

撰《汉书》。

永平九年(公元66年)35岁

撰《汉书》。

弟超除兰台令史。

永平十年—永平十六年(公元67年—73年)36岁—42岁

撰《汉书》。

其间,永平十五年(公元72年),与马严、杜抚杂定《建武注记》。

永平十六年(公元73年),其弟超为假司马,出使西域,西域诸国复与汉通。

永平十七年(公元74年)43岁

撰《汉书》。

与贾逵等召诣云龙门,评《史记秦始皇本纪》"赞语"之得失。

弟超立龟兹故王兄子忠为王,国人大喜。

永平十八年(公元 75 年)44 岁

撰《汉书》。

[明帝刘庄卒,太子刘炟即位,是为章帝。]

[焉耆等以汉大丧,攻杀西域都护陈睦,匈奴、车师后王等发难。班超据守盘橐城岁余。]

建初元年(公元 76 年)45 岁

撰《汉书》。

章帝刘炟雅好文章,班固得幸,数入读书禁中,或连日继夜。

作《答宾戏》。

[朝廷以西域变乱,恐超单危不能自立,下诏命归。超启程,疏勒举国忧恐,抱超马腿,不得行。超返回疏勒,疏勒复安。]

建初二年(公元 77 年)46 岁

撰《汉书》。

建初三年(公元 78 年)47 岁

撰《汉书》。

拜玄武司马。

弟超上书请兵,平陵人徐干奋身相佐。

建初四年(公元 79 年)48 岁

撰《汉书》。

十一月,章帝诏命太常,将、大夫、博士、议郎、郎官及诸生、诸儒会白虎观,讲议"五经"同异,帝亲称制临决。班固以史官兼记录身份参加会议,会后撰集《白虎通义》。

建初五年(公元 80 年)49 岁

撰《汉书》。

朝廷以徐干为假司马,佐班超。超与徐干共击疏勒番辰,大破之。

建初六年(公元 81 年)50 岁

撰《汉书》。

建初七年(公元 82 年)51 岁

《汉书》终成。

建初八年(公元 83 年)52 岁

北匈奴单于遣使求和亲,章帝诏问群僚,有人力拒。班固上《匈奴和亲议》,认为"绝之未知其利,通之不闻其害",主张遣使与北匈奴通好。章帝采纳。

弟超拜将兵长史。

元和元年—章和元年(公元 84 年—87 年)53 岁—56 岁

履职玄武司马。

其间,元和三年(公元 86 年),受诏论定改革礼乐事宜。

弟超于元和元年(公元 84 年)发兵击破莎车;于章和元年(公元 87 年)发于阗诸国兵再破莎车,威震西域。

章和二年(公元 88 年)57 岁

以母丧去官,居忧于安陵。

[二月,章帝刘炟崩,太子刘肇即位,是为和帝。窦太后临朝称制,以窦宪为侍中,其弟笃、景、瓖等皆居亲要之位。七月,窦宪遣刺客刺杀都乡侯刘畅,事泄,惧诛,请求击匈奴以赎死。]

永元元年(公元 89 年)58 岁

随窦宪以中护军出征北匈奴。

六月,窦宪大破北匈奴于稽落山。

七月,随窦宪登燕然山,受命撰《封燕然山铭》,刻石勒功。

永元二年(公元90年)59岁

七月,随窦宪出屯凉州。

十月,行中郎将事,受命将数百骑出居延塞,出使北匈奴。会南匈奴袭破北匈奴,因至私渠海而返。

弟超击破月氏。月氏岁贡奉于汉。

永元三年(公元91年)60岁

与傅毅在窦宪幕府主持笔墨之事。

十二月,弟超定西域。朝廷复置西域都护府,授超以都护,居龟兹。

永元四年(公元92年)61岁

四月,窦宪回朝封官结党,权震朝廷。

六月,和帝设谋诛窦宪,迫其与弟笃、景等自杀。

京兆尹种兢为泄私愤,乘机逮捕班固入狱。

班固冤死狱中。葬扶风。

班固卒于狱中,书稿散乱,其妹班昭奉诏整理,补作"八表",又由马续撰成《天文志》,《汉书》遂完帙。

主要参考文献

《汉书》,(汉)班固等著,中华书局,1962 年

《后汉书》,(南朝宋)范晔著,中华书局,1965 年

《史记》,(汉)司马迁著,中华书局,1959 年

《班兰台集校注》,(汉)班固撰,(明)张溥辑,中州古籍出版社,1991 年

《汉魏六朝百三名家集》,(明)张溥辑,吉林出版集团,2005 年

《班固文学研究》,孙亭玉著,湖南人民出版社,2008 年

《班固评传》,陈其泰、赵永春著,南京大学出版社,2002 年

《中国思想通史》,侯外庐主编,人民出版社,1957 年

《中国思想史》,张岂之主编,西北大学出版社,1993 年

《中国历史大事年表》,冯君实主编,辽宁人民出版社,1984 年

《汉书研究》,陈其泰、张爱芳主编,中国大百科全书出版社,2009 年

《班固与汉书》,安作玮著,学海出版社,1991 年